本书系 2015 年度国家社会科学基金青年项目"法治社会背景下社区治理多元规范结构的优化研究"（批准号：15CFX15）的最终成果。本书出版得到大连理工大学人文与社会科学学部学术著作出版资金的资助。

法治社会与
社区治理多元规范

陈 光 著

中国社会科学出版社

图书在版编目（CIP）数据

法治社会与社区治理多元规范／陈光著. —北京：中国社会科学出版社，
2021.5

ISBN 978 - 7 - 5203 - 8330 - 1

Ⅰ.①法… Ⅱ.①陈… Ⅲ.①社会主义法治—关系—社区管理—
规范化—研究—中国 Ⅳ.①D920.0 ②D669.3

中国版本图书馆 CIP 数据核字（2021）第 072933 号

出 版 人　赵剑英
责任编辑　许　琳
责任校对　鲁　明
责任印制　郝美娜

出　　　版　中国社会科学出版社
社　　　址　北京鼓楼西大街甲 158 号
邮　　　编　100720
网　　　址　http://www.csspw.cn
发 行 部　010 - 84083685
门 市 部　010 - 84029450
经　　　销　新华书店及其他书店

印刷装订　北京市十月印刷有限公司
版　　　次　2021 年 5 月第 1 版
印　　　次　2021 年 5 月第 1 次印刷

开　　　本　710×1000　1/16
印　　　张　19.5
字　　　数　310 千字
定　　　价　118.00 元

前　言

　　1986年，民政部提出开展"社区服务"的要求，首次在政府决策中引入"社区"概念。2000年12月，中共中央办公厅、国务院办公厅转发了《民政部关于在全国推进城市社区建设的意见》，指出"社区是指聚居在一定地域范围内的人们所组成的社会生活共同体"，且提出了社区建设的目标，城市社区建设开始在全国铺开。2017年6月，中共中央、国务院印发《关于加强和完善城乡社区治理的意见》，开启了我国城乡社区治理的新时代。总之，在过去三十多年的时间里，社区建设与治理从最初的城市扩展至城乡，从早期的政策建构到如今的治理体制革新，鲜明地反映了我国改革开放和社会发展的进程特点。2014年，党的十八届四中全会首次提出法治国家、法治政府和法治社会一体建设。至此，法治社会建设被正式纳入全面依法治国战略体系之中。社区治理同法治社会建设之间具有天然的内在关联。虽然在德国社会学家滕尼斯那里，"社区"和"社会"是两个相对存在的概念，即"社区本身应该被理解为一种生机勃勃的有机体，而社会应该被理解为一种机械的聚合和人工制品"（滕尼斯，1887），但在我国的文化语境和政策文本中，"社区"可以被视为"社会"的一个组成部分，社区建设与治理也是社会建设与治理的基本内容。一方面，社区治理实践推进及体制革新离不开法治的保障；另一方面，法治社会建设目标的实现也要求社区治理法治化或规范化。这是本书研究的一个基本假设，也是之所以从法治社会建设视角来研究社区治理规范的原因所在。

　　在法律社会学研究者那里，社会规范是多元的，不同的规范具有不同的功能。法治社会的建设应当重视多元社会规范的综合作用。社区治理法治化或规范化的过程，同样如此。国家制定法、软法、民间法、党内法规和各类协议等都存在于社区治理实践中，并发挥着各自不同的规范功能。根据结构功能主义理论，社会是具有一定结构或组织化手段的系统，社会的各组成部分以有序的方式相互关联，并对社会整体发挥着各自必要的功能。该理论所包含的原理同样适用于社区治理多元规范，不同的规范以某种有序或特定的方式关联，从而形成某种规范结构形式，对社区治理发挥必要的整体性的规范功能。这是本书研究的又一个基本假设，也是本书研究的核心问题。当然，任何形式的规范都是经由特定的方式生成的，或者由特定主体创制而成，或者由特定群体长期行为演化而成，或者由特定主体约定而成。多元规范之间的组合方式同生成规范的主体之间的关系密切相关。研究社区治理多元规范的结构就不能不关注社区治理主体之间的关系也即社区治理结构问题。

对此，本书围绕社区治理多元规范的结构及其优化问题展开研究，共分为七章。

第一章阐述了法治社会建设与社区治理的内在关联和一般原理。法治社会建设的提出反映了我国改革开放以来确立的政治型法治向社会型法治的有益扩展。法治社会建设需要多元规范，在研究法治社会之"规范"时应秉持一种结构化思维，即以一种整体的、系统的而非部分的、孤立的视角去思考和分析法治社会建设中的规范问题。这也应该是我们在研究社区治理多元规范时所应秉持的一种基本方法或进路。社区治理实践中不同的参与主体有着不同的利益需求，调整或规制社区治理中利益关系就需要借助于各种规范——国家制定法、软法、民间法、党内法规和公共政策等。

第二章以"社区治理与国家制定法的嵌入"为题，首先考察了作为一种"活法"的国家制定法嵌入社区治理的具体方式或机制，包括作为社区治理"定义者"和"架构者"、作为社区治理主体角色规范与行为准则，以及在社区调解中发挥"符号"功能等。然后选取部分规范性文本，从立法技术的视角分析了国家制定法对社区治理中公共政策和软法的规范嵌入，论述了社区治理中存在的多元规范相互嵌入与规范边界模糊等问题。最后以社区法律顾问制度为例，探讨了作为社区法律顾问的律师在社区治理中的双重角色：专业法律服务的提供者和社区公共事务的治理者。不仅如此，社区法律顾问制度也可以视为国家制定法嵌入社区治理的一种有效机制。

第三章至第五章分别探讨了社区治理中的软法、民间法和党内法规这三类基本规范。第三章主要研究了社区治理中软法的创制与实施问题。目前国内学者对软法的讨论主要集中于行政法领域，因软法所包含的理念同新公共管理理念具有内在一致性，强调合作与多中心治理，因此软法也被视为公共治理的基本规范。本章首先阐述了社区治理软法的含义、具体形式和公共治理功能，认为社区治理软法指的是由社区治理参与主体单独或合作制定的且能够对社区治理事务或活动产生相应约束的各种规范性文件。然后讨论了社区治理中软法与硬法（即国家制定法）之间的关系，主张两者存在一种分工合作关系，因此应该采取措施以实现两者更好地衔接。接下来，以社区流动人口管理为例，分析了社区治理软法创制的现状尤其是存在的问题，指出体制惯性是回应型社区软法创制需要解决的最大障碍。最后，本章对社区治理软法实施过程中的自由裁量进行了分析，指出了其合理性与弊端，并就如何抑制社区软法实施中自由裁量的弊端提出了建议。在第四章关于民间法的研究中，民间法被视为社区治理中的一种文化内生性规范。本章首先对民间法的基本属性及其与习惯法、软法的关系等进行了辨析；然后分析了民间法与社区治理的关系及其作用表现，讨论了多元规范平衡视角下民间法与软法的互动问题；最后就如何改进民间法在社区治理中的作用以更好地实现规范合作，提出了具体的建议，例如主张强化民间法作为一种文化现象在社区治理中的存在。第五章以"党内法规与社区治理"为题研究了社区治理实践中规范合作视角下党内法规的规范作用及其改进问题。本章首先讨论了党内法规的规范属性和作用表现，指出了党内法规所具有的法律性、道德性、政策性和政治性功能。然后分析了社区治理多元格局中党内法规同其他规范之间的相互衔接与实施促进，赋予党内法规以新的定位即作为一种"由内及外"的规范。最后从规范实施的角度，研究了社区党务公开机制及对应的党务公开条例的实施问题，并将社区党务公开机制区分为规范操作和规范转接两个维度，其中规范转接作为社区党务公开机制的制度延展，离不开党内法规同社区治理其他规范之间的协调与合作。

第六章分别研究了社区治理中的公共政策、民事协议、道德与价值观这三类特殊但重要的规范。本章首先以"法治化视角下社区治理'政策围城'之走出"为题，讨论了社区治理实践和进程中存在的"政策围城"现象。公共政策对于社区治理的发展和成效取得发挥着非常重要的规范作用。然而，大量的公共政策输出也使得社区治理实践中出现了"政策围城"现象。在总结了公共政策对于社区治理的规范作用后，我们分析了公共政策的功能局限，并就如何走出"政策围城"提出了相应的建议。接下来讨论了社区治理中的约定规范——民事协议。社区治理实践中存在着理念、制度和实践三个层面的协议。以物业服务合同为代表的民事协议是社区治理协议中最为重要的一类。我们讨论了民事协议在社区治理中的规范功能，并希望社区治理参与主体能够拓展民事协议的作用以加强基层群众自治。本章最后探讨了社区治理中的潜在规范：道德与价值观。虽然国家制定法、公共政策和软法等具有外显可视性的规范在社区治理中发挥着重要的规范功能，但是，相比较而言道德与价值观这类潜在规范对于社区治理的规范作用可能更为深刻或更具决定性。在分别对道德与价值观所具有的特殊规范属性进行分析后，我们总结了道德与价值观在社区治理中规范作用的具体表现，最后就如何重塑道德与价值观以推进和实现社区善治提出了相应的建议。

第七章以"法治社会视角下社区多元共治格局的构建"为题，总结和回应了本书所研究的核心命题，即如何优化社区治理多元规范的结构以更好地推进社区治理法治化和法治社会的建设。无论法治社会的建设还是社区善治的实现，都内在地包含着一种结构性的要求，而且构建一种合作共治的格局也是题中应有之义。社区治理多元格局的构建是包括主体、规范和意识等在内的组合系统。本章在阐述了法治社会建设、社区治理法治化和多元格局的样态后，从主体、规范和意识这三个维度对社区合作共治格局进行解析。然后从规范结构的视角剖析了我国社区合作共治格局构建实践中存在的问题及其原因。最后从多元规范的角度提出了社区合作共治格局构建的具体建议，希望社区治理主体遵循合作主义理念，重新定位不同治理主体的角色和更好发挥治理规范的功能。

目　　录

第一章　法治社会建设与社区治理

2014 年党的十八届四中全会首次提出了"推进法治社会建设"的目标以及"坚持法治国家、法治政府、法治社会一体建设"的方针，2017 年党的十九大再次确认了上述目标与方针。显然，党在其报告中提出建设法治社会是经过深思熟虑的，其意义自不待言。江必新、王宏霞认为："建设法治社会是法治建设的夯基固本，是破解法治瓶颈的有效路径，是对人情社会的反思重构和对公共理性的培育与提升，有助于弥合转型中国的社会共识。"① 我们应该如何有序地推进法治社会的建设呢？这首先是一个方法论的问题，它至少涉及对建设主体、建设依据和建设策略等要素的反思与重构。其中，建设依据回答的是法治社会建设过程中的规范形式或规范类型的问题。德国学者马克斯·韦伯认为："在共同体中被公认为有效的规范不一定都是'法律规范'。构成共同体强制力机制的人所起的官方功能并不都是与法律强制力有关。"② 这一论断同样适用于我国的法治社会建设。换言之，法治社会建设中的规范不仅仅是国家制定法，其他类型的社会规范同样发挥着重要的规范功能。问题在于，法治社会建设中多元规范之间存在一种怎样的关系，以及我们又该如何去认知和分析法治社会中的多元规范呢？显然，关注并研究法治社会建设中多元规范的关

---

① 江必新、王宏霞：《法治社会建设论纲》，《中国社会科学》2014 年第 1 期。

② ［德］马克斯·韦伯：《论经济与社会中的法律》，张乃根译，中国大百科全书出版社 1998 年版，第 15 页。

系，并重塑一种合理有效的多元规范关系或规范结构，成为推进法治社会建设的一个基本的理论问题。

一 法治社会的建设与规范问题

（一）法治社会建设的提出：从政治型法治到社会型法治的扩展

对于"法治"这一概念，人们已经不再过于陌生。至少在大街小巷的社会主义核心价值观宣传牌上，"法治"都赫然在列。然而，由于作为一种现代意义上的"法治"，并未存在于我们的文化传统之中，所以很难讲法治作为一种价值已经植根于当前的社会土壤与人们的观念之中。这也是长期以来我国法治建设不得不认真面对和努力解决的一个深层次问题。对此，梁治平很早就有着清醒的认识，"高度复杂的现代社会生活，对于社会主体行为的合理性也提出了更高的要求。在经济生活中，这种合理化的实现必然表现为非人格化的法律统治，而现代政治中的民主要求最终也不能不以法治为其鹄的。……显然，传统的观念完全容纳不下这样丰富的内涵，由于受到传统观念的影响，我们今天的认识距现代法制的要求也还有明显的差距。"① 可能也正是基于这一认识，在《中共中央关于全面推进依法治国若干重大问题的决议》中，明确将"推进法治社会建设"与"增强全民法治观念"予以组合提出，并准确地指出："法律的权威源自人民的内心拥护和真诚信仰。"显然，这是我国法治建设中一个非常关键的进步，也标志着我国法治建设的逻辑已由单纯的政治型法治转变或扩展至政治型与社会型并重的法治。

严格来讲，当下正在进行的法治建设肇始于 20 世纪 70 年代末的改革开放。"文化大革命"十年，法制遭到严重破坏，直到 1978 年底党的十一届三中全会，这种局面才被逐渐扭转，法制（治）建设有了新的起点。在党的十一届三中全会公报中明确提出了法制建设的目的在于保障人民民主，即"为了保障人民民主，必须加强社会主义法制，使民主制度化、法律化，使这种制度和法律具有稳定性、连续性和极大的权威，做到有法

---

① 梁治平：《法辩——法律文化论集》，广西师范大学出版社 2015 年版，第 97 页。

可依，有法必依，执法必严，违法必究。"也就是从那时起，"法制"与"民主"紧密地联结在一起，法制（治）建设作为民主政治建设与发展的一部分和必要保障，这种关系被确立起来并一直延续至今。例如，在党的十九大报告中，"深化依法治国实践"的内容被放置在"健全人民当家作主制度体系，发展社会主义民主政治"这一部分中。这种法治建设的逻辑或模式可称之为"政治型法治"。

"政治型法治"不仅体现为法治建设对于民主政治发展的依附关系，还表现为法治建设被赋予了更多的时代使命。如梁治平指出的那样："有关'法治'的论说基本上是在一种浓厚的政治氛围当中、并且主要是围绕着现实的政治运作发展起来的……也由于1980年代以前的全能政治影响犹在，一个与国家制度建设和政治权力运作有着密切关联的'法治'事业就被赋予了特殊的重要性，它被期待着解决的不仅是政治问题和经济问题，而且包括这个时代所有重要的社会问题。"① 从我国改革开放以来法治建设与发展的轨迹来看，与其说这些时代使命是赋予法治建设的，不如说是执政党所承担的政治使命之于法治的要求或期待。在党的十一届三中全会提出"加强社会主义法制"后，其后的历次党的代表大会都会论及法制（治）的地位与重要性。其中，具有里程碑意义的两次党的会议分别是1997年党的十五大和2014年党的十八届四中全会。前者正式提出了"依法治国，建设社会主义法治国家"的治国方略，后者则是一次关于法治中国建设的专题会议，提出了"全面推进依法治国"的战略目标并系统阐述了全面依法治国的各项要求。这可以视为政治型法治的又一体现。

对于政治型法治逻辑或模式选择，日本学者川岛武宜有过这样的分析，即任何强大的、有组织的政治权力，为了实现自己的政治目标，都要创造自己的法律观念或法律命题，"因此，法律命题通常总是带有政治色彩的"。在此，政治型法治逻辑基础上的法治（制）建设及相关口号与理论便可以视为川岛武宜所谓的"法律命题"。但是，川岛武宜同时也强调

① 梁治平：《法治在中国：制度、话语与实践》，中国政法大学出版社2002年版，第86页。

了作为法律或法律命题现实基础的那些存在于社会关系中的"活法"的重要性。在对奥地利学者埃利希"活法"概念评论基础上，他提出了自己的"活法"理论。川岛武宜认为，所谓"活法"是指在现实中通行的那些规则，这些规则贯穿于作为自然发展史的社会关系之中的自然规律本身，以人类的观念、意识为媒介，转化为独立的、观念形态的法律命题。同时，"活法"是法律概念发展与变化的最初阶段，在这个阶段中，我们既可以看到已与法律的初级形态分离的各种中级形态的法律概念，也可以看到尚未与道德、习俗、礼仪等一般的社会规范分离的法律的初级形式。① 川岛武宜的上述论述对于我们更为全面和深刻理解政治型法治具有重要的启发意义。一方面，政治型法治的逻辑与模式选择有其合理性，任何的法律或法律命题都难以真正摆脱政治权力的塑造，从而印有特定政权与政治目标的色彩。另一方面，政治型法治的逻辑与模式选择又存在着难以克服的局限。这种局限来自于法治自身。法治不唯独是政治的设定，还要受到观念、自然规律和历史阶段等因素的制约，并在治理的规范形式上呈现出多元化的特点。这是以政治权力为支撑的国家制定法难以完全涵盖的。

上述启发性结论也为我国法治建设的实践所印证。在经历了三十余年的法治建设的实践探索后，社会型法治得以衍生，政治型法治主导的逻辑与模式选择逐渐过渡到政治型与社会型法治并重或者兼顾的形态。这也表明，我国的法治建设的领导者与推动者——执政党已经意识到，法治不仅是一种价值，也是一种社会实践，法治不仅是一种政治统治的手段，也是一种社会运行的机制，而且只有法治这种社会运行机制有效运转，才能更好地实现政治统治的目的。相比较于政治型法治，社会型法治逻辑中预设了一个与政治性场域相对应存在的社会性场域。社会型法治将法治建设的着眼点放在了社会，更加关注的是形成社会性场域的各类复杂的社会关系及对应的惯习，政治权力、政治关系乃至政治型法治无论是将其视为其中的一个构成部分，还是视为相对独立并对社会型法治和社会性场域产生规

---

① ［日］川岛武宜：《现代化与法》，申政武等译，中国政法大学出版社 2004年版，第 221—233 页。

制或影响作用的一个部分，都意味着今后我国的法治建设开始有了一个更为开阔与完整的视野，以及一个更具现实主义关怀的实证性目标。对于社会型法治，我们可从以下四个方面来理解：

一是从主体来看，社会型法治着眼于存在于社会中的"真实的人"，包括各类不同的群体与个体，而不是将人只作为一种抽象的符号。例如，社会型法治强调个体的法治意识，会从心理学的角度去探究影响规范运行背后的群体心理与个体心理。根据社会型法治的逻辑，法律和各类社会规范所调整的对象不再是无差异的人，而是具有社会属性的具体的人与人的组合。"人类是社会性动物这一事实决定了，我们的生活要处于个人价值取向与社会要求遵从的价值取向的紧张冲突状态之中。"① 社会型法治既然关注的是具体的人，那么就不会回避个体价值取向与社会要求遵从的价值取向之间的冲突关系。尽管国家制定法和其他社会规范同样被用作协调这两者之间的紧张关系，但在社会型法治中，国家制定法和其他社会规范不仅作用于社会主体的行为，还会程度不同地干预到社会主体的意识或心理，尤其是特定情境中社会主体的角色心理。显然，相对于政治型法治对宏大目标及整齐划一的统一行动的要求，社会型法治兼顾了特定情境中人的行为与心理，而由行为和心理共同构筑的人才是更为真实的人。

二是从规范来看，社会型法治承认并强调规范的多元化，也即法治建设中的规范形式除了国家制定法之外，还包括民间法、软法、公共政策甚至各类协议等规范形式。王启梁就认为，"国家法律是法律多元格局中的一元，因此如果我们要观察秩序如何形成，观察法律的表现，就需要回到法律深嵌其中的社会与文化中，去理解法律的品性和它的特性，在法律多元的格局中去为法律定位"。② 政治型法治的规范基础是以宪法为根本法或基石的国家制定法体系。如美国学者图什内特认为，宪法的重要性在于

① ［美］E. 阿伦森：《社会性动物》，邢占军译，华东师范大学出版社 2007 年第九版，第 9 页。
② 王启梁：《迈向深嵌在社会与文化中的法律》，中国法制出版社 2010 年版，第 9 页。

创设了并框架了我们的政治，宪法之所以重要是因为政治重要。① 这句话很好地反映了宪法为基石的国家制定法体系的政治意义。社会型法治的规范基础则是包括国家制定法在内的多元规范体系。如果说国家制定法的权威建基于国家公权力之上，那么其他社会规范权威的主要来源可称之为社会公权力。国家公权力是政治型法治建设的权力基础，而社会公权力则是社会型法治建设的权力依托。社会型法治逻辑或模式的选择从规范形式上看是对多元社会规范的认可，而从深层次来看则意味着法治建设的领导者即执政党认可了国家公权力和社会公权力的二元权威结构。对此，郭道晖就曾指出，法治社会是基于实行市场经济以后，"'国家—社会'由一体化转型为二元化，社会主体开始拥有属于自己的物质与精神等社会资源，成为相对独立的实体，并能运用这种资源的影响力支配力即'社会权力'，去支持或监督国家权力，从而出现的权力多元化、社会化。法也逐渐萌生多元化社会化的趋势，即除国家的制定法以外，还存在社会的法，即社会自治规范、习惯规则、行业规程、社会团体的章程等等，以及高于国家法的人权（所谓'自然法'）"。② 这一论述揭示了社会型法治得以拓展的深层次原因以及多元规范存在的必要。

三是从运行来看，社会型法治更加注重各类规范对于各种社会关系调整的实际效力，将法治建设的重心放在社会实践中。一段时间以来，我国的法治建设重心在于立法，也即首先要做到各个领域的有法可依。随着法治建设的推进尤其是执政党全面依法治国战略的提出，严格执法、公正司法和全民守法同科学立法并列为法治建设的新方针。这其实也反映了我国政治型法治建设逻辑的自我发展与调整，由原来的立法为主导向法律的创制与实施并重的转变。重视法律效力的实际发挥即法律的实施效果，恰恰是社会型法治的基本特点之一。近年来，学界先后兴起的对民间法与民族习惯法、软法以及党内法规等规范的研究，反映了学者们已经意识到了除

① ［美］马克·图什内特：《宪法为何重要》，田飞龙译，中国政法大学出版社2012年版，第117页。

② 郭道晖：《法治新思维：法治中国与法治社会》，《社会科学战线》2014年第6期。

国家制定法之外的其他规范的实践规范效力，研究的视角已经由相对单一的法律制度维度扩展至法律实践或规范实践的维度。

四是从对待文化传统来看，社会型法治更加注重文化的传承性，认可文化传统对规范种类、内容及其运行样态等的影响。王启梁认为，"任何规范都和一定的社会、文化、群体相联系，表达的是特定群体的价值判断或行为方式。规范是社会和文化的产物，因此虽然有一些规范哪怕是在全球范围内都具有很高的普适性，被认同的程度很高，但是总的来讲规范存在于一定的语境中，没有绝对正确或错误的规范"。① 的确如此，任何形式的规范都承载并维护着特定的价值，而这些内含于规范之中的价值又与特定的文化传统相牵连，或者是特定文化传统中的价值。政治型的法治建设尽管也不否认或者无法摆脱传统政治文化的影响，但它毕竟主要停留在政治的层面，具有较强的局限性。社会型法治建设则将视野扩展至整个公共领域，这个公共领域不限于政治领域，因此传统文化在其中有着更大的存在和更强的作用空间。社会型法治建设并不回避传统文化的存在及其影响，它期望在更为客观与自信的基础上对待自己的传统文化以及看待传统文化对法治建设的影响，意图在传统与现代之间探寻或开创出一条具有自身特色的法治建设模式。

概言之，社会型法治建设并非要取代政治型法治建设，而是对后者的一种有益扩展和必要充实。政治型与社会型并重的法治建设才是更为健全与更具可持续性的建设逻辑与模式。只不过，这种逻辑或模式上的扩展同时带来了理论上的扩展，使得改革开放以来建立在政治型法治建设逻辑和模式上的法治与法学理论面临着调整与创新。一些新的理论问题被提了出来，如法治建设中多元规范之间应是一种怎样的关系呢，以及我们该如何从多个维度来认识或把握法治建设中各类规范的实施效果呢，等等。法治建设尤其是法治社会的建设需要认真解答好这些问题。

（二）法治社会建设需要多元规范

社会型法治承认多元规范的作用。换言之，在法治社会的建设中发挥

---

① 王启梁：《迈向深嵌在社会与文化中的法律》，中国法制出版社 2010 年版，第 179 页。

规范作用的不仅仅是国家制定法,其他形式规范的作用也不可忽视。英国学者宾汉姆在论述法治时曾指出:"对法治的信仰,并非要求对法律或法律界,或者对法庭或法官崇拜的五体投地。"① 问题在于,我们该如何总结和定位其他形式的规范的类型与功能,以及如何认识和构建包括法律在内的各种形式的规范之间的关系结构。

就规范类型而言,国家制定法是最为基本甚至最为重要的规范形式之一,包括由各种享有立法权的国家机关所制定实施的各类规范性法律文件。除国家制定法外,社会交往和运行过程中的民间法、软法、公共政策和党内法规等也发挥着不可或缺的规范作用。《中共中央关于全面推进依法治国若干重大问题的决定》明确指出,建设法治社会要推进多层次多领域的依法治理,发挥市民公约、乡规民约、行业规章、团体章程等社会规范在社会治理中的积极作用。可见,在执政党有关法治社会建设的方案中,发挥多元规范综合作用的认知已经形成。

其实,认可社会治理的多元规范,这也是法律社会学的基本理论立场,只不过学者们对于国家制定法之外的其他规范的类型归纳存在差异。埃利希在研究社会团体和社会规范时指出,社会团体中的人们在相互的关系中决定承认某些规则为其行为规则,"这些规则是多种多样的,以不同的名称加以称谓:法律规则、伦理规则、宗教规则、习俗规则、荣誉规则、礼仪规则、社交规则、礼节规则、时尚规则。此外,大概还可以加上若干相对不那么重要的规则,比如游戏规则、(在购票窗口或繁忙的医师候诊室等待的)排队规则",而且"这些是社会事实,是在社会起作用的力量的产物"。② 苏力也曾指出,现代法治并不必定总是要以制定法为中心,"社会中的习惯、道德、惯例、风俗等社会规范(social norms)从来都是不可缺少的部分。它们之所以能长期存在,绝不可能仅仅是人们盲目

---

① [英] 汤姆·宾汉姆:《法治》,毛国权译,中国政法大学出版社 2012 年版,第 14 页。

② [奥] 欧根·埃利希:《法社会学原理》,舒国滢译,中国大百科全书出版社2009 年版,第 42 页。

崇拜传统的产物，而没有什么实际的社会功能"。① 江必新、王宏霞对此的解释则是："法治社会之'法'，即法治社会的规则系统，既包括国家颁布的各类法律法规等正式规则，也包括社会自治组织、团体等制定的自治性规范，还包括各类群体中的地域习惯、商业习惯等发挥调整社会关系作用的无形性规则。"② 通过几位学者的论述不难得知，学者们认可社会运行中多元规范存在的事实，也承认国家制定法之外的其他形式的规范的重要作用，但对于国家制定法之外究竟存在哪些具体类型的社会规范，学者们并未进行细致而科学的梳理，也很少做进一步的阐述。这一问题恰恰又是法治社会建设过程中不能回避的问题，是一个必须从理论上予以清晰回答并在实践中予以充分运用的基础性问题。

法治社会建设作为社会型法治建设逻辑与模式的题中应有之义，其重心在于社会。这是国家制定法以外的其他社会规范存在和作用正当性的理论和逻辑前提。尽管对于其他社会规范的细致区分存在难度，如易军指出的那样："非正式规范不仅存在于作为本体的法律运作之中，也存在民间社会的道德、伦理、宗教、民俗诸系统之内。要严格区别非正式规范究竟存在何种系统内，甚或为系统的独立性都是很困难的，正因为它散布于多种维度之中，在这些维度上很难彼此区别开来，究竟道德、伦理符合规范构造和条件假设抑或宗教、民俗更符合规范的'法'式样，这不可能分析出来"，③ 但是，随着法治社会建设的推进，我们必须认真回答国家制定法之外的其他社会规范具体指的是哪些类型的规范，而不能继续笼统地以"其他社会规范"概而论之。毕竟不同类型的社会规范在规则内容和功能效力等方面是有差异的。

（三）法治社会建设中多元规范的具体类型

综合已有的理论研究并根据实践调研，我们可将法治社会建设中国家制定法之外的其他社会规范归纳为以下几种类型：

---

① 苏力：《道路通向城市——转型中国的法治》，法律出版社2004年版，第26页。

② 江必新、王宏霞：《法治社会建设论纲》，《中国社会科学》2014年第1期。

③ 易军：《关系、规范与纠纷解决——以中国社会中的非正式制度为对象》，宁夏大学出版社2009年版，第37页。

一是软法，这是法治社会建设中的一类基础性规范。尽管对于软法的含义、表现形式和效力等学者们尚有不同的认识，但软法作为一类独立的规范形式基本已成为一种共识。罗豪才、宋功德认为，包含着大量本土性制度资源的软法，是一种法律效力结构未必完整、无须依靠国家强制保障实施、但能够产生社会实效的法律规范。① 江必新则认为，"软法是一个容纳了所有非典型的、非制式的法规范的集合概念"。② 法治社会建设的重心在于社会，国家制定法无法介入也不应介入的领域，很多情形中的替代性规范便是软法。软法是存在于公共治理领域的一种成文规范。党的十八届四中全会所列举的"市民公约、乡规民约、行业章程和团体章程"等都属于软法规范的范畴。此外，软法在社会实践中还表现为各类标准、政府和社会组织的工作制度或准则等。

二是公共政策，这是我国法治社会建设中不可缺少的一类特殊规范形式。某种意义上讲，我国法治社会建设乃至整个法治建设，首先是借助于各类公共政策来推动的。鉴于中国共产党为执政党，党的政策大多数会转化为国家的政策，所以法治社会建设中的公共政策既包括以国家或政府名义发布的公共政策，也包括执政党的相关报告或决议。其中，具有代表性的执政党政策性文件为中国共产党第十五次全国代表大会报告以及十八届四中全会通过的《中共中央关于全面推进依法治国若干重大问题的决定》等党的报告或决定，而且正是在后一个决定中，法治社会建设得以在制度层面被提出。就法治社会建设的微观层面来看，公共政策也发挥着重要的规范性作用。例如，围绕法治宣传教育工作，从中央到地方各有关部门陆续制定了若干指导意见，在 2016 年 4 月中共中央、国务院转发《中央宣传部、司法部关于在公民中开展法治宣传教育的第七个五年规划（2016—2020 年）》之后，地方各级宣传部门和司法行政部门等纷纷结合本地区的情况制定了实施性的政策性文件，推进普法工作。显然，这些政策性文件对于全社会的法治宣传教育工作的开展有着积极的推动作用，最

---

① 罗豪才、宋功德：《认真对待软法——公域软法的一般理论及其中国实践》，《中国法学》2006 年第 2 期。

② 江必新：《论软法效力——兼论法律效力之本源》，《中外法学》2011 年第 6 期。

终也有助于提升全社会的法治意识，这是法治社会建设所必不可少的。

三是党内法规和党内规范性文件，主要指的是作为执政党的中国共产党的有关组织所制定的各类党内法规与党内规范性文件。根据《中国共产党党内法规制定条例（2013 年）》第 2 条的规定，"党内法规是党的中央组织以及中央纪律检查委员会、中央各部门和省、自治区、直辖市党委制定的规范党组织的工作、活动和党员行为的党内规章制度的总称"。就名称而言，党内法规具体名称包括党章、准则、条例、规则、规定、办法和细则。就制定主体而言，有权制定上述名称的党内法规的组织包括党的中央组织、中央纪律检查委员会、中央各部门和省、自治区、直辖市党委。除此之外，党的其他组织制定的用以调整党组织活动和党员思想与活动的规范性文件称之为党内规范性文件。执政党既是法治社会建设目标与实施规划的制定者，也是法治社会建设的领导者与参与者。中国共产党党员分布在社会工作与公共生活的各个领域，无论是党组织还是党员的活动与行为都离不开相应的制度与规范，这既是法治国家、法治政府和法治社会建设的题中应有之义，也是从严治党、依规治党乃至依法执政的必然要求。因此，法治社会建设中党内法规和党内规范性文件作为一类基本形式的规范，有着特定的调整对象和特殊的规范功能，其意义不可忽视。

四是民间法，这是一类与国家法对应而称的规范，也可称之为民间规范。民间法这一概念的提出及研究，本身就表明学者们对政治型法治模式的反思。当然，对于民间法的内涵、外延及其功能等理论问题，学者们的意见并不一致。刘作翔曾指出，"民间法本身就是由许多种类不同的民间社会规范组合而成的一个庞大的社会规范集合体。它们呈现为一种非常复杂的存在样态。在价值层面也会呈现出一种相反相成的复杂性"。① 尽管如此，这并不影响我们使用民间法或民间规范这样的概念来指称那些存在于民间交往场域的社会规范，此类社会规范内生于传统文化，兼具文化属性和规范属性。从形式上看，民间法包括传统风俗、民族习俗和交往惯习等。民间法一般而言具有不成文性，而以文本形式记载或予以确认的一些

---

① 刘作翔：《具体的"民间法"——一个法社会学的考察》，《浙江社会科学》2003 年第 4 期。

民间规范，如"市民公约"和"乡规民约"等则又可视为软法规范的范畴。由此，民间法与软法在某些情形中具有一定的交叉性，但它们属于两类不同的社会规范。

五是民事协议，此类规范包括各类社会主体之间所缔结或达成的各种民事契约或协议。这是容易被忽略的一类规范形式。日常的社会交往活动多为民事活动，调整这些民事活动的规范除了国家制定法如民法典之外，各类民间协议（主要是调整民事法律关系）也发挥着重要的调整和规范作用。社会主体通过书面或口头的方式就特定的交往关系中各自的权利义务加以约定，在一些情况下还会约定违反协议的责任。可以说，大量的社会活动都是借助于相应的民事协议而有序开展并达到预期目标的。对于民事协议的规范效力，国家制定法也大都给予认可和保障。我国《合同法》第 2 条第 1 款规定，"本法所称合同是平等主体的自然人、法人、其他组织之间设立、变更、终止民事权利义务关系的协议"。同时还规定了依法成立的合同的法律效力，即"依法成立的合同，对当事人具有法律约束力。当事人应当按照约定履行自己的义务，不得擅自变更或者解除合同"。这实际上以国家制定法的方式认可了民事协议的规范效力。当然，这并不意味着民事协议所具有的规范效力来自于法律或者其他社会规范。民事协议的规范效力与其说来自于其他规范的认可，毋宁说其来自于协议缔结者的认可或承诺，以及来自于约定必守或诚实信用等古老的民间交往准则。

六是道德与价值观。道德作为一种社会规范，其对于法治社会建设的规范意义毋庸置疑。这其中既与道德本身所具有的特殊规范属性有关，也与我们的文化传统有关。道德作为一种行为准则，一直以来深刻影响着人们的思维与行为。无论是法治国家还是法治社会的建设，都不能忽略道德的规范作用。从深层次来看，道德之所以具有规范力，源自其所内含的社会价值或公共价值。社会价值或者人们所接受的公共价值观能够对人们的行为产生或强或弱的内在约束，也即具有相应的规范属性和规范效力。由此而言，社会主义核心价值观的提出对于法治社会的建设也有着积极的规范意义。在诸多的社会价值或公共价值观中，公平正义是最为基础性的一种。公平正义的价值理念不仅对于法律和其他规范的创制与实施有着指引与评价作用，而且在法律和其他规范空缺时能够扮演填补规则的角色。日本学者穗积陈重对于公平的价值观或公平法有过专门的论述，即"夫适法之行为固正，而公平之行为为尤正，故公平者，可谓矫正自法之普泛性之缺点之必要者也"。公平法也被称为法之法，"在进步的社会，此理想法之观念，无论何时，永续存在者也"。① 总之，道德与价值观对于法治社会建设而言，不仅是一种评判性的准则，也可以视为一种填补性的规范，正是由于道德与价值观的存在，才使得法治社会的建设明确正确的方向并获得可接受的意义。

二　法治社会建设中多元规范的结构化审视

（一）对多元规范进行结构化审视的原因

既然法治社会建设目标的提出意味着社会型法治思维的转变，而且多元规范是客观真实存在的，那么我们在研究法治社会之"规范"时应调整思路，以一种整体的、系统的和动态的而非孤立的、静止的视角去思考和分析法治社会建设中的规范问题，即所谓的结构化审视。规范分立、规范连带与规范实施是结构化审视法治社会建设中多元规范的三个基本要素，也共同构成了结构化审视的逻辑与理论框架。这样一种审视方式或研究框架，要求我们承认各类规范的相对独立性以及各自对于法治社会建设所具有的相对独特的功能，在此基础上去探究各类规范在法治社会建设这一系统工程中的连带关系与实施效果。

一方面，法治社会建设中的规范连带现象要求结构化审视，以更好地把握多元规范之间内在的关联。规范连带是指任何一类规范都不是孤立地存在与发挥作用的，而是与其他类型的规范存在着相互影响的关联关系。多元规范之间所存在的连带关系，具体包括衔接、转化与合作等关系。无论从历史的还是现实的视角看，不同类型规范之间总是存在千丝万缕的连带关系。法国公法学者狄骥曾指出，"一种起初只是一项道德原则的规则

① ［日］穗积陈重：《法律进化论（法源论）》，黄尊兰、萨孟武等译，中国政法大学出版社2003年版，第58—64页。

随着时间的推移可能变成一项法律规则，这种变化完成于这样一个时刻：由违反规则所导致的社会反应已经变得足够有力和足够确定，以至于足以获得来自于习惯或者来自于法律的比较完全的具体规定。"① 这段论述从发生学的角度揭示了道德、习惯和法律这三类基本规范之间的转化与支撑关系，而这样的关系也存在于现实的社会实践包括法治社会的建设实践之中。

民事关系是日常社会运转中最主要的社会关系，也是多元规范作用的主要对象。在以民事关系为主体所形成的民间场域中，国家制定法、民间法、软法和道德等各类规范不仅以各种方式调整着相应的关系对象，而且相互之间存在着程度不同的衔接与转化，共同编织了一张规范之网。对于不同规范之间的这种连带关系，有些直接在规范文本中予以明示，例如《民法典》第 10 条规定："处理民事纠纷，应当依照法律；法律没有规定的，可以适用习惯，但是不得违背公序良俗。"这条规定实际上将国家制定法、民间法（习惯）和公共道德（公序良俗）这几类规范之间的连带关系予以立法确认。有些则是在实践中自发地运行，不同类型的规范得以组合适用。如谢晖所指出的那样："无论偏远山村，还是繁华都市，日常的秩序并不总是也不可能是按部就班地援引法律条文而作出的，毋宁说人们日常生活中交往的秩序是按既有传统的一般要求和人们的内心感觉去自觉遵守、严肃交往而形成的。这里的'一般要求'，既可能是民间法，也可能是和民间法具有内在关联的官方法，还有可能是尽管有违民间法，但被公民在日常生活中业已接受的官方法。"②

规范冲突也可以视为规范连带的一种形式。前些年学者们研究较多的是国家制定法与民间规范的冲突与协调问题。一个基本的思路是如何在维护国家制定法权威基础上为民间规范的作用留有合理的空间。也即"要解决国家法和民间法之间的矛盾和冲突，实现两者的良性互动和协调运行，关键在于国家正式制度要为国家法与民间法的协调与互动运行提供各

---

① ［法］狄骥：《法律与国家》，冷静译，中国法制出版社 2010 年版，第 5 页。
② 谢晖：《民间法的视野》，法律出版社 2016 年版，第 103 页。

种渠道和对话空间。"① 这样的观点表达了研究这一话题的学者的基本共识，而这也可以视为国家制定法与民间法这两类规范之间的一种消极连带关系。近些年学者们对软法和硬法的差异及其协同作用的研究，也反映了类似的逻辑和表达了类似的观点。无论是对国家制定法与民间法冲突的讨论，还是对软法与硬法混合作用的分析，都是对两种不同的甚至可能冲突存在的规范之间连带关系的研究，这表明结构化审视多元规范思路或方法实际上一直存在于规范研究之中，只不过之前的研究多局限于两种关联明显甚至对应存在的规范之间，而我们所强调的结构化审视的对象则是两种以上的规范即多元规范。

另一方面，结构化审视法治社会建设中的多元规范，是全面而准确地分析各类规范实施效果及其影响因素的要求，目的在于为法治社会建设提供真正有效的规范基础。法治社会建设是一种法治实践，要着眼于各类规范的实施效力，结构化审视不仅指向多元规范之间的静态关系，还包括对各类规范的实施情况进行动态分析。这一分析框架要求我们关注每一类规范的实施情况，分析影响规范实施的主体因素、制度因素和实践因素，在多元规范的动态运行中分析连带关系的存在样态。只有这样才能更好地把握法治社会建设的内在规律，尤其是多元规范的内在运作规律。美国学者庞德认为，"法律既不能远离伦理习俗，也不能落后太多。因为法律不会自动地得到实施。必须由单个的个人来启动、维持、指导法律装置的运转；必须用比法律规范的抽象内容更全面的事物，来激励这些人采取行动。"② 相比较于多元规范的静态关系，多元规范之间的动态运行关系更为复杂，也更能反映法治社会建设与发展的内在规律与内在需要。

回顾改革开放以来法治建设的进程不难看出，立法或法律创制是一项首要的或主导性的工作。经过三十多年的努力，我国已经构建起了较为系统的社会主义法律体系。党的十八大以来，执政党进一步提出了社会主义法治体系的概念，这一体系不仅包括法律制度体系，还包括法治实施体系

① 韦学镭：《乡土社会中之国家法与民间法辨析》，《社会科学家》2004 年第 6 期。

② ［美］庞德：《法律与道德》，陈林林译，中国政法大学出版社 2003 年版，第 162 页。

和保障体系等。这表明执政党对于法治的理解以及对于法治建设策略的运用进入了一个新的阶段，法治实践将获得更多的重视，法治社会的建设同样如此。然而，规则的实施可能要比规则的创制更为复杂，无论这种规则是来自于国家制定法，还是其他的社会规范。原因在于：规则的适用要受到适用主体的全方位影响，而无论适用主体是执法者、司法者还是守法者。不同的适法者对于规则的内容、规则的功能和规则的价值等有着不同的理解，也可能有着不同的需求，而这又与特定的社会关系中规则适用者的规则意识和对自身及所处关系的认知有直接的关系。进一步讲，规则并非自发有效地实施，看似明确而公正的规则，并不一定在实践中得以有效地适用。这不仅是法治社会建设所要面临的问题，也是整个法治建设所要严肃对待的问题。那么，我们应该如何将影响规则实施的因素加以系统地分析呢？结构化的视角是一种必要且合理的选择。借助于结构化分析，我们可以将法治社会建设中的多元规范的实施情况进行动态分析，抽象出影响每一类规范实施以及多元规范连带关系运作的内在机理和外部因素。这在更好地介入调整法治社会建设中多元规范连带关系的同时，也推动多元规范连带作用的整体成效。

对多元规范进行结构化分析，要求我们改变仅关注法治社会建设中某一类规范的"孤木"性思维，也要走出只研究某两类对应性规范之间冲突与协调的对立性思维误区，因为这两种思维对于我们理解和实践法治社会建设乃至整个法治建设都可能产生误导。例如，有学者认为，法律统一是法治社会的基本前提。然而，法律不统一构成了我国法治社会建构的瓶颈。法律不统一表现为国家制定法不统一、民间习惯法不统一和司法不统一。民间法律的冲击和政治规范的影响是导致法律不统一的两个重要原因。① 这种执其一端而责之其他的论断并没有真正领会法治的内在意涵，所提出的建议或对策也往往具有片面性甚至误导性。相比较而言，结构化审视的做法是将存在于社会实践中的各类规范置于一个系统性的框架中加以分析，找出各类规范之间的静态连带关系和动态运行规律，相关的机理与要素在这样的框架中也较为容易把握，相应的建议和对策也会具有更强

① 汪习根、廖奕：《论法治社会的法律统一》，《法制与社会发展》2004 年第 5 期。

的体系针对性和实践有效性。

（二）多元规范结构化审视的两个维度：规范静力学与规范动力学

如何将法治社会建设中的多元规范纳入同一个理论分析框架呢？如前文所述，对于多元规范的结构化审视存在两个基本的维度：静态的和动态的。静态的分析聚焦于多元规范内部结构、连带关系及其作用机理的研究，而动态的分析则关注多元规范的实际运行机制与实施效果。法国社会学家也是实证主义社会学创始人的孔德最早将社会学分成研究社会稳定与秩序的静力学和研究社会发展与变迁的动力学。其中，"静力学类似于解剖学，它所研究的是社会机体各个组成部分的作用与反作用的顾虑，各成分之间的相互关系的平衡"，而"社会动力学是孔德关于社会发展与进步的理论"。① 这一理论对于我们理解多元规范结构化审视的两个维度非常具有启发意义。据此，我们可将研究多元规范内部结构、连带关系和作用机理的静态分析框架称为规范静力学，而将研究多元规范实际运行机制和实施效果的动态分析框架称为规范动力学。

1. 规范静力学：角色—规范—责任框架中的多元规范

对法治社会建设中的多元规范的静态分析，需要明确三个方面的内容：一是多元规范之间的关系样态或规范结构如何；二是多元规范之间的连带关系具体呈现怎样的形式；三是决定多元规范整体结构和连带关系具体形式的内在机理是什么。这三个问题之间又存在关联，其中第一个问题是对多元规范结构的整体描述，第二个问题是对特定情境中两种或两种以上规范之间连带关系形式的具体描述，而第三个问题是基础性的，也是规范静力学要做出解答的基本理论问题。在此，我们可借助于社会学中的角色理论，将多元规范置于角色—规范—责任这样的分析框架之中实现对多元规范的结构化分析。

角色理论是一种按照个体在社会中所处的地位或所具有的身份去解释人的行为及其规律的理论。根据角色理论，个体在特定的互动关系中具有特定角色，而该角色所对应的行为规范是被设定好的，这正如舞台上的表演。美国学者戈夫曼认为，"当某个行动者扮演一种已被制定的社会角色

---

① 于海：《西方社会思想史》，复旦大学出版社 2005 年版，第 193—195 页。

时，他通常都会发现，一种特定的前台已经为他设置好了。不管他扮演这个角色的主要动机是想完成特定工作的意愿，还是想维持相应的前台，行动者会发现，这两件事他都必须去做。"根据戈夫曼的界定，这里所谓的"前台"指的是个体表演中以一般的和固定的方式有规律地为观察者定义情境的那一部分，是个体在表演期间有意无意使用的、标准的表达性装备。① 个体在现实社会中的角色虽然不同于舞台上的角色，但同样对应着一套"被期待"的角色规范，一旦过多地背离这些角色规范，相应的惩罚或责任便会产生，以迫使个体回到"被期待"或至少可接受的行为轨道上来。

个体在社会中的角色是多重的，所对应的规范也是多元的，这是角色—规范分析方法可以用于法治社会建设中多元规范研究的原因所在。一个社会的有机组成及其有效运转的过程，也是若干不同的个体在特定社会关系中根据各自角色规范活动的组合及其展开的过程。如美国学者米德所言，"完整的自我的统一性和结构性反映了作为一个整体的社会过程的统一性与结构性；组成完整自我的那些基本自我各自反映了该个体所参与的那一过程许多不同方面中的某一方面的统一性及结构性。……一个社会群体的组织与统一，也就是在那个群体所从事或者说所进行的社会过程中产生的任何一个自我的组织与统一"。② 在这个意义上，个体与社会实现了有机的统一，社会的法治化也经由个体行为的角色规范化得以实现。然而，由于个体不同的角色对应的规范不同，而且同一角色可能对应着不同类型的规范，这也为多元规范的结构样态和相互间连带关系具体形式的形成带来了各种可能。

例如，当个体在超市购物时他既是一名消费者，享有《消费者权益保护法》所规定的消费者的各项权利，同时也是一名合同缔结者，需要按照《民法典》中有关合同的规定与超市经营者共同履行买卖合同所包

---

① ［美］欧文·戈夫曼：《日常生活中的自我呈现》，冯钢译，北京大学出版社2008年版，第19—23页。

② ［美］乔治·H.米德：《心灵、自我与社会》，赵月瑟译，上海世纪出版集团2005年版，第113页。

含的权利义务。这是角色—规范分析法在国家制定法上的运用。在同样的情境中，作为消费者的个体在民间话语中又被称为顾客，其与作为销售者的店家之间的买卖同时也会受到法律之外的其他社会规范的调整。这些规范如店家为招揽顾客而做出的各种服务承诺、会员制度、对销售服务人员服务态度与方式等的要求等，这些可能以明示的规则告知顾客和要求销售人员，此类规范多属于软法规范。再如，顾客付款时如果所购商品总价款存在"分"钱数，有的超市采取"四舍五入"的方式收款，有的则采取"分"钱数抹零的方式收款，而无论是四舍五入还是抹零的方式，都已在顾客和店家之间形成了一种双方认可的交易或支付惯例，这种惯例则属于民间规范的范畴。由此可见，仅在消费者和销售者之间所发生的一次商品买卖中，便至少存在着国家制定法、软法和民间法这几类规范形式，这几类规范有机地组合在一起并作用于消费者和销售者这一组角色关系，调整着这组角色关系中两个基本角色各自的行为。

当然，个体的社会角色和社会规范之间是一种相互设定的关系。角色对应着规范，反之，规范也设定并塑造着角色。根据角色是具有普遍性还是特定性，可将规范视角下的角色分为普遍意义上的角色和特定情境中的角色。在一个奉行法治的国家中，普遍意义上的角色指的是宪法所设定的公民这一角色。特定情境中的角色则是指在特定的社会交往关系中所形成的并由特定的规范所设定的身份或角色，如消费者、父母和高校教师等。公民也是整个法律制度体系中最为基础性的，是宪法之外的其他法律所设定或塑造的其他角色的前置性角色。换言之，其他任何法律角色都不能脱离或违背宪法所设定或塑造的公民这一角色，以及这一角色所对应的基本权利义务规范。由于宪法至上是法治建设的基石，而且宪法法律等国家制定法相对于其他社会规范具有效力上的优先性，所以其他社会规范所设定和塑造的角色同样要遵循公民这一角色所包含的基本权利义务规则。例如，在家庭关系中，家庭成员之间存在着父母、配偶和子女等角色关系，相关法律或者其他社会规范也针对这些角色关系分别设定了相应的规则，但无论这些针对父母、配偶和子女的角色规则是来自国家制定法，还是文化传统性很强的民间法或者其他形式的规范，都不能违背家庭成员的公民身份以及相应的权利义务规则。

可见，角色—规范分析法能够很好地将国家制定法、软法、民间法等多元规范纳入同一个分析框架中，并且还能将基本的法治原则——宪法法律至上原则贯穿其中。然而，仅有角色、规范这两个要素尚不足以区分多元规范和清晰界定多元规范整体结构样态和具体连带形式，这就需要再引入第三个要素——责任，构成角色—规范—责任这样一个新的结构性分析框架。所谓责任是指主体在特定交往关系中违背了规范所设定的角色规则，由此应该承担相应的权益限制或者其他不利后果。责任既是角色规范的实施保障机制，也是区分不同角色规范的基本标准之一。若无相应的责任或惩罚机制，规范就很难成其为规范。不同类型规范的责任机制存在差异。在多元规范中，法律规范所对应的责任最为明确并由国家强制力保障落实，其他类型的规范也都有着各自的责任机制。实践中，同一种角色行为可能受到来自多种不同类型规范的规则的调整，由此也会引致多种责任机制的共同作用。例如，行人无视红灯亮起仍然穿过人行横道从而造成交通堵塞甚至交通事故。这种情形中存在着多种规范及相应的责任机制能够对行人的闯红灯行为进行评价并施以惩罚。首先便是《道路交通安全法》第 62 条关于行人通过路口或横过道路的规定和第 89 条关于行人违反道路交通安全法律法规关于道路通行规定的法律责任承担的规定，即行人通过有交通信号灯的人行横道，应当按照交通信号灯指示通行，否则将面临被处以警告或者五元以上五十元以下罚款。即使行人侥幸逃脱了国家制定法的惩罚，也会有其他类型的规范（如软法和公共道德等）及相应的责任机制发挥作用。以软法为例，很多社规民约中都倡导公民要做遵纪守法的文明市民，过马路要走人行横道并按信号灯指示通行，这是一条最基本的行为规则，也是评判是否符合文明市民要求的一条可视性很高的标准。作为行人的公民或市民一旦违反了这一行为规则，也会招致软法责任机制所带来的惩罚压力，例如个人社会评价的贬损和来自公众的批评等。

总之，社会是由若干具体的场域组合而成，而每个具体场域又由若干组交往关系型构而成。在每一组交往关系中，每个主体都有着单一的或复合的角色，与其角色相伴随的是一种或几种规范或称之为角色规范，正是这些角色规范设定了对主体如何行为才是恰当的规则及评价标准，而这些角色规范也可以视为由若干交往关系所形成的具体场域中的惯习。一旦主体的行为违反了角色规范所设定的规则，便要承担相应的责任。法治社会的建设就是努力使每一组交往关系及每个具体场域都运行在规范化的轨道之上。将各类规范纳入角色—规范—责任的分析框架中，我们能够更全面地分析特定情境中针对主体的同一行为各类规范是如何综合作用的，更好地把握多元规范在每个具体场域中的结构样态和内在的连带形式，以及分析各类规范如何通过责任机制约束和矫正主体的行为。正是由于这一分析框架所具有的特殊分析功能，使其成为规范静力学的核心分析范式，并为我们准确认识和把握法治社会建设中多元规范的结构提供了理论工具。

2. 规范动力学：意识—规则—实践框架中的多元规范

对多元规范完整的结构化分析还包括对多元规范实施情况的动态分析，而将多元规范的实施情况纳入同一个理论分析框架中则是规范动力学所要解决的问题。具体而言，对于某种规范的实施或适用我们可从意识、规则和实践三个层面来把握。法治社会的建设注重主体的规则意识和规范实效，而规则意识和规范实效的分析也是分析多元规范实施情况的两个基本指标与维度。因此，规范动力学视角下多元规范的结构化分析可通过意识—规则—实践这一框架得以实现。

意识层面是规范的适用者即主体具有怎样的规则意识或规范心理。主体的规则意识既包括主体对于特定规则有效性的认知与评价，也包括主体自觉遵守或适用特定规则的态度，还包括主体在特定情境中选择何种规范及规则的倾向。主体对特定规则效力的认知程度会影响到其适用该规则的意愿程度，从而也会影响多元规范的适用位次。一般而言，主体对某种规则效力的认知与认同程度越高，该规则获得主体主动适用的可能性便越大，主体的自我监控心理倾向便会越高。在社会心理学中，"自我监控（Self Monitor）是个体调整其行为以符合情景规范或者他人的期待。如果你能够自我监控，那就意味着你能够控制自己的言语和非言语行为以回应别人的各种期待。那些自我监控能力强的个体不仅关注并意识到他人对其言行的反应方式，还能够积极主动地改变他们的行为以迎合他人的反应及期待"。① 主体的自我监控心理也可以视为一种规则心理。无论是合乎情

---

① Stephen Worchel；*Social Pychology*，Wadsworth，2000. p. 107.

景规范还是他人期待，这其中都包含着主体对某种规则的认知，也隐含着对多元规范中不同规则的认同程度。

由于社会主体的规则意识是影响法治社会建设乃至整个法治建设的深层次因素，我们在分析多元规范的实施情况时应该首先分析深藏在各类规范背后并对规范实施产生直接作用的主体的规则意识，然后再去考察特定规则意识下规范的实施情况。长期以来，很多学者在研究中国的法治建设时，都会将法治意识、法律观念以及法律信仰等作为重要的研究课题。的确如此，主体的任何行为都是在特定的意识支配下做出的，已经制定的规则能否得到人们普遍的遵守受制于人们的规则意识。一旦社会主体的规则意识普遍出了问题，那么整个社会便会陷入明规则失效与社会正常秩序失范的危机之中。法治社会建设中主体的规则意识还包括一项特殊的内容，即主体在特定情境中优先选择何种类型的规范或规范组合作为其行为准则的倾向或态度。这是多元规范的结构样态在观念层面的体现，也会对规范的适用产生直接影响。

规则层面则是指主体所适用的规范中包含着怎样的规则以及这些规则在应然层面具有怎样的规范效力。法治社会的建设离不开一套科学合理的制度化体系。根据拉兹的观点，"制度化体系由诸规范构成，这些规范周围环绕的是排除了适用所有不是该体系的规范的排他性理由这一决定性因素。处于制度化体系之核心的是排除了所有其他理由（包括该体系其他规范）的权威性的适用性决定。"① 从应然的角度讲，法治社会建设中的制度化体系是一套以国家制定法为核心的规则体系，但事实上任何一种规则在特定情境中都可能被主体首先选择适用。无论怎样，规则是重要的。谢晖甚至认为："规则是一个国家社会结构中除了政治、经济和文化（社会）之外的第四要素，并且是能否保障社会结构稳定的根本要素，也是中西方社会结构差异的根本因素。"② 这一观点强调的是规则的重要性，而在我们的规范动力学中，规则层面所要关注的问题是主体在特定情境中

---

① ［英］约瑟夫·拉兹：《实践理性与规范》，朱学平译，中国法制出版社 2011 年版，第 163 页。

② 谢晖：《法治讲演录》，广西师范大学出版社 2005 年版，第 118 页。

为何选择这种规则而非那种规则，这显然与主体的规则意识密不可分。

实践层面是主体在一定的规范心理支配下具体实施规范所要求的行为，从而将规范中所包含的规则的应然效力转化为实然成效的过程。美国学者伯尔曼关于法律信仰的研究及其观点时常被国内学者所引用，但很多人可能忽略了伯尔曼是将法律信仰与宗教信仰放在一起讨论的。在《法律与宗教》一书中，伯尔曼将宗教视为人类对于神圣的意识，把法律视为人类对于正义的观念，由此认为："在所有的社会里，虽然是以极不相同的方式，法律都部分地借助于人类关于神圣事物的观念，以便使人具有为正义观念而献身的激情。"① 其实，伯尔曼的这一观点多少有些武断，并非在所有的社会中法律都是与神圣事物联系在一起并意图使人具有对正义观念的追求。于是，法律如何才能被信仰这一问题在不同的社会中便会有着不同的回答。苏力对此问题的一个回答是"能够为人们所信仰的法律必须是能够给人们或至少是绝大多数人带来利益的"，他还认为，"这里所说的信仰并不是一种言词上的表白，一种决心，而必须是一种身心的投入；而且由于法律是一种社会的全民的事业，因此对法律的信仰甚至也不是某个或某些个体的心灵活动，而是整个社会的实践显示出的对法律的尊重和倚重。"② 苏力的观点实际上已经将意识问题转化为了实践问题，而规则意识和规则实践之间的确存在着不可分割的紧密关系。概言之，规则意识指导主体的行为从而形成规则实践，而规则实践又反映着并在某些情况下也会塑造着主体的规则意识。

实践层面的意义不止如此。由于实践层面是多元规范实际作用或效力最终呈现的环节，能够以其展示的事实来印证有关理论预设。我们对于规则意识、规则内容和规则价值等的理解与分析很多都只是停留在应然层面，实践层面的分析或许与我们之前应然的假设存在很大的不同。因此，我们必须将对意识与规则这两个层面的分析与对实践层面的分析有机联结

---

① ［美］伯尔曼：《法律与宗教》，梁治平译，中国政法大学出版社 2003 年版，第 36 页。

② 苏力：《制度是如何形成的》（修订版），北京大学出版社 2007 年版，第 204—205 页。

起来，这样不仅有助于我们认知主体实际所呈现的规则意识和评估规则实际所发挥的效力，或许还会矫正我们已有的理论假设甚或刻板印象。例如，陈柏峰曾对皖北李圩村纠纷解决实践做过深入调研，他的调研发现就颠覆了很多理论预设。通过调研他发现，虽然纠纷解决的系统日益被纳入国家秩序体系中，这个体系越来越重视具体的法律规则，互让伦理在村庄纠纷解决中日益衰落，但是这并不能被认为是"规则之治"时代已来到中的村庄。因为在家庭纠纷和一些日常性冲突中，力量不均衡的双方之间仍然存在压迫与被压迫的关系，强者对于弱者存在一种权力关系。既是国家和村庄习惯中存在规则，也不会被付诸实践，而实践是力量平衡的结果。① 当然，这一调研发现并没有否定我们所追求的"规则之治"的意义或其必要性，而是对那种以规则尤其是法律的应然价值为出发点，要求主体的规则意识与规则实践应当与之相符的理论预设与心理期待的一种冲击。这种冲击所带来的警示是：我们应该更加重视规则实践，甚至应该首先从规则的实践出发去分析主体的规则意识和重构规则的内容与价值等，而非以一种应然的规则出发去评判主体的规则意识和期待规则实践与之相符。当然，这一冲击也为我们的意识—规则—实践这一规范动力学的分析框架提供了更强的理论包容性和分析解释力。

（三）多元规范的动态均衡与法治社会建设的公共理性原则

1. 多元规范的动态均衡

如果说政治型法治突出的是法治建设的政治性，那么社会型法治则更多强调的是法治建设的公共性。一如社会型法治并不排斥或否定政治型法治，法治建设的公共性与政治性也是相互容纳的。所不同的是，社会型法治的建设在对待多元规范的态度上更加温和与务实，强调在维护宪法法律权威基础上给国家制定法以外的社会规范以合理作用的空间，同时合理构筑包括国家制定法在内的多元规范结构。这意味着国家制定法与其他社会规范一样，都不是一个独立的或封闭的规范类型，而是一个相互联结与影响的连带系统，尤其对于国家制定法而言，要认真对待和处理好与其他社会规范之间的关系，在维护自身最高效力与权威的同时，要注意吸收其他

---

① 陈柏峰：《乡村司法》，陕西人民出版社 2012 年版，第 135 页。

规范中的合理要素以增强自身的正当性，同时也要以恰当的方式有效地嵌入其他规范中，在法治建设包括法治社会建设中发挥"规范合力"的作用。

问题在于，如何最大化发挥多元规范在法治社会建设中的"规范合力"呢？这涉及多元规范内部的优化组合问题，而优化组合的一个理想状态是多元规范之间保持动态均衡。在这里，多元规范的动态均衡包含三层含义：一是不同形式的规范其内涵是明确的，每种形式的规范都有其相对明确的调整对象与相对独特的规范功能，也即不同规范之间的边界是较为清晰的，这是多元规范在法治社会建设实践中实现动态均衡的基本前提。二是从消极意义上讲，多元规范之间要避免或者减少不必要的冲突。张维迎指出，当来自具有不同的法律规则或者社会规范的社会的人们相互交往时，如果每一方都按照自己原来的规则行事，就不可避免地会产生冲突。对此，有三种办法来解决规范之间的冲突，分别是用其中的一个规则取代其他的规则、建立全新的规则或者建立协调规则的规则。① 这三个办法对于解决法治社会建设中多元规范内在冲突时都是可以运用的。三是从积极意义上讲，多元规范动态均衡是一种不同规范之间协调有序、有机衔接，并根据特定情境需要实现不同组合的状态。

法治社会的建设需要多元规范实现积极意义上的动态均衡，也即要求不同形式的规范之间根据特定情景中的规范需要，通过积极协调和有效协作，达到一种"规范共治"的实践状态。例如，"鉴于民间法有其存在的现实合理性且在较长的时期内不会消失，因而和谐治理乡土基层社会也就不但不能仅靠国家法的强势介入，相反还应该着力寻求国家法与民间法'各司其职'式的协调互动。这要求一方面要加强完善国家法以利于在最佳效益下实现其社会控制机能，另一方面要积极引导民间法以达到在最大可能上发挥其社区调适功能"。② 同样的协调与协作关系还应存在于多元规范中的任何两种或多种规范之间，而且这些规范组合样态存在于一个个

---

① 张维迎：《博弈与社会》，北京大学出版社 2013 年版，第 71 页。
② 吴大华、郑志、王飞：《试析民间法的存在合理与国家法的立法完善——以法律多元的文化背景为视角》，《西南民族大学学报》（人文社会科学版）2010 年第 2 期。

具体的场域中。

对于法治社会建设中多元规范动态均衡的实现，我们还需要注意两点：一是多元规范的创制主体问题。除民间法、道德和价值观等不成文的规范外，其他形式的规范都是由特定的主体创制而成。例如，国家制定法由专门的国家立法机关所制定，而民事协议则是由特定的主体所签订。换言之，不同形式的规范有着不同的来源及生成机制，也对应着不同的创制主体。法治社会的建设目标是实现社会治理的法治化，而不同规范的创制主体也是社会治理的主导或参与主体。多元规范与多元治理主体是相伴而生的，也可以将两者视为一体两面。张康之指出，"在合作治理的视野中，由多元治理主体构成的社会治理体系不再是边界明晰的相对封闭的体系，而是一个具有充分开放性的动态系统。……如果说在单一治理主体独自承担社会治理职能的时候所表现出来的是对无所不在的控制的追求，而是在多元治理主体合作的条件下，每一个进入合作治理系统中的要素必然具有相对于系统的其他要素的服务定位"。① 这一有关多元治理主体的论述也适用于社会治理多元规范，而且后者的动态均衡在很大程度上要通过协调前者的关系才能实现。概言之，多元规范动态均衡实现的背后是社会治理多元主体之间关系的稳定与均衡。二是多元规范动态均衡存在的场域与实现的情境问题。多元规范的动态均衡存在于法治社会建设的实践中，是一种真实的规范实施状态。但是，这种实践或实施状态并非一次性完成的，也不是发生在同一个场域中。社会关系复杂多变，一组相互关联的交往关系构成一个具体的场域，因此，多元规范的动态均衡存在于每一个具体的场域中，法治社会建设中的多元规范动态均衡是由若干具体场域中的动态均衡所构成的。不仅如此，由于每一个交往关系都是在特定情境中发生的，若干个相互关联的交往关系所构成的场域同样具有一个整体情景属性，而多元规范内部究竟以怎样的一种组合方式实现动态均衡，在很大程度上受到交往关系发生时所处的特定情景以及场域的整体情景。当然，无论情景如何设定，多元规范的动态均衡都应是一种符合基本法治原则和公共价值的均衡。

---

① 张康之：《合作的社会及其治理》，上海人民出版社 2014 年版，第 156 页。

2. 法治社会建设的公共理性原则

虽然本书探讨的是法治社会建设中的多元规范问题，但我们应该意识到法治社会建设的重心或落脚点在于社会而非法治本身，法治只是定义社会属性和社会运行模式的诸多要素之一。法治国家、法治政府和法治社会一体建设的意义，也不只是在于充实了法治本身的内涵与外延，更在于执政者在政府—社会—市场—个体这样的框架中重新认识法治的思维转变或认知提升。这种新的思维与认知表明执政者不再偏执地强调或否定政府、社会、市场或个体其中的任何一端，而是试图寻求在这四者之间建立一种新的稳定的关系或结构。这一转变或提升带来的一个积极后果是一个新的领域——公共领域的重新出现或者兴起，并且这一公共领域的出现与运行是政府、社会、市场和个体四者合力作用的结果，它有机地融合了政府、社会、市场和个体各自的核心要素，并使存在和运行于这一公共领域的各类关系都附着了一种复合性印记。法治社会的建设正是在这样的背景与框架中展开的，也就同样不可避免地会被烙上政府、社会、市场和个体四者复合作用的印记。

对于公共领域的兴起及其意义，马长山曾指出，"20世纪70年代末开始的改革开放和市场经济发展，实现了从农业文明走向商业文明的社会转型，从而引发了新的社会革命，大大拓展了私人领域和社会公共空间，也促进了政府角色转型和社会生活的多元化、自由化、民主化，进而推动了公共领域的兴起……现代国家权力的合法性建立在民主参与、理性共识的基础上，而公共领域正是这种民主参与、理性共识得以形成的重要渠道和基础"。① 这段论述在揭示我国公共领域兴起的内在轨迹及规律的同时，也指出了与公共领域运行相匹配的一个基本原则——公共理性原则。美国学者索罗姆认为，"公共理性"指代公众以公民身份去建立一种政治体的共同理性。……公共理性在公共领域中运用于政治辩论并且被政府官员运用去为宪法、法律、行政行为以及司法决定作辩护。② 据此，公共理性是

---

① 马长山：《公共领域兴起与法治变革》，人民出版社2016年版，第24页。

② ［美］劳伦斯·B. 索罗姆：《建构一种公共理性的理想》，陈肖生译，载谭安奎编：《公共理性》，浙江大学出版社2011年版，第16—18页。

相对于个体理性而言的一种理性样态，它是存在于公共领域之中的一种共同体理性，建立这样一种理性是人类认知自我以及更好地实践自我的一个值得努力的方向。

认知自我一直是人类恒久的话题之一，也是哲学社会科学研究的最高目标及理论基础。在西方学者关于人的研究假设中，人是理性的动物被使用得最多，占据主导地位。当然，也有一些学者并不赞同理性人的假设或者反思那种以原子式个人主义为基础的理性人假设，而强调一种关系连带性或公共性。例如，卡西尔就主张用人是符号的动物来取代人是理性的动物的假设，并认为："人不再生活在一个单纯的物理宇宙之中，而是生活在一个符号宇宙之中。语言、神话、艺术和宗教则是这个符号宇宙的各部分，它们是织成符号之网的不同丝线，是人类经验的交织之网。"① 社群主义学者金里卡也在反思自由主义的个人理念基础上提出要重视个人作为文化成员的价值，并指出文化所认可的活动模式规定着我们自己生活中可能采取的某种潜在的角色。"我们决定如何引导自己的生活，是通过把自己置身于这些文化叙事中，通过采纳使我们感到有价值的，值得去尝试的角色（当然，这或许也包括我们被培养成的角色）。"② 无论是符号人还是文化人的假设，都是对西方长期以来占主导地位的原子式理性人假设的反思，所导向的也是一种公共理性人的假设。尽管中国传统文化中人也被定义为一种关系中的动物，但在西方即使是原子式理性人假设占主导地位，也存在一个国家—社会框架中的公共领域。相比较而言，中国的关系人假设则缺少这样的公共领域，相应的公共理性的培育也便艰难了许多。

尽管如此，法治社会的建设需要明确公共理性原则，也即各类社会主体应当培养并具备一种有序有效参与公共领域事务与活动，在担当起公共责任基础上实现个体的自由与全面发展。从某种意义上讲，社会的法治化是公共领域规范化的一部分，两者都以主体的公共理性为基础。对于法治

① ［德］恩斯特·卡西尔：《人论》，甘阳译，上海译文出版社 2003 年版，第41 页。

② ［加］威尔·金里卡：《自由主义、社群与文化》，应奇、葛水林译，上海世纪出版集团 2005 年版，第 157 页。

社会建设与公共理性原则之间的关系，我们可做如下理解：

一方面，法治社会建设目标的提出本身就包含了对政府—社会框架之下公共领域的认可，内含了政府、社会、市场和个体四者关系的合理重构，公共理性存在于公共领域之中，也是这四者关系合理重构过程中亟须培育的一种理性。对于法治社会的理性基础或者基本原则，学者们有着具体的讨论。郭道晖认为，"法治社会的核心是公民社会，它能运用公民的政治权利和社会组织的社会权力，以及国家和社会多元化的法治规范，进行社会自律自治，分担国家权力的负担，特别是监督、制衡国家权力，改变权力过分集中于政府的状态"。① 姜明安则主张，法治社会的具体标准和要求包括三个方面，其中之一是坚持"三个凡是"的原则，依法推进国家公权力向社会转移，即"凡是个人能够自主决定的事项，国家公权力不要越俎代庖；凡是市场能够有效调节的事项，国家公权力不要干预；凡是社会能够自律管理的事项，国家公权力不要包揽取代"。② 从这两位学者的论述中，我们看到了法律学者对公共领域和公共理性的呼唤，也即对重构政府、社会、市场和个体这四类基本主体之间结构关系的期待，以及内在的希望一种与之相称的新型理性——公共理性的出现。这种公共理性反映到主体身上就是要求各社会主体意识到公共领域的存在，意识到自己作为公共领域中的一员，承担着对公共领域事务的责任，需要以自己的行动去履行相应的公共责任，以此获得自己在共同体中的积极意义。

另一方面，公共理性原则强调人的理性的公共性，这与法治社会所追求的秩序及其规范的公共性是内在一致的。无论怎样界定理性的含义，人都是一种具有理性能力的动物，但如果仅仅将人的理性能力定义为一种原子式的个体进行利益最大化计算的能力，很容易将理论研究和制度设计引入歧途，对于社会的良性发展产生负面影响。加拿大学者查尔斯·泰勒指出："一个分裂的社会是一个其成员越来越难以将自己与作为一个共同体的政治社会关联起来的社会。这种认同之缺乏可能反映了一个原子主义的

① 郭道晖：《法治新思维：法治中国与法治社会》，《社会科学战线》2014 年第 6 期。

② 姜明安：《论法治中国的全方位建设》，《行政法学研究》2013 年第 4 期。

观念，而依此观念，人们终将纯粹工具性地看待社会。"① 泰勒的分析与告诫不无道理。我们不应夸大个体理性能力中单纯利己的那一部分，而应该弘扬个体理性能力中利他的或者担当公共责任的那一部分，使个体意识到其与共同体之间存在着不可分割的关联性，从而形成对共同体的责任意识并能够将个体的发展与共同体的发展有机结合。法治社会的建设是一个具有复合属性的共同体的建设，它追求一种有机的公共秩序的形成。多元规范本身具有公共属性，蕴含着一套公共价值体系（如平等、和谐、自由、诚信和友善等）。法治社会建设中，主体所创制和适用的多元规范以构成公共秩序的若干交往关系为媒介，作用于具有公共理性的主体，将规范中所蕴含的公共价值予以实现，最终在实现社会的法治化过程中满足主体的发展需求。

总之，法治社会建设的意义重大，而能否以及怎样在一个处于重构中的公共领域中实现多元规范的动态均衡，直接影响到法治社会建设的成效与进程。习近平总书记指出："要深入开展法制宣传教育，在全社会弘扬社会主义法治精神，引导全体人民遵守法律、有问题依靠法律来解决，形成守法光荣的良好氛围。要坚持法制教育与法治实践相结合，广泛开展依法治理活动，提高社会管理法治化水平。"② 这段话清晰地指出了法治社会建设的着力点与方向，同时也包含着一种系统化和结构化的思维，包含着认可公共领域和呼唤公共理性的一种理论预设。法治社会的建设不仅仅是一个规则层面的问题，更是意识与实践层面的问题。多元规范的有效实施并以此对法治社会建设形成支撑的前提是执政者及各社会主体要懂得并善于以结构化的视角去审视和适用多元规范，尽快培育起并能够有效地运用公共理性。只有这样，才能真正把握住我国社会型法治建设的内在规律，使其能够更好地促使包括政治型法治所设定的法治建设目标的实现。

---

① ［加］查尔斯·泰勒：《本真性的伦理》，程炼译，上海三联书店 2012 年版，第 141 页。

② 《习近平谈治国理政》，外文出版社 2014 年版，第 145 页。

三　法治社会建设的社区治理之维

（一）社区的含义与类型

人是共同体（community）的动物。虽然对共同体的含义我们可在不同层面加以理解和确定，但是作为个体的人必须在特定的地理空间内生活或工作。这种"特定的地理空间"在社会学中被称为社区。当然，我们也可以将社区视为一种制度性事实或现象。在中国，尽管政府仍然是社区治理建构者和主导者，但社会转型及其所带来的利益多元化也推动了社会自治空间的扩大，这使得社区治理中出现多种具有不同利益追求的参与主体，而且各参与主体会以各种方式对社区治理施加影响，由此形成不同的利益关系。社区治理的目标是要协调好这些利益关系，以满足各参与主体的利益需求尤其是要实现社区成员的安居乐业等。

对于社区的含义，学者们有着不同的解读。即使在制度层面，社区也是有着多重内涵。美国学者乔治·S. 布莱尔在其《社区权力与公民参与》一书中，在地方政府的意义上来使用社区，地方政府被定义为"享有一定程度的独立性、向所有市民负责、具有一定管辖区域的州政府下属的区域单位。"① 大多数学者关于社区的理解，都受到德国社会学家滕尼斯的观点的影响，即区分了社区与社会两个概念，不仅强调客观的空间联系，还强调一种情感的、意志的或价值的联系。滕尼斯曾指出："血缘共同体作为行为的统一体发展为和分离为地缘共同体，地缘共同体直接表现为居住在一起，而地缘共同体又发展为精神共同体，作为在相同的方向上和意义上的纯粹的相互作用和支配。地缘共同体可以被理解为动物的生活的相互关系，犹如精神共同体可以被理解为心灵的生活的相互关系一样。"② 基于此，美国学者克莱尔·高蒂安妮更是直接认为："成功的社区在拥有

---

① ［美］乔治·S. 布莱尔：《社区权力与公民参与》，伊佩庄、张雅竹编译，中国社会出版社 2003 年版，第 62 页。

② ［德］斐迪南·滕尼斯：《共同体与社会——纯粹社会学的基本概念》，林荣远译，北京大学出版社 2010 年版，第 53 页。

共同的目标或活动的同时，还有着共同的经历和共同的信念。其成员拥有共同的思维方式和价值体系，因此他们可以相互预见并尊重彼此行为。"①

与国外学者对于社区的理解有所不同，我国学者当前对社区的定位主要还是侧重于一定民众生活的地理空间。这种定位也出现在正式的政策性文件中。例如，2003年民政部在其发布的《关于在全国推进城市社区建设的意见》中载明："社区是指聚居在一定地域范围内的人们所组成的社会生活共同体。"王巍准确地阐释了社区在我国的基本含义："除了具备特定功能的社区（如企业和大学）之外，社区一般就是城市政府按照地域面积和提供公共服务的目标加以划定的城区管理单位（甚至可以把社区比喻为最小的城市行政区划）。"② 从社会学角度看，任何个体或社会组织都是生活在特定的共同体也即社区之中的，这里的共同体可以在空间意义上也可以在文化意义上来使用。就我国而言，社区从空间意义上讲主要是一种基于政府划定或自然聚居而形成的公共生活空间。尽管这种公共生活在目前看来具有很多偶然性、非自觉性和半政府性，但是它已经构成个体生活不可缺少的一部分。

关于社区的类型，我国还存在着城市社区和乡村社区的划分③，其依据可以追及《宪法》第111条关于居民委员会和村民委员会的规定。尽管在之后的《城市居民委员会组织法》和《村民委员会组织法》两部法律中，只有前者出现了"社区"这一术语，但实际上无论是城市中还是乡村中，只要是聚居在一定的地域范围内并有着较为密切的生活或工作联系的共同体都可以视为社区。因为无论在城市还是农村，共同体的内部结

---

① ［美］克莱尔·高蒂安妮：《繁荣社区的智慧资本》，转引自丁元竹《社区的基本理论与方法》，北京师范大学出版社2009年版，第18页。

② 王巍：《社区治理结构变迁中的国家与社会》，中国社会科学出版社2009年版，第16页。

③ 严格讲，将社区划分为城市（或都市）社区与乡村社区并非我国制度或学理上的创造。早在20世纪30年代，美国著名人类学家雷德菲尔德就曾依据文化、经济和分工等不同，将社区分为都市社区和乡村社区两种基本类型。雷德菲尔德的划分主要是从人类学或社会学视角作出的，而我国社会实践中的划分除了社会学意义外，体制性或制度性色彩较为突出。

构基本上是类同的，所承载的社会功能也是相似的。不同的是，城市社区与乡村社区在成员的身份、职业、联系程度及公共生活的内容等方面有着较大的差异。但是，这些不同仅是"城市"和"乡村"的不同，在"社区"或"共同体"层面上并无实质差别。随着城乡二元体制的改革尤其是城镇化的推进，城市和乡村的差异会逐渐缩小甚至消解，社区作为个体参与公共生活的一个基本单位和平台，其重要性或价值将愈发凸显。

（二）治理理论与我国社区治理的目标

社区是公民参与社会公共生活，培养和提升公民自治和民主政治水平的基础性平台。社区治理则是这个平台的制度性运作。当代治理理论由于其所主张的理念迎合了西方社会发展的需要和趋势，所以引起了西方发达国家的广泛重视和学者们的广泛探讨。虽然对于何为治理这一问题存在各种解读，以至于我们难以给出一个确切的定义。法国学者让-皮埃尔·戈丹指出："治理之观念有多种发展途径，其交会点就归结到权力机构的实用指导。这些发展途径均促进了以唯意志论和最高主权论为主要特征的传统'统治'方法更加转向实证方法和实践知识。"[①] 概言之，治理理论或观念不同于传统的政府统治与管理的功能定位，主张权力的多中心性并强调不同社会主体包括政府之间的合作与互动。相应地，社区治理便是在社区公共生活（主要包括公共事务的管理和公共服务的提供）中，对社区成员的行为能够产生控制或约束的权力来源是多元的，不仅仅来自于国家或政府，而且要求政府与社会之间要实现良好的合作与协调。

在我国，作为制度层面的社区治理显然有异于理念层面，无论是站在政府的角度还是从社区成员的态度来看，由政府对社区公共事务进行单向管理以及政府包揽大部分社区公共服务的传统模式，依然有着巨大的运行空间与合理性基础。然而，尽管治理理念很难在短期内获得广泛的认可与实践，但其中的合作共治、协商回应等原则与我国社会转型的内在要求是契合的。并且，现行的社区治理结构中同样留有巨大的制度改进空间，也即由社区成员、社会组织、市场主体和政府部门这四类基本主体所构成的

---

① ［法］让-皮埃尔·戈丹：《何谓治理》，钟震宇译，社会科学文献出版社2010年版，第16页。

社区治理结构，目前并不是一个严密的、难以调整的封闭性结构，政府权力、社会权力和个体权利三者之间仍然可能通过新的博弈活动达致治理的多中心化，或者至少可以使政府权力、社会权力和个体权利三者实现一种更为合理的均衡配置状态。换言之，社区治理在我国并非一个单纯的移植性概念，而是有着一定的现实可能性与未来的可期待性。

基于上述认识，社区治理是指在政府主导下，由政府、社会组织、市场主体和社区成员共同参与，通过管理、协商、合作或自治等方式处理社区公共事务或提供社区公共服务的过程。这一界定至少传递了这样几层含义：一是参与社区治理主体的多元化，并且不同的参与主体有着不同的利益需求和治理期待；二是在多元的参与主体中，政府是占主导地位的，其他主体在参与社区治理过程中与政府实现良性互动，并寻求不断改进和重塑多元主体之间的关系；三是治理的方式既包括传统的管理，也包括治理理念所包含的协商与合作的方式，而且协商与合作可以也应该发生在任何治理主体之间，尤其要强调政府与社会组织、市场主体或社区成员之间的协商与合作。自治则是相对于政府管理或干预而言的，即对于一些社区事务可由社区成员自行解决而无须政府的介入；四是社区治理的主要内容是处理社区公共事务、进行社区公共管理或提供社区公共服务。

社区治理在任何一个国家都有着重要的制度与实践意义，因为社区治理的成效能够反映这个国家与社会中的很多问题，诸如政府权力的运行样态、公民的自治意识和公共意识、社会组织的发育程度、市场经济的成熟度以及不同治理主体尤其是政府与其他治理主体之间的关系等。对于我国的社区治理而言，同样存在上述的意义并涉及相应的问题。随着社会转型的推进，经济建设不再是政府和民众唯一关注的中心问题，社会建设的重要性日益凸显，政府也开始意识到这一点，适时地提出了加强社会建设、推进社会管理创新等导向性政策。社区建设作为社会建设的基础性内容，自然也就被提上了日程。

虽然社区现象在我国早已存在，但是有意识地从制度和实践层面开展社区建设的时间并不长。这也使得我国的社区治理与社区建设几乎是同步进行的，有关社区治理制度都是在实践中探索、在尝试中建立和改进的。由于当代社区治理的理念和制度尚未获得广泛接受，无论是政府还是民众大都习惯于传统的管理模式，因此，社区治理的过程也是一个不断对传统社区治理结构进行变革与调试的过程，在这一过程中尤其要对国家公权力加以限缩，以充分释放社会自治和公民自治的空间。对此，我们仍然可以将《宪法》第111条关于居民委员会和村民委员会的角色与功能定位的规定视为社区治理结构变革的宪法依据，并据此提出具体的社区治理目标，用以指引社区治理制度建构和实践运行。

社区治理目标与社区的功能密不可分。社区治理目标应该是更好地实现社区所承载的政治、经济、文化和社会功能。从理论上讲，社区所承载的功能主要是为社区成员提供需要的物质的和非物质的公共产品。"具体到我们国家现阶段需要为居民提供的公共产品主要就是社区就业、社区社会保障、社区救助、社区卫生和计划生育、社区文化、教育、体育、社区安全服务以及社区流动人口的管理和服务等。"[1] 建立在社区功能基础上的社区治理目标的确立，应该着重考虑这样一些要素或指标：政府的秩序需要、社区的安全与配套服务问题、环境整洁与优美、社区成员自治以及成员之间的和谐关系等。总之，社区治理的理想状态应该是社区成员安居乐业、社区环境整洁优美、社区成员关系和谐，政府、社会、市场和社区成员之于社区治理的利益诉求能够得到妥当反映，并且它们之间的利益关系达致一种均衡稳定的和谐状态。社区治理的理想状态也就是实现了社区善治的状态，而这也是我国社区治理的最终目标所在。

（三）社区治理中的参与主体及其利益需求

社区治理发生在社区这样一个具有制度含义的特定空间内，参与治理的主体包含了来自政府的、社会的、市场的各类主体以及社区成员自身。主体的多样性与复杂性决定了社区治理既非单纯的国家治理，也非单纯的市场治理，而是兼有国家与市场"两只手"的共同作用，并连接着社区成员尤其是个体成员家庭生活和社会生活两个"场域"，因此，社区治理参与主体具有多元性，治理的内容和结构具有复合性。

由于社区治理中各参与主体有着自身的利益需求，所以社区治理的过

---

[1] 夏建中：《中国城市社区治理结构研究》，中国人民大学出版社2012年版，第98页。

程中如何协调好这些纵横复杂的利益关系是社区治理必须解决的问题。对此，吴光芸、杨龙认为："社区治理是一种集体选择过程，是政府、社区组织、社区成员单位、非营利组织、社区居民等之间的合作互动过程。它是一个由在社区范围内的不同的公私行为主体（包括个人、组织、公私机构、权力机关、非权力机构、社会、市场等）依据正式的强制性的法规，以及非正式的、人们愿意遵从的规范约定，通过协商谈判、资源交换、协调互动，共同对涉及社区居民利益的公共事务进行有效管理，从而增强社区凝聚力、提高社区自治能力、增进社区成员福利、推进社区经济和社会进步的过程。"① 这段论述很好地阐述了社区治理的实质和目的，也指明了研究社区治理的基本出发点——厘清并协调好社区治理各参与主体之间的利益关系，明确各自的角色或功能定位，以形成和谐共赢的利益结构。社区治理的基本主体在理论上可以归纳为党组织、政府机关、社会组织、市场主体和社区成员五类，而在社区治理实践中这五类主体又可细分为很多种，每种主体都有着各自的利益需求。

一是社区成员。社区成员既是社区治理所指向的主要对象，也是社区治理的主要参与主体。从形式上看，社区成员包括个体成员和组织成员。个体成员指的是较稳定地在特定社区居住或工作的自然人，组织成员则是指位于社区内的营利性和非营利性组织、政府组织和非政府组织。若要更清晰准确地把握社区治理中的有关问题，仅对社区成员的类型作此种划分是不够的。尤其在城市社区中，社区个体成员在职业、性别、年龄、户籍、财产、健康乃至国籍等方面都可能存在差异，而这些差异本身或者构成了社区治理事务的基本内容，例如对外国人入境的登记管理，或者成为影响社区治理措施与实践内容的重要因素，如流动人口较多的社区更加注重对流动人口的管理，相应的措施或制度也较多。

社区生活是个体社会生活中必需且颇为独特的一部分，因为它内连着个体的家庭生活，外接着社会公共生活，社区成员的利益尤其是与生活有关的利益都需要在社区这一平台上得到实现。对于社区个体成员而言，社

---

① 吴光芸、杨龙：《社会资本视角下的社区治理》，《城市发展研究》2006 年第 4 期。

区治理关系到他们的身心健康、财产安全、生活安宁以及对社区公共事务的知情和参与权等利益。当然，在社区个体成员中还存在着定居成员和流动成员，前者在社区中拥有属于自己的房产成为所谓的业主，后者则是指那些租住在社区的成员，如进城务工人员、刚毕业未购买住房的大学生等。之所以做出这样的划分，是因为这两类社区成员之于社区治理的利益内容和关联性存在较大的差异。显然，定居成员与社区治理的利益关联度更大，情感联系更为紧密，他们更加关注社区治理的稳定与长效，而流动成员之于社区治理的利益需求比之定居成员则少很多，对社区事务的关注程度由于受到各种因素的影响也不像定居成员那样强烈。但由于流动成员及其在社区内的活动被纳入到社区治理范畴，所以社区治理对于社区流动成员的利益会产生直接影响，有时是抑制性的影响。

社区组织成员的构成同样非常复杂，这与社区治理活动的广泛性有着直接的关系。不同的组织成员在社区治理中承载着不同的治理功能，其中既包括社区工作站这样的政府派出机构，也包括社区居委会这样的法定群众性自治组织，还包括物业公司或家政公司这样的市场主体，不同的组织由于其功能定位的不同，所以它们在参与社区治理中的利益内容和追求也有很大的差异，对社区治理的影响也不同。

二是社区党组织。这是社区治理中一个较为特殊的主体，而且这里的党组织主要指的是中国共产党而非其他民主党派在基层的组织。《中国共产党章程》第29条规定："企业、农村、机关、学校、科研院所、街道社区、社会组织、人民解放军连队和其他基层单位，凡是有正式党员三人以上的，都应当成立党的基层组织。"由此，社区党组织是社区治理中不可缺少的一类主体。那么，如何认识或定位社区党组织的角色呢？根据宪法序言中的表述，中国各族人民将继续在中国共产党领导下，不断完善社会主义各项制度，发展社会主义民主等。2018年修改宪法时将"中国共产党领导是中国特色社会主义最本质的特征"予以明确规定。据此，社区党组织在社区治理中是一个领导者的角色。虽然根据中国共产党章程的规定，党的领导应该主要是一种政治、思想和组织的领导，而非具体事务的领导，但在社区治理过程中，社区党组织和党员对社区治理的领导和参与是全面的，除了要开展党内活动及处理党内事务外，还要支持和保证社区政府派出机构和基层群众自治组织行使法定职权。这在《中国共产党章程》第32条第1款中有着明确规定，即"街道、乡、镇党的基层委员会和村、社区党组织，领导本地区的工作，支持和保证行政组织、经济组织和群众自治组织充分行使职权"。社区党组织在社区治理中的这一功能定位在我国相关法律中也有着明确规定，如《村民委员会组织法》第4条规定："中国共产党在农村的基层组织，按照中国共产党章程进行工作，发挥领导核心作用，领导和支持村民委员会行使职权；依照宪法和法律，支持和保障村民开展自治活动、直接行使民主权利。"根据上述规定以及中国共产党全心全意为人民服务的宗旨，社区党组织是社区治理的政治领导者，其组织成员应是社区治理的积极参加者和支持者，而无论是组织还是其成员之于社区治理，都不存在私利。换言之，社区党组织在社区治理中的利益需求应该与社区治理的目标相一致，以实现理想的社区治理目标为其根本的也是唯一的利益需求。

三是社区政府机构。严格地讲，我国并不存在法定的社区政府机构。在实践中，政府或其工作部门（如社区警务室等）却实实在在地影响并参与社区治理。以城市为例，在现行的社区治理模式未实行之前，我国实行的是街居制，即街道办事处直接与居民委员会产生联系。根据1954年颁行的《城市街道办事处组织条例》规定，街道办事处与居委会之间是一种指导关系。但"在传统社区管理中，居民委员会把街道办事处当作上级领导机关，街道办事处把居民委员会当作下级单位"。① 这不仅使得居民委员会的社会自治功能难以发挥，反而使居委会呈现出行政化发展趋势。在街居制改为社区制之后，社区工作站等类似机构得以设立，并且作为街道办事处在各社区的派出机构，承载相应的行政职能。社区工作站设立的一个主要目的是改变街道办事处与居委会的那种"类行政隶属"关系，还居委会以基层群众自治组织的宪法身份。社区工作站是社区治理中基层行政职能的具体承载者。但是，据我们对辽宁省大连市有关社区的调研了解，当前社区工作站工作人员大多不具备正式的国家公务员身份，其

---

① 王东：《论社区管理中居民自治和政府机构的互动——深圳社区工作站模式的启示》，《四川行政学院学报》2006年第6期。

人员构成较为复杂、待遇方面也缺乏足够的保障。这些因素都使得社区工作站及其工作人员在社区治理中一方面以"政府"的角色存在，处理社区治理中的行政事务，在社区民众与基层政府之间起到上传下达的枢纽作用，另一方面社区工作站因其构成和职能的复杂性以及在处理社区行政事务等方面的不可或缺性，也使得其不同于一般的政府机关如街道办事处，而具有一定的相对独立性。这两个方面的因素决定了社区工作站在社区治理中既有社区公益的追求，也不可避免地会掺杂些许组织及成员的私利需求。

四是基层群众性自治组织。根据《宪法》第 111 条规定，城市和农村按居民居住地区设立的居民委员会或者村民委员会是基层群众性自治组织。这从宪法上确立了居委会和村委会在社区治理中不可缺少的基础性地位。既然居委会和村委会是宪法规定的自治组织，那么居委会和村委会就应该分别作为城市社区和农村社区自我管理和自我服务的组织载体而存在和运转。这种功能定位在居民委员会组织法和村民委员会组织法中分别进一步加以明确，而这也决定了居委会和村委会作为社区群众性自治组织，是完全服务于居民和村民利益的，除了维系组织正常运转所需要的物质保证外，社区群众性自治组织不应存在自己的私利。

五是物业公司及其他社区服务组织。物业服务最早出现于 19 世纪 60 年代的英国。自 1981 年深圳成立第一家物业公司算起，物业服务在我国已经有了近 40 年的历史。随着居民生活水平的不断提高以及社区建设的不断改进，物业公司和物业服务逐渐被大部分尤其是后建社区及居民所接受，并且承担了大量的社区公共服务和商业服务。这些服务主要包括房屋的保养维修、车辆管理、小区卫生和绿化以及安全保障等，很好地满足了社区成员家庭生活、日常办公或公共生活之需要。物业公司已逐渐成为社区治理中不可缺少的主体之一。与社区政府机构和基层群众性自治组织不同的是，物业公司是市场经济发展的产物，它与社区内提供其他生活服务的组织（如家政服务公司等）一起，构成了社区治理中的市场力量的代表。当然，由于物业公司和物业服务在我国发展历程较短，物业公司的类型、物业服务的内容以及业主和物业之间的关系等方面在社区治理实践中都存在相应的问题。但是，物业公司和其他社区服务组织作为市场主体，其提供社区服务应该是有偿的也即此类参与主体有着自身的利益追求，其利益主要借助于物业服务合同的签订和履行来实现。

除了上述五类主要参与主体外，社区治理过程中还可能存在其他主体参与其中，例如各类非政府组织、非营利组织、兴趣协会、社区诊所和社区志愿者等。这些参与主体在不同的社区中，对社区治理的参与程度不同，可能发挥的功能会有很大差别，在各自的利益追求方面也不相同。随着社会转型的推进，社区治理各项机制的不断建立和改进，社区治理参与主体的种类将愈加丰富，结构也将趋于完善，而社区治理各参与主体之间的利益关系也将更为复杂，需要借助于各类规范予以调整或规制。

四 社区治理参与主体间的利益关系及其规制

（一）利益关系的规制原因

美国学者惠特利和罗杰斯在畅想未来的社区样态时，为我们描绘了这样一种蓝图："当整个社区都了解了自己的核心，了解了为什么大家会走到一起来，其他的问题就会随之消失。自我与他人的界限、谁在外谁在内的问题，变得越来越不重要。内心共有的明确目标解放了我们，让我们放开心胸寻找可以帮助自己实现目标的伙伴。"[①] 这样的畅想与描绘固然是美好的，社区治理的最终目的是消除社区成员间的隔阂，更好地满足各自的生活和发展需要，并在愉快合作基础上实现共同发展。但是，由于社区治理中各参与主体利益需求是不同的，并且在很多情况下需要通过合作来实现各自所需或共同利益，而不同的利益追求也可能发生程度不同的冲突，这些都意味着社区治理过程中需要确立相应的规范或机制，以实现对参与主体间的各种利益关系进行协调或规制。

一方面，社区治理发生于我国社会转型大背景下，政府、社会、市场和个体这四类基本主体都出现于社区治理活动中，并通过对社区治理的作用来调整或重新定位各自的角色与相互关系。社会转型的过程正是利益分

---

① ［美］玛格丽特·惠特利，梅隆·凯尔纳-罗杰斯：《社区的矛盾与希望》，载德鲁克基金会主编：《未来的社区》，中国人民大学出版社 2006 年版，第 11 页。

化和重新确定利益秩序的过程。社区治理中不同的参与主体分别代表着不同的利益群体或者本身就是特定的利益群体，虽然从根本上讲这些参与主体的利益追求应该是一致的，但由于转型时期各参与主体尚无法恰当定位好各自的角色，在处理相互间的利益关系时也难以准确把握好尺度，利益冲突以及由此导致的利益结构失调和社会秩序失范也并非意料之外的事。例如，有学者总结了近年来我国社区治理中存在的八种权益冲突情形，分别为经济利益冲突、文化观念冲突、法制规范冲突、物业管理配套的冲突、物业管理权的冲突、社会治安与小区公共安全责任界定的冲突、社区内部与社会外部利益冲突、物业管理相关责任承担的冲突等。[①] 其实，社区治理实践中所发生的冲突情形不限于这八种，尤其是不同参与主体之间的利益冲突会以各种形式表现出来。即使是同一类型的社区治理参与主体内部，也可能因利益考虑或具体追求的差异而发生冲突。"经调研，许多小区业主委员会的选举一直是'20%的业主吵翻天，80%的业主没想法'。往往谁的'喉咙'响，谁串门频繁，谁就能加入业主委员会。这些人上任后往往私心暴露，其结果总是留下一个'烂摊子'一走了之。因此，许多业主对'低素质'的业主委员会并不信任"。[②] 应该说，这些现象在任何国家或社会的社区治理中都会存在，只不过转型时期的中国在这方面表现得较为突出而已，因为转型意味着新旧利益格局或利益秩序的更替，其间必有一些震荡甚或混乱，更何况社区治理完整地涵盖了社会转型的基本制度架构，即政府—社会—市场—个体，并且这一基本制度架构的调整真实地呈现于社区治理过程之中。无论是应对利益结构失调和社会失范，还是重整政府—社会—市场—个体这一基本的主体结构和制度架构，都离不开相应的机制和规范。

另一方面，无论是社区治理参与主体自身的角色与功能定位，还是各参与主体通过合作实现社区治理目标，都存在很多问题。前者主要表现为

[①] 吴春兴、刘昌兵：《从社区权益冲突谈和谐社区构建》，《中国物业管理》2005 年第 2 期。

[②] 何平立：《冲突、困境、反思：社区治理基本主体与公民社会构建》，《上海大学学报》（社会科学版）2009 年第 4 期。

角色不明、功能不清，后者则主要表现为相互间缺乏充分信任以及缺少有效的合作机制。例如，无论在法律规定中还是在治理实践中，居委会与居民会议以及村委会与村民会议的关系都存在问题。黄彩丽对《村民委员会组织法》关于村委会主体资格的规定进行分析后指出，"在同一部法律中，把村委会既规定为自治体，又规定为自治体的内部管理机构，村委会具有双重身份，必然使两者权力界限模糊，导致作为自治体的内部管理机构侵越自治体自身权力的现象不可避免。"[①] 参与主体角色不明晰导致相互间关系也是模糊的，从而影响社区治理活动的开展。再如虽然宪法和法律明确了社区党组织的领导地位，而且宪法确立了居委会和村委会群众性自治组织的角色，但是社区党支部和社区工作站的设立，尤其是这两类主体在实践中往往有很大的重合性（如社区工作站主任、社区党支部书记和居委会主任往往由一人兼任），这导致社区治理实践中居委会或村委会的自治空间被大大压缩。如何在社区治理实践中理顺执政党、政府和自治性组织等基本主体之间的关系，仍然是一个尚未解决的基本问题。社区治理参与主体间缺乏信任的主要表现是合作程度较低，无论是社区个体成员之间，还是社区成员与社区政府机构等其他成员之间，都缺乏足够的信任和充分的合作。例如，在我们对大连某社区工作站进行调研时，工作人员普遍反映当前参与社区公共事务或文体活动的人群主要是老年人，中青年或者因为工作忙或者因为兴趣不大，较少关注或参与社区公共生活。对于社区政府机构的认识，社区成员往往将其视为管理者而非服务者的角色。显然，这些问题的解决都离不开相应的调整或规制机制的建立与实施。

（二）利益关系的规制方式

对社区治理主体利益关系的规制，从根本上是为了更好地实现治理目标，其直接目的则是要理顺关系、约束行为和促进合作。为实现上述目的，社区治理各参与主体尤其是处于主导地位的社区政府，应该主动寻求改变或采取措施，与其他参与主体一起将社区治理中的主体结构和利益关系整合至一个合理的状态。对于社区治理中利益关系的规制应该主要从两

[①] 黄彩丽：《村委会法律主体资格辨析》，《云南大学学报》（法学版）2004 年第 4 期。

个方面入手：一是建立和改进有关社区治理合作机制，二是丰富社区治理规范内容和优化社区治理规范结构。

社区治理中的合作包括多个层面的合作，既有不同参与主体之间的合作，也有同一类型主体内部之间的合作，既有行政管理型的合作，也有市场商业型的合作，既有社区治理主体内部合作，也有社区治理参与主体与外部主体之间的合作等。这些看似凌乱的不同层面的合作，实际上都是围绕社区治理展开的，共同构成了社区治理的主要内容，而且它们能够对社区治理参与主体之间的利益关系形成有效的协调和约束。虽然社区治理过程中不乏各类合作，如"近几年来，我国各地都有一些物业管理公司在所管小区开展了丰富多彩的社区文化活动，既宣传了党的方针政策和物业管理法律法规，更加深了物业管理企业与业主、业主与业主之间的了解和友谊，促进了社区建设。"① 我们在对辽宁沈阳市某社区进行调研时，也了解到该社区治理中各种合作形式，包括业主委员会与物业公司签订物业服务合同、居委会组织社区老年秧歌队，以及社区成员自发组织的各种兴趣协会等。

尽管如此，当前社区治理中的各种合作依然有很大的改进空间，尤其在涉及社区公共事务管理和公共服务的提供方面，政府机关和社区成员之间、市场主体和社区成员之间以及政府机关与市场主体之间等，都尚未建立起充分有效的合作机制，而合作机制对参与主体利益关系的规制功能也较有限。政府机关仍然主要以管理者的角色自上而下地参与到社区治理中，市场主体与社区成员之间的合作依然有限，社区成员之间也常常因为各种原因难以在社区治理事务上达成一致意见等。对此，社区治理过程中各参与主体尤其是政府机关应该主动探求各种合作机制，促进社区治理合作。这首先要求各参与主体确立"利益相关者"的合作意识与责任意识，即每个社区治理的参与者都与社区治理有着切实的利益关联，而非"局外人"，参与社区治理既是一种权利也是一种应当承担的公共责任。其次，对于社区治理事务要根据事务的性质和内容的不同，通过听证会、问卷调查或联席会议等具体方式协商解决。最后，各参与主体应该对于具体

---

① 严乃祥：《物业管理与社区管理关系之我见》，《中国物业管理》2005 年第 2 期。

的合作及相应的机制保持耐心，对于合作中产生的龃龉甚或冲突同样应保持一种合作解决的意识或心态。社区政府机构及工作人员应该多一份协商，少一份压制，其他参与主体应多一份责任，少一份机会主义的"背叛"。

充实和改进社区治理规范既是促进和保障社区治理合作机制发挥实效的基本条件，也是规制社区治理利益关系的根本措施。社区治理规范并非单一的规范形式，而是由各种形式的规范所构成的规范体系。这些规范形式包括国家制定法、行政规范性文件、群众性自治组织规约、市场组织内部章程或工作准则、各种形式的民间法以及不同参与主体之间的合作契约或协议等。根据法治原则，国家法和地方政府规范性文件显然具有更高的效力，在整个社区治理规范体系中处于主导地位，它们设定了社区治理基本的制度架构和活动规则。例如，宪法关于中国共产党领导地位的表述、地方政府的职权以及基层群众性自治组织的规定等，这些是我国社区治理的根本法依据。物业公司与业主委员会签订的物业服务合同则为物业公司为社区提供物业服务以及明确合同双方的权利义务提供了基本的规则。此外，社区政府组织也可以通过签订协议的方式委托其他参与主体行使部分社区管理职能，或者共同为社区提供某项公共服务等。

然而，由于社区治理规范与特定的参与主体相关联，并与主体间的合作方式和程度有关，而当前我国社区治理主体结构和合作程度都尚未达到较为合理的状态，所以社区治理规范自身以及整个规范结构都存在很多问题。例如，许多与社区治理相关的法律法规需要修改、补充或细化，许多与社区治理相关的地方政府规范性文件存在不当甚至违法之处，而自治组织规约和市场组织章程在内容、形式及效力等方面都存在问题。在规范结构方面，不同形式规范之间的分工、衔接和协调等方面亟待改进，社区治理中的许多领域有待非国家规范补充其间。理想的社区治理规范结构应该是一种多元平衡的状态，当前的社区治理规范显然离这一理想状态相差很远。这也在很大程度上影响了社区治理参与主体利益关系的协调与规制。

（三）规制利益关系的规范种类及其内容

社区治理过程中参与主体是多元的，不同主体有着不同的利益需求、职能或角色定位，相互间所产生的利益关系和交往关系也是复杂的，这就需要相应的社会规范予以调整。例如，社区政府机构的行政管理活动需要有相应的国家法依据，社区停车或公共绿化等事务的处理离不开一些社区内部章程（如"停车须知"），而社区成员之间的交往则可能因交往内容或所涉利益不同而需不同的规范加以调整。很显然，社区治理中的规范是多元的。

其一，与社区治理直接相关的国家制定法是社区治理中的主导规范。主要包括：

（1）宪法。《宪法》第111条关于居民委员会和村民委员会的性质、组织和功能等的规定，是社区治理的根本法依据，也是其他有关法律法规创制和实施的基本出发点。例如，该条第1款中规定居民委员会同基层政权的相互关系由法律规定，城市居民委员会组织法据此规定基层政权机构（不设区的市、市辖区的人民政府或者它的派出机关）对居民委员会的工作给予指导、支持和帮助，而后者则是协助前者开展工作。

（2）相关法律，如《城市居民委员会组织法》《村民委员会组织法》《民法典》《人口与计划生育法》以及《人民调解法》等。其中，《城市居民委员会组织法》第19条第1款规定："机关、团体、部队、企业事业组织，不参加所在地的居民委员会，但是应当支持所在地的居民委员会的工作。所在地的居民委员会讨论同这些单位有关的问题，需要他们参加会议时，他们应当派代表参加，并且遵守居民委员会的有关决定和居民公约。"该规定明确了社区居委会与其他有关社区组织之间的关系，尤其是强调了相互间的合作关系。这为社区治理中如何处理居委会与社区内其他社区组织成员间的关系提供了法律依据，也为社区治理相关法规、规章的制定提供了上位法依据。

（3）相关行政法规和地方性法规，如《物业管理条例》《流动人口计划生育工作条例》以及《辽宁省消防条例》等。这些法规多是就某一领域或某类社会事务设定相应的制度或规则，其中有很多规定直接涉及社区治理。例如，《物业管理条例》围绕社区物业服务的提供规定了业主与物业服务企业之间的有关权利义务关系，其中还涉及业主委员会和业主大会等社区治理中重要的参与主体的法律地位和功能等规定。再如，辽宁省人大常委会制定的《辽宁省实施〈中华人民共和国残疾人保障法〉办法》第9条第2款规定："乡（镇）、街道卫生院和社区卫生服务中心设立康复室，配备专业人员负责残疾人康复工作，村卫生所应当创造条件，为残疾人康复提供基本服务。"该规定可以视为辽宁省有关社区残疾人康复室设立及相关康复服务提供的直接法律依据。

（4）相关部门规章和地方政府规章。例如，民政部颁行的《光荣院管理办法》第8条规定："申请进入光荣院集中供养，应当由本人向乡镇人民政府或者街道办事处提出申请，因年幼或者无法表达意愿的，由居民委员会（村民委员会）或者其他公民代为提出申请，报光荣院主管部门审核批准。"《辽宁省农民工权益保护规定》第5条第2款规定："乡（镇）人民政府和街道办事处、村民委员会应当做好组织农民工劳务输出和留守子女权益保护等相关工作，为农民工提供服务。"《沈阳市拥军优属规定》第四条规定："国家机关、社会团体、企业事业单位、其他经济组织、社会组织、城乡基层群众性自治组织和公民，依照本规定履行各自的职责和义务。"上述规定分别为社区治理过程中申请进入光荣院供养、为农民工提供服务以及拥军优属等治理事务提供了法律依据。

其二，与社区治理相关的党内法规和党内规范性文件。在社区治理多元格局中，作为执政党即中国特色社会主义事业领导者的中国共产党是多元治理的关键主体，而作为主要调整执政党行为的党内法规（含党内规范性文件）则是一类基础性的规范。社区治理规范化必然要求党领导社区治理的过程及各项工作应当规范化。显然，党内法规和党内规范性文件在实现党的领导规范化方面发挥着基础性的作用，是社区治理实践中一类具有特殊属性和功能的规范。例如，《中国共产党章程》是具有最高效力的党内法规，适用于所有的党组织和党员，自然也包括社区治理中的有关党组织和党员。其他有关准则、条例和规定等党内法规，以及根据有关党内法规制定的党内规范性文件，涉及社区治理中党组织和党员工作与活动的，也都应当纳入社区治理规范的范畴。

其三，与社区治理相关的公共政策。"公共政策是关于政府所为和所不为的所有内容。它所关心的问题是政府行为涉及的许多内容。譬如：它们如何控制社会内部的冲突；它们如何将社会组织起来，处理同其他社会的冲突……因此公共政策可能涉及对行为的管制、组织官僚体系、分配利益行为等。"① 公共政策大量存在于社区治理实践之中。在对社区进行调研中，我们时常会从社区工作人员口中听到"上级政策"这样的表述。然而在深入交谈后发现，"上级政策"其实是一个非常宽泛且不甚严谨的概念，它将国家政策、各级政府发布的各种命令或者会议决议等都涵盖在内。虽然如此，由于中华人民共和国成立以来很长时期内政策话语和理念深入民众的意识观念中，已经成为影响政府工作人员和一般社会公众言行的一种重要的社会规范，因此公共政策在社区治理中的作用和地位同样不可忽视。与法律法规相类似，社区治理中政策所调整的事务范围或覆盖面也非常广泛，如计划生育、农民工权益保护、低保、征兵、户口迁移以及税费减免等。

其四，民间法也即民间交往习惯或风俗。民间法往往与特定的地域、民族和文化等联系在一起，最终要具体反映在生活于特定社区的民众的行为之中，对社区成员间的交往关系具有引导或约束等功能。由于民间法的地域性、民族性和文化性等特点，我们无法一一列举出民间法的具体规范内容，只能就民间法可能存在或出现的一些主要场合予以说明。

（1）具有特定文化或民族内涵特色的节日，例如汉族的春节、二月二、端午节和中秋节等，再如沈阳地区锡伯族的西迁节等。这些节日中许多都包含了特定的规范要求，如一些饮食禁忌、仪式要求或者群体活动安排等。

（2）婚丧宴请等场合。这是民间交往活动的一个重要方面，其间也包含着很多规范性的要求。例如婚礼的举行需要有非常紧凑而严格的流程，新郎和新娘以及双方的亲属都需要遵守相应的仪式安排。尽管从国家法的角度讲，男女双方只要到民政部门依法登记并领取结婚证便可缔结婚姻，但民间婚礼及宴请则是不可缺少的具有规范意义的程序。不同的地区和民族在婚礼仪式和宴请等方面都有着很大的差异。例如，传统的满族婚礼仪式较为复杂，虽然随着社会发展和生活节奏的加快在婚礼仪式上有所

---

① ［美］托马斯·R. 戴伊：《理解公共政策》，彭勃等译，华夏出版社2006年版，第2页。

简化，但是仍然保留了很多民族特色较为明显的仪式，如"插车"、"过火避邪"等，而这些仪式本身就是民间法的具体体现。此外，在"红白事"中礼物的赠送与回赠等也是重要的规范内容。

（3）民间商业或交易活动。民间借贷有时会发生在社区成员之间，在借款方式、利息约定和还款方式等问题上，虽然有关国家法在需要的时候会发挥相应的调整作用，但民间法在其中所发挥的作用也是不容忽视的。此外，不同地区的社区集贸市场交易也有着很多独特的交易方式或习惯。

其四，社区治理软法或称社区软法。近年来由不同社区治理主体创制的社区公共事务管理规则或服务准则，如由社区所在的街道办事处制定实施的一些"办事指南""须知""工作准则"等，逐渐成为社区治理的基础性规范，这些规范形式便是所谓的社区软法。在规范内容方面，社区软法涵盖了社区治理的各个方面，如民政、社会保障和环境保护等。例如，大连市金州新区社会保险管理中心制定的《金州新区企业退休人员社会化管理服务须知》中具体规定了退休人员社会化管理服务的含义、服务的内容、领取养老金的资格认定以及档案卡转移手续的办理要求等。尽管这一服务须知不属于立法机关制定的正式的规范性文件，但它在社区治理实践中对参与主体的行为能够产生有效的指引和规范作用，因此我们将其视为社区治理中非常重要的一类规范形式。之所以称之为社区软法，是因为此类规范形式缺乏国家制定法那样的强制实施保障机制，而更多地借助于资格剥夺、区别对待、舆论压力等机制来推动实施。

其五，社区治理中的其他社会规范，包括民事协议、道德规范和公认的价值准则等。尽管道德与法律的关系在法理上一直被讨论着，但道德作为一种能够对人们的行为产生实际约束力的社会规范而存在，是一个公认的事实。尤其在社区这样有着较为确定且日常生活联系较为密切的空间中，道德尤其是社会公德是约束社区成员行为的重要规范之一。当然，道德作为一类规范形式，因社区所处的地域、人员构成以及经济发展或开放程度等的不同而呈现出很多差异，同样难以从内容上予以具体的归纳或描述。但是，与一些社会公认的价值准则（如公平、诚信等）一样，在特定的社区空间内尤其是在指向具体的事件或交往关系时，大体是可以被确定的。从内容上看，道德与价值准则具有交叉性或存在相互依托的关系，并且主要存在于个体的观念之中。因此，我们可将道德与价值观视为一类规范形式。

　　总之，社区治理是社会治理的基本维度之一，社区治理法治化是法治社会建设的基本要求。基于此，法治社会建设中的多元规范必然也都会在社区治理中，以更为具体的形式存在并发挥着相应的规范作用。为了更好地认识和把握社区治理中的多元规范，我们有必要从结构化的视角对其中的每一类规范分别加以阐述和分析。

第二章　社区治理与国家制定法的嵌入

社区治理的规范化或法治化程度是衡量法治社会建设水平的重要指标。定位并发挥好国家制定法的作用，协调好国家制定法与公共政策、软法等规范形式之间的关系，是实现社区治理规范化的一个基础性课题。国家制定法如何有机地嵌入社区治理并对社区治理实践产生实际效力，则是这一基础性课题的核心问题之一。对于国家制定法嵌入社区治理的研究，至少包括法律社会学和立法技术两个视角的研究。前一个视角强调的是国家制定法通过哪些具体机制作用于社区治理，从而将国家制定法的应然效力转变为实然效力，后一个视角关注的是社区治理中国家制定法与其他形式的规范之间如何相互衔接与协调，从而形成综合的社区治理规范体系。本章首先对国家制定法嵌入社区治理实践的方式或机制进行了总结与分析，以阐述国家制定法在社区治理中的具体作用方式。然后从立法技术的视角，选取几部社区治理相关的国家制定法、公共政策和软法等成文性规范文件，考察这些不同形式的规范性文件在语言表达方面的特点及内容上的关联，尤其是总结和阐述国家制定法是如何嵌入到其他形式的规范中并发挥其作用的。目的在于找出国家制定法与其他形式规范之间衔接与协调的规律或原理，从而更好地推动国家制定法与其他规范之间的有机衔接和有效嵌入，发挥"整体性规范"在社区治理法治化乃至整个法治社会建设中的作用。最后，以社区法律顾问为分析对象，将社区法律顾问制度视为国家制定法嵌入社区治理的重要机制，具体探讨国家制定法在社区治理中的作用模式及其内在机理。

一　国家制定法对社区治理的实践嵌入

社区作为国家制定法作用的场域之一，既是普通的，又是特殊的。之所以是普通的，是因为我国制度意义上的社区同学校、公司和养老院等相类似，都是制度化的地理空间，国家制定法都会以相似的方式或机制嵌入其中，也都属于法治社会建设所要指向的场域。之所以又是特殊的，是因为社区主要是一个松散的生活共同体，其组织化程度不高，但又是政府、居民、社会组织和市场主体等多元主体共同存在和综合作用的场域，国家制定法会根据不同的调整对象而呈现不同的作用方式。社区治理中的每种规范都会通过不同方式或机制嵌入治理实践之中。王启梁指出："国家法律是法律多元格局中的一元，因此如果我们要观察秩序如何形成，观察法律的表现，就需要回到法律深嵌其中的社会与文化中，去理解法律的品性和它的特性，在法律多元的格局中去为法律定位。"① 尽管如此，国家制定法在功能上的主导地位和在效力上的最高地位是明确的。无论从法治国家建设还是从法治社会建设的视角看，皆是如此。当然，国家制定法毕竟不是万能的，实践中要与其他的形式规范分工协同才能更好地发挥整体的规范功能。社会实践、文化传统和多元规范结构是我们理解国家制定法作用的三个基本维度。因此，若要准确地把握社区治理中国家制定法的功能，就需要回到真实的社区治理实践之中，总结和分析国家制定法嵌入社区治理实践的具体方式或机制。

（一）国家制定法：嵌入社区治理中的一类"活法"

对于国家制定法嵌入社区治理这一问题，可以有不同的研究视角与方法。例如，张洪涛对法律的嵌入性问题做过较为系统的理论与实证分析，认为法律嵌入性的研究包括宏观层面、中观层面和微观层面的分析，并且指出"法律的嵌入性不仅是一种力量，而且也是一种研究法律的方法和思维方式。作为一种研究方法的法律的嵌入性，就是将法律嵌入到不同的

---

① 王启梁：《迈向深嵌在社会与文化中的法律》，中国法制出版社 2010 年版，第 9 页。

社会环境——尤其是新经济社会学的社会网络化的社会环境——进行嵌入性分析和研究的方法。"① 在此，我们借用奥地利法社会学家埃利希的"活法"概念和理论，将国家制定法视为嵌入社区治理中的一类"活法"。对于该定位，我们可以分别从本体论和方法论两个方面来阐述。

一方面，国家制定法是嵌入社区治理中的一类"活法"，强调国家制定法的"法"的属性——一种真实有效的社会规范。这是对社区治理中国家制定法属性和样态的一种本体论意义上的界定。虽然"国家制定法是'活法'"是这一界定的核心意思，但是这一界定中所包含的信息或内涵要丰富得多，需要做更为细致的阐述。例如，怎样理解这里的"国家制定法"？其外延如何来界定？显然，国家制定法指的是与社区治理活动相关的由中央和地方各立法机关制定或认可的制定法。至于哪些国家制定法会存在并作用于社区治理之中，很难——列明。其中有一些国家制定法属于与社区治理直接相关的，我们可以称之为社区治理相关法。《城市居民委员会组织法》《人民调解法》《物业管理条例》和各省或设区的市地方立法机关制定的与社区治理直接相关的地方性法规或地方政府规章等，都属于社区治理相关法。有一些国家制定法如《民法典》等设置了专门的章节或条款，规定社区治理中有关公共事务处理或社会关系调整所应适用的法律原则或规则。例如，《民法典·物权编》第五章"国家所有权和集体所有权、私人所有权"和第七章"相邻关系"所作的相关规定，便属于此类。还有一些国家制定法既非社区治理相关法，也未设置专门章节用以规定社区治理问题，但可能会基于社区治理相关主体的行为而被触发适用，从而进入社区治理实践之中。如《民事诉讼法》等可能会因物业服务公司与业主的物业费缴纳和物业服务提供等协议的签订和履行而被适用，《民法典》可能会因小区饲养动物造成他人的人身或财产损失而被适用，《治安管理处罚法》可能会因业主在社区生活中制造噪音干扰他人正常生活而被适用等。从法律部门的类别来看，民事法律法规是最主要的一类，行政管理法规次之，其他诸如程序法、刑法和社会法等也或多或少地存在。

---

① 张洪涛：《法律的嵌入性》，东南大学出版社 2016 年版，第 29 页。

上述关于"国家制定法"外延的厘定只是（也许并不十分清晰）回答了社区治理中可能存在哪些"法"，并未正面回答为什么这些"法"又会被称之为"活法"。在"活法"概念和理论的提出者埃利希那里，"活法"被用来指称那些真正成为人们行为规范的法，是要"以生活去衡量"的法。据此，将嵌入社区治理中的国家制定法称为"活法"，意味着这些国家制定法并非只是一套静态的法律文件，而是在发挥着真实规范效力的法律文件。有学者认为，埃利希所称的"活法""不同于国家创制之成文法，不具有成文法之明确性与公开性，但在社会生活中却发挥着比国家成文法更重要之作用。"① 其实，这种理解有一定的片面性。"活法"固然在埃利希那里被用来指称那些现实中而非书本上的规范，也即那些对主体行为产生实际规范效力的法，而且埃利希也对国家法至上主义给予了严厉的批评，但这并不意味着国家制定法与"活法"是相互矛盾的两种规范现象。埃利希自己也说过："当然，法律文件所表明的只是被制作成文件的那一部分活法。"② 换言之，国家制定法是活法而且是被制作成文件的那一部分活法。这已经将国家制定法与"活法"之间的关系阐述得非常清楚了。退一步讲，即使埃利希的确像有学者指出的那样："通过历史考察，埃利希想证明：社会生活的内在秩序先于制定法；内在秩序不仅是最原始的法，而且即使在今天也是一种最基本的法律形式。制定法在他之后产生，并且在很大程度上是来源于它。"③ 那也不意味着国家制定法不能够被视为一种"活法"。原因在于，埃利希所要强调的并非法律的制定机关或外在形式，而是要人们重视那些真实发挥规范效力的各种形式的法。对规范实效及社会实践秩序的强调是埃利希"活法"理论的核心，而不是要否认国家制定法可以成为"活法"，更不是在规范形式上将国家制定法与"活法"相割裂。因此，当我们以一种动态的或实践的视角去理解

---

① 陈兵：《论埃利希"活法"理论及当代启示——以〈法律社会学基本原理〉为中心》，《理论观察》2017 年第 9 期。

② ［奥］欧根·埃利希：《法社会学原理》，舒国滢译，中国大百科全书出版社 2009 年版，第 550 页。

③ 鞠成伟：《论埃利希"活法"概念的理论逻辑》，《云南大学学报》（法学版）2010 年第 4 期。

和分析国家制定法时，尽管并不排除国家制定法中的部分内容或条款因其适用性差而一时或长期处于"昏睡"甚至"死法"的状态，但至少那些在社区治理中实际发挥规范效力的国家制定法都应当被视为一种"活法"或者"活法"的一种。

另一方面，国家制定法是如何在社区治理中发挥作用而成为一种"活法"的，这是一个方法论问题。它关注的是国家制定法"活"的机制。国家制定法是存在并作用于社区治理的，这是一个当然的结论。相比较而言，国家制定法是如何作用也即如何"活"的问题更值得关注。换言之，我们所要研究的重点不是哪些国家制定法嵌入了社区治理中，而是要去观察和分析那些在社区治理中真实发挥作用或规范效力的国家制定法，是以一种怎样的样态或方式存在并发挥作用。研究法律的实践功能，这是法律社会学的基本问题域之一，也是现实主义法学研究的立足点之一。法律社会学者们强调法律的重心不在于规则而在于社会本身，强调要用社会学的理论与方法去研究社会实践中的各类规范。"现实主义法学打破法律体系的自足认知，从政治、经济、社会、心理、文化、传统等方面，全方位去认识法律，把法律看作社会事务的一个部分，主张在社会现实之中理解和把握法律，注重从'书本上的法'走向'现实中的法'，提出了'法律的不确定性'理论。"① 无论是法律多元论还是法律不确定论，都为我们研究国家制定法拓展了理论视野。国家制定法并非规则的唯一载体，也很难成为一个逻辑自足的规则体系。自然法学派从价值或理念的角度揭示了分析法学理论的局限，社会法学和现实主义法学则从实践的角度阐释了国家制定法的运作机理。其实，理念、规则和实践三者原本就存在着难以切割的关联，采用一种综合的视角对国家制定法进行分析，或许更能完整地理解国家制定法的价值及其功能。

这种综合的视角包括静态和动态两个维度，其中静态的维度是将国家制定法置于角色—规范—责任这一分析框架中，而动态的维度则是将国家制定法置于意识—规则—实践的分析框架之中。就静态维度而言，不同的

---

① 付池斌：《卢埃林：书本法不同于现实法》，黑龙江大学出版社 2010 年版，第 204 页。

社会主体在不同的国家制定法那里被设定了具体的法律角色，如业主、消费者、父母子女和老年人等。法律上的这些不同角色又对应着不同的角色规范或规则要求，如《物业管理条例》规定了业主在物业管理活动中所享有的权利和应当履行的义务。如果违反了这些角色规范，主体还要承担相应的法律责任。就动态维度而言，任何社区治理的参与者都有其独立的意志，也都在相应的法律意识指导下从事治理活动。治理主体的规则意识对于国家制定法的实施效果会产生直接影响。国家制定法是治理规则的一个主要提供者，需要借助于治理主体的行为也即在社区治理实践中发挥其具体的规范作用或规则效力。这样两个分析框架有助于我们更好地认识并把握国家制定法嵌入社区治理的方式、作用机制和规范实效等问题。在具体的研究方法选取上，社会学的方法是必不可少的。正如埃利希所指出的："那么，我们又应当如何去搜集那些未制作成法律文件、却大量存在、十分重要的活法呢？此处，除了睁开双眼，通过仔细观察生活去获知，询访民众并记录他们的陈述之外，可能没有其他方法。"① 观察、访谈和描述等社会学方法是研究国家制定法如何嵌入社区治理的基本方法，运用这些方法能够更为直观地展现国家制定法是如何"活"在社区治理实践之中的。

国家制定法在社区治理中会以不同的方式存在和发挥作用。国家制定法在向社区治理实践输出规则过程中，既定义了社区治理各参与主体的角色并设定了相应的角色规范，又架构了社区治理的基本运行模式，使得各类主体在国家制定法所构筑的空间内能够相对自主地交往与生活。在一些情况（如社区纠纷调解）中，国家制定法可能并未直接对相关主体的行为产生约束，而只是作为一种"符号"存在于治理活动中，真正发挥作用的则是一些文化的、社会的或心理的因素。对于国家制定法的这些嵌入方式或机制，我们有必要结合具体的社区治理实践加以分别阐述。

（二）作为社区治理"定义者"和"架构者"的国家制定法

2018 年 9 月 12 日《沈阳日报》报道："9 月 11 日，浑南区宣讲志愿

---

① ［奥］欧根·埃利希：《法社会学原理》，舒国滢译，中国大百科全书出版社 2009 年版，第 550 页。

者、区总工会干部于铁志深入优品天地社区，为社区工作者、蓝色安全志愿者、网格员、楼长、单元长等居民群众开展了'扫黑除恶的重要意义'专题宣讲，鼓励引导居民群众遵守法律法规，积极踊跃揭发检举'村霸''宗族恶势力'等黑恶势力违法犯罪线索。他结合当前创卫攻坚期的工作实际，号召社区工作者在日常工作期间，要不间断地对沿街商户进行扫黑除恶宣传，让扫黑除恶的意识深入人心。"① 该报道中（由宣传主体、宣传行为和宣传对象等所构筑）的场景在日常社区治理实践中非常多见，所不同的可能只是宣传内容而已。在这一场景中，我们似乎没有发现国家制定法的存在或作用。其实不然，国家制定法在社区治理中并非都以显见的或动态的方式，很多情形中都是以潜在的或静态的方式存在和作用。例如，国家制定法定义了社区治理中主体、行为和关系等的法律属性或法律意义，并为社区治理主体的行为构筑了一个无形的制度框架或空间。

1. 作为社区治理"定义者"的国家制定法

这里的"定义"并非指赋予某个概念以特定的含义或者阐释其内涵与外延，而是指社区治理中特定的主体或行为在国家制定法上被给定的意义或属性。尽管国家制定法不会调整社区治理中的所有交往关系，但是当国家制定法在调整其中的一些（或者大部分）交往关系时，处于特定交往关系中的主体便会被赋予特定的主体称谓及对应的权利义务等。这便是我们所称的国家制定法作为"定义者"的表现之一，也是国家制定法嵌入社区治理的一种基本机制。具体而言，国家制定法以"定义者"方式嵌入社区治理主要有以下三种表现：

一是国家制定法定义了社区治理中各主体的法律称谓和法律地位。虽然社区治理的主体是多元的，但是没有一个主体不是国家制定法所定义或认可的，并由国家制定法根据主体所处的法律关系赋予特定的法律称谓及内涵。例如，居民委员会不仅规定在《宪法》这一根本大法中，还由《城市居民委员会组织法》这部专门法来定义居民委员会，包括规定居民委员会的组织性质、任务、组织设立与运行等等。再如，业主、业主大

---

① 傅淞岩：《浑南区扫黑除恶理论宣讲进社区村屯》，《沈阳日报》2018 年 9 月 12 日第 A02 版。

会、业主委员会和物业服务企业等社区物业管理或服务活动中的基本主体，也在《物业管理条例》中有着相应的定义。如《物业管理条例》第6条规定："房屋的所有权人为业主。"而对于业主、业主大会、业主委员会和物业服务企业等在物业管理活动中各自的权利义务等，《物业管理条例》中也都做出了相应的规定，这些规定也可以视为对这些主体法律地位的进一步设定。除了社区治理相关法之外，其他类型的国家制定法（民事、行政、刑事或程序法）也会根据各自调整的对象，赋予社区治理中处于具体交往关系的相关主体以特定的法律称谓，如父母子女、消费者或犯罪嫌疑人等。在前文所引的《沈阳日报》的报道事例中，还出现了宣讲志愿者、社区工作者、网格员和楼长等角色，尽管这些主体名称并非都由国家制定法所设定，但也是由为国家制定法所认可的公共政策或软法等规范文件所设定，这些主体所做出的社区治理行为也会被国家制定法所认可，从而间接地具有了相应的法律设定属性。

二是国家制定法定义了社区治理中主体行为的法律意义。社区是一个私人生活、公共生活以及公私交互三个领域并存的复杂场域。尤其对于社区治理基本主体即居民或业主而言，他们在社区的日常生活与治理中，会从事上述三个领域中的行为，这些行为也是社区治理所指向的主要行为。有些行为是国家制定法完全不予干涉的，有些则要受到国家制定法程度不同的调整。其实，这两者的边界并不是非常清晰，或者在理论上很难加以准确区分。如果我们将国家制定法不予干涉或调整的主体行为视为其自主或自治空间范围内的事务，而这种自主或自治在国家制定法意义上又可被称为法律权利或自由，那么社区治理中就不存在完全与国家制定法无涉的行为。当然，这种泛国家制定法的解释表明在国家制定法绝对主导的今天，任何主体的行为都不可避免地会受到国家制定法的定义或评价。合法与非法、权利行为与义务行为等是国家制定法用来评价或定义主体行为法律意义的两组基本范畴。例如，《民法典》第271条规定："业主对建筑物内的住宅、经营性用房等专有部分享有所有权，对专有部分以外的共有部分享有共有和共同管理的权利。"该条规定中的"所有权"包含了业主对建筑物内的住宅和经营性用房的占有、使用、收益和处分等行为。据此，业主在自己专有的住宅内饮食起居等都属于《民法典·物权编》所规定的所有权规则所允许的。但是，如果住宅所有权人在自己的住宅内违反关于社会生活噪声污染防治的法律规定，制造噪声干扰他人正常生活，根据《治安管理处罚法》则可能被处警告或者罚款。

三是国家制定法定义了社区治理中有关交往关系的法律属性。社区治理中的交往关系多种多样，如同主体的行为，都会直接或间接地受到国家制定法的调整。相邻关系、物业管理服务关系、简单的商业交易关系、居民委员会主导的基层自治关系以及基于政府的行政管理所产生的关系，是社区治理中最基本的五种交往关系。这五种交往关系在国家制定法上具有不同的法律属性，即会被区分并定义为民事的、商事的或者行政的法律关系，不同属性的交往关系遵循着不同的法律原则和法律规则。例如，相邻关系属于基本的民事交往关系。《民法典》第288条规定："不动产的相邻权利人应当按照有利生产、方便生活、团结互助、公平合理的原则，正确处理相邻关系。"这为社区治理中不动产相邻权利人处理相邻关系明确了准则，而且该准则建立在对相邻关系的法律属性定义基础之上。至于何种交往关系具有怎样的法律属性，以及该适用什么类型的法律规则，这些都是由国家制定法所定义的。

法律是对社会生活的一种抽象性规范，必然离不开对社会关系的抽象性概括，而被用来概括社会关系的基本借助是法律词语和法律命题等语言工具。无论国家制定法是在定义社区治理中的主体及其行为，还是在定义交往关系，都反映了法律与社会生活之间通过语言所建立起的一种特殊关系。对法律与语词的技术之间的关系，日本学者川岛武宜认为："那些过度尊崇实用法学的人曾说，如果没有法律，那么社会中就不会有所有权。如前所述，立法和审判中的法律命题，是依对现实中的社会关系进行法律价值判断而产生的，因此它用词语所表现着的几乎完全是社会中现实存在的各种关系（但在立法中新创立某项制度时除外）。"① 国家制定法以"定义者"的角色嵌入社区治理，也可以根据这一原理来解释，可以视为用来表述国家制定法规则的那些语言对社区生活的一种规范性描述。正是

---

① ［日］川岛武宜：《现代化与法》，申正武、渠涛等译，中国政法大学出版社2004年版，第254页。

由于这一原因，国家制定法在定义社区治理的同时，也为社区治理各主体的行为架构了相应的自主自为的空间。

2. 作为社区治理"架构者"的国家制定法

国家制定法不仅定义了社区治理中各主体的法律主体地位、行为的法律意义和交往关系的法律属性，还定义了治理主体之间的交往行为如何开展是不违反法律的。换言之，国家制定法为社区治理主体的交往设定了自主选择的空间，只要不超出国家制定法所架构起来的规则空间，主体的行为就是受法律认可或保护的。这是国家制定法潜在地或静态地嵌入社区治理的另外一种方式或机制——作为"架构者"的嵌入。

其一，国家制定法架构了社区治理的基本结构。这种架构首先表现在国家制定法定义了社区治理的主体称谓和法律地位，使得社区治理各参与主体都获得了相应的法律意义、明确了相互之间的关系定位。根据治理理论，社区治理需要政府、居民、社会组织和市场主体等基于公共利益和社区认同进行合作共治，"社区治理结构也是多元主体分配策略，形成社区决策权的分散与制衡，在分散的社区决策权中大部分应划归社区自治范畴，由此形成多元主体共同参与、决策及协商，形成合作治理结构。"① 这些不同的治理主体之间会基于不同的目的或需要形成不同的交往关系。处于不同交往关系中的治理主体根据所在关系的法律角色，去选择适用相应的制定法规则。概言之，社区治理中所存在的主体——行为——关系——规则这样的基本结构，首先是由国家制定法架构起来的。国家制定法赋予了社区治理特定关系中的各相关主体的法律称谓，而且这些称谓本身也包含着各自的法律地位以及权利和义务的内容，使得主体之间的各种交往关系获得法律上的意义。正如"国家"和"公民"是宪法所设定的一组基本概念或称谓，与之相对应的是宪法通过规定公民的权利义务来架构国家与公民之间的基本关系。存在于社区治理中的五种基本交往关系——相邻关系、物业管理服务关系、简单的商业交易关系、居民委员会主导的基层自治关系以及基于政府的行政管理所产生的关系——中的每一种关系都是由相应的国家制定法加以设定的，处于每种关系中的主体也都有着法

①　袁博：《社区治理的多元转向与结构优化》，《理论探讨》2018 年第 3 期。

律上的角色称谓，对于这些角色称谓所对应的各主体应当实施怎样的行为才是合法或适当的，也都存在相应的制定法规则。因此，社区治理中的主体及其在特定关系中的角色称谓，以及特定关系中主体所应遵循的行为规则，都由国家制定法予以架构。国家制定法不仅通过对主体行为的调整塑造了社区治理的基本结构，而且这种结构也是其他治理规范作用的载体或场域。

其二，国家制定法架构了社区治理中各主体的自治行为或自主交往空间。法律是用来保障而非限制自由的。无论是赋予主体权利还是设定主体义务，国家制定法主要目的是保持对社区治理的基本介入并维持一种基本的法律秩序。从数量和内容上看，社区治理直接相关的国家制定法并不多，而且以架构型法律或组织性规则为主，如《城市居民委员会组织法》。那些可用作具体调整社区治理的相关法律，也多是设定了主体之间的交往原则或相关事务的处理原则，至于具体的交往内容或处理方案则由治理主体自行决定。例如，《民法典》第288条有关不动产相邻关系处理原则的规定在用以调整社区治理中不动产相邻关系时，并未明确规定相邻权利人应当遵循哪些具体的规则，而只是为他们有效地处理相邻关系或解决因相邻关系而产生的纠纷，提供了原则性的指导。此外，条款表述的开放性或语言的模糊性，也为相关治理主体的行为创设了较为自主的空间。例如，《城市居民委员会组织法》第3条规定的居民委员会的任务中，第（一）项为："宣传宪法、法律、法规和国家的政策，维护居民的合法权益，教育居民履行依法应尽的义务，爱护公共财产，开展多种形式的社会主义精神文明建设活动。"这条规定只是为居民委员会设定了任务，并未明确规定完成这些任务的具体手段或方式，而且规定中的任务本身的涵盖性很强，居民委员会可以根据街道办事处或自己的计划安排具体的工作内容。因此，无论是承担任务或履行职责的治理主体，还是被赋予权利的治理主体，国家制定法都为他们的行为设定了较为宽泛的自主空间。

其三，国家制定法架构了多元规范并存及共同作用的规则空间。国家制定法对待其他规范的态度，直接影响到其他规范在社区治理中的规范效力，从而影响到社区治理多元规范的结构样态。事实上，国家制定法同样认可社区治理中规范的多元性，并且为其他规范的存在和作用留下了空间。例如，《民法典》第289条规定："法律、法规对处理相邻关系有规定的，依照其规定；法律、法规没有规定的，可以按照当地习惯。"再如，《物业管理条例》关于"业主大会议事规则"和"管理规约"这两类基本的软法规范的规定，也是国家制定法认可其他规范的典型例证。无论是在《民法典》中认可习惯的规范意义，还是《物业管理条例》赋予议事规则和管理规约以规范效力，都反映了国家制定法对其他类型的规范所保持的开放性。这种开放性对于社区治理多元规范的并存及共同作用具有基础性意义，也正是在国家制定法的容纳之下，社区治理多元规范才得以正式而公开地发挥整体性规范作用。国家制定法除了在其条款中明确认可其他类型规范的效力外，还通过架构主体的交往空间乃至整个社区治理结构，为其他形式的规范如民间法、公共政策或民事协议等留有相应的作用空间。例如，《城市居民委员会组织法》关于居民委员会任务的规定，其中也预设了对居民委员会在完成法定任务过程中所制定的工作准则等规范的认可。

（三）作为社区治理主体角色规范与行为规则的国家制定法

1. 社区治理主体的社会角色与法律角色

美国学者欧文·考夫曼曾将个体在日常生活中的呈现比作在舞台上的表演，并指出"当一个人在扮演一种角色时，他必定期待着他的观众们认真对待在他们面前所建立起来的表演印象"，他还引证道："无论在何处，每个人总是或多或少地意识到自己在扮演一种角色……正是在这些角色中，我们互相了解；也正是在这些角色中，我们认识了我们自己。"[①]社区治理主体是生活在社区中的主体，社区可以视为一个"表演的舞台"或称"社区舞台"。在"社区舞台"上，各个治理主体也都被赋予了相应的角色——业主、居民委员会或社区党支部书记等。当然，这些角色并非真正的戏剧舞台上的角色——一种扮演的或人为拟定的角色，而是一种真实的社会角色。与戏剧舞台上的角色相类似，任何社会角色都会对应一定

---

① ［美］欧文·考夫曼：《日常生活中的自我呈现》，冯钢译，北京大学出版社2008年版，第15—17页。

的角色规范，用来指引或规范角色主体也即治理主体的言行。治理主体对于自己在具体的交往关系中所扮演的社会角色的认知，虽然会受到各种因素的影响，但在大多数情景中都不会过于偏离相应的角色规范的要求。对于角色规范的构成而言，国家制定法显然是非常重要的一部分。国家制定法介入或设定治理主体的角色规范，是国家制定法嵌入社区治理实践的一种重要方式或机制。

国家制定法只是调整社区治理中的一部分而非全部社会关系。在作为"定义者"和"架构者"介入社区治理时，国家制定法实际上也重构了社区治理中部分社会关系中主体的角色规范，并使这些主体的社会角色转化为一种法律角色。国家制定法由此成为一种角色规范，也即国家制定法在设定主体法律角色的同时也设置了相应的角色规范。例如，作为个体的居民主要是一个社会学概念，其在社区中又被称为业主，而业主这个角色主要是由《物业管理条例》设定的，并且与物业公司或物业服务企业相组合而存在，两者的活动准则即所谓的角色规范皆由《物业管理条例》设置，从而成为《物业管理条例》这一国家制定法中一组基本的法律角色。同理，当两个不动产相邻时，该两个不动产的所有权人或使用权人便会成为《民法典》上所称的"不动产相邻权利人"，并因此而遵循《民法典》为不动产相邻权利人所设定的国家制定法上的角色规范。

一般认为，权利义务是国家制定法的核心内容，也是国家制定法调整社会关系的核心机制。角色规范同样包含着权利义务的要素或者借助权利义务调整机制，来实现对角色主体的行为调整。尤其当国家制定法作为角色规范时，角色规范会将权利义务直接带入对主体的角色调整之中。不仅如此，国家制定法在规定主体的权利义务或职权责任时，也包含着对主体角色的定位或者期待。至少学者们在探讨主体问题时，会借助角色理论对国家制定法的相关规定进行分析。例如，石东坡、魏悠然认为："在引领和保障城市社区治理的法治化层面，应反观和审视1989年《居民委员会组织法》在立法理念、设计原则与规范技术诸方面的正反两方面的经验，在城市社区治理的意义上，确立居委会的复合功能定位和自治主体角色，并就其权利义务、与其他治理主体之间的协同行为规范进行重构，吸纳各个地方实践类型中规律性的成分并包容其探索的自主性，着力克服居委会过于行政化等现有局限。"① 可见，国家制定法在塑造主体角色方面的确发挥着重要作用，社区治理中的很多主体角色都首先是由国家制定法设定的，或者国家制定法构成了这些主体角色规范的重要内容。当主体以特定角色出现在社区治理实践中时，国家制定法无论是直接赋予该主体以法律角色的方式，还是间接地以介入主体社会角色规范的方式，都不可避免地在嵌入社区治理之中。

2. 作为治理主体行为准则的国家制定法

法律调整的是主体的行为。国家制定法在赋予社区治理主体以特定角色的同时，也设定了相应的角色规范，这些角色规范便是治理主体的行为准则。虽然并非实践中的所有社会关系都要受到国家制定法的调整，但国家制定法对治理主体及其交往关系的调整相对于其他类型的规范而言，具有基础性甚至主导性，并且绝大部分调整都是通过直接规范主体行为的方式来实现。国家制定法作为主体的行为准则，其基本特点是以权利义务为内容来定义主体的行为，并对主体的行为产生指引、预测、评价和强制等规范作用。直接调整治理主体的行为，这是国家制定法的基本作用方式，也是嵌入并作用于社区治理的基础性机制。国家制定法对治理主体行为的调整有两种基本方式：一是作为"定义者"和"架构者"，相对间接地对主体的行为加以调整或产生规范性的影响，或者为治理主体的行为提供相应的规范空间。二是直接规定治理主体在特定的交往关系中各自所应遵循的行为准则，主要是各自所享有的权利或应当履行的义务。无论是直接的还是相对间接的调整方式，国家制定法都经由治理主体的行为及所形成的交往关系，进入到社区治理实践之中。

权利义务机制是国家制定法调整社区治理主体的核心机制。所谓权利义务机制是指在相关法律或条款规定中，对于治理主体可以从事哪些行为或者具有怎样的资格，以及应当或必须从事哪些行为或者避免做出哪些行为等，都做了概括性或者具体性的规定。这些规定落在具体的社区治理主

---

① 石东坡、魏悠然：《论城市社区治理中居民委员会角色的立法重塑——以〈居民委员会组织法〉的修改为指向》，《浙江工业大学学报》（社会科学版）2015 年第 4 期。

体身上，便成为一种行为准则。权利义务以规则或原则的方式存在，无论是立法语言本身的原因，还是立法技术使然，都会为主体具体的行为选择留出足够的空间，也即主体可以自行选择多种不同的行为方案去行使权利或履行义务，只要这种行为方案符合规定权利义务的国家制定法的价值或宗旨。例如，《民法典》第 271 条关于业主对建筑物内的住宅、经营性用房等专有部分享有所有权，对专有部分以外的共有部分享有共有和共同管理的权利的规定，属于授权性规则，即规定了业主对建筑物内住宅和经营性用房的所有权和共同管理权。然而，这条规则的一个特点是它只规定了专有部分的所有权与共有部分的共有和共同管理权，至于所有权、共有权和共同管理权如何行使，并没有作出具体的规定。权利是赋予主体一种可以自行选择的自由，其意义在于为主体实现特定的权利目的提供保障，这意味着只要不违反国家制定法和善良风俗等，主体可以根据自己的需要或偏好自主决定采用何种方式来实现自己的权利目的。

就作用方式而言，国家制定法的指引、预测、教育、评价和强制等规范作用，也都会经由治理主体的行为和交往关系而体现在社区治理领域。具体而言，国家制定法所确定的规则或原则能够对社区治理主体的行为产生指引作用，即在特定交往关系中治理主体能够根据国家制定法的规定来选择适当的行为。治理主体还能够根据国家制定法的规定来预测特定交往关系中对方主体的行为选择，从而确定自己的行为选择或应对策略。国家制定法的教育和评价作用主要体现在治理主体可以根据国家制定法的相关规定乃至内在的价值理念，来对治理实践中相关主体的行为的法律属性或法律意义进行评价，并反作用于治理主体以使其对国家制定法的规则、原则以及内在价值理念等有更深入的理解。强制作用是国家制定法的一个基本的规范性作用，是国家制定法的效力基础。社区治理实践中当相关主体的行为违反国家制定法的规定时，会受到相应的约束或制裁机制的影响，从而迫使其遵守国家制定法或者承担因其违法行为所造成不利后果的责任。国家制定法规范性作用的发挥有着一套相对成熟的机制，包括权利义务机制、职权责任机制和制裁机制等，并且这些机制的实施要以国家强制力作为保障。当然，社区治理中国家制定法规范性作用的发挥并非一种独立的规范现象，而是要受到治理模式、治理主体特点和其他社会规范等因素的影响。这本身也反映了国家制定法的嵌入性特点。

3. 国家制定法在协调主体多角色冲突中的作用

国家制定法设定了主体在社区治理中的角色，所对应的角色规范也是治理主体应当遵循的行为准则。国家制定法设定治理主体的法律角色，其他类型的规范同样也会为主体设定相应的角色及角色规范，并且不同的国家制定法会为治理主体设定不同的角色，这就使得在特定的社区治理关系中，同一主体可能会存在多种角色，或者同一交往关系中的不同主体之间会形成多重角色关系。由于主体不同的角色对应不同的角色规范，而不同的角色规范之间并非都是协调一致的。因此，社区治理实践中会不可避免地存在同一主体的多角色冲突问题，而多角色冲突的内在原因则是不同规范之间的冲突。化解治理主体多角色冲突的一个基本思路是确定国家制定法的第一效力原则。这一效力原则至少应当包括三层含义：一是当国家制定法所设定的角色与其他规范所设定的角色，或者国家制定法之外的其他规范之间所设定的角色，在角色规范方面出现冲突时，应当以国家制定法作为协调角色规范冲突的首要依据。二是当不同的国家制定法所设定的法律角色之间出现冲突时，应当根据法律冲突解决机制及法律价值等进行协调解决。三是国家制定法作为协调解决角色冲突的第一规范，并不意味着排斥其他类型的规范，国家制定法应当在不违反公平正义和公序良俗等基本原则或理念基础上，吸收其他类型的规范所包含的规则与价值要求，共同作为协调解决治理主体多角色冲突的依据。

关于国家制定法与其他规范如民间法、软法和党内法规等之间的关系一直是法学理论研究的基础性问题。虽然说"广大民众在长期实践中根据经验积累自觉形成了许多有益的行为规范，它们已随着历史的发展成为处于特定团体中人们日常生活的重要组成部分，与国家法在伦理基础、社会功能、价值评判等方面有着诸多契合点。"① 但是不同类型的规范之间毕竟在具体的规则要求或内在价值导向方面会存在差异，因此规范冲突与协调便不可避免。根据法治原则，宪法和法律的效力应当优先于其他形式

① 冯广林、刘振宇：《"活法"视域下国家法与民间法的关系》，《内蒙古大学学报》2012 年第 2 期。

的规范。这是由于国家制定法被认为是人民主权意志的体现，具有普遍性和最高权威性。由国家制定法来统领整个规范体系，是现代法治的一个基本原则。社区治理主体都有着多重角色，而且这些多重角色之间并非总是协调一致的，角色冲突与角色规范的选择是社区治理主体时常要面对的问题。例如，处于相邻关系中的两个主体至少有着公民、业主和相邻权利人等多重角色，不同角色所对应的不同角色规范之间存在着潜在的冲突，多角色冲突实质是不同规范或者同一类型规范中不同规则之间的冲突，协调或解决这些角色及内在规范或规则的冲突是治理主体必然要处理的问题。国家制定法第一效力原则要求借助相应的机制来实现冲突的协调或解决。这些机制具体包括守法、执法和司法等法律实施机制。守法机制指的是治理主体自觉地根据国家制定法的原则或规定，选择合乎国家制定法的角色规范作为其行为或交往准则。执法机制和司法机制则是指分别由有关行政执法主体或司法机关参与社区治理实践，通过对特定国家制定法的执行或适用，来确定特定的交往关系中法律规则的适用，从而协调或解决多角色规范冲突。由此，国家制定法通过协调和解决治理主体的多角色冲突，实现了对社区治理的嵌入。

（四）国家制定法：社区纠纷调解中的"符号"功能

1. 作为一种"符号"存在的国家制定法

法律是一种符号。牛玉兵指出："在法律世界中，符号极为常见。法袍、法槌、国徽以及交通信号、道路标志等符号，或者在表征着法律的公正与权威，或者在事实上发挥着法律的规范功能，甚至于法律文本本身，也无非是由文字、数字、标点等构成的有机的符号组合。离开了符号，法律的表达与运作几乎寸步难行。"[①] 在社区治理中，国家制定法的规范功能不仅体现为由国家制定法所确立的规则来调整治理主体的行为或交往关系，还表现为国家制定法本身作为一种特殊的"符号"对社区治理的相关活动产生规范作用。吴莹认为，"不管是以行动的方式，还是以象征性的或是话语性的方式参与，只要作为国家制度化体制代表的符号出现在那里，保持自身的可见性，它本身就是一种宣告，要求和强化了民众对国家

---

① 牛玉兵：《法律符号化现象研究》，《法制与社会发展》2013 年第 6 期。

权威的认可。"① 对于国家制定法的"符号"功能，我们可从以下三个方面来理解和阐释。

一是从内容上来看，国家制定法是一套语言文字表述而成的规则体系。这套规则体系本身就是一种具有特殊意义的符号，而语言文字则是这一类符号的基本载体。语言文字本身是一种规范性的符号，其所构建的国家制定法则是一种专业性的符号。对于语言文字与法律这两类规范性符号之间的关系，谢晖认为，"语言也罢、文字也罢，它们的产生，只是客观地构筑起了人类生活的秩序，它们都是人类行动的规范，但并非专门的人类行为规范。人类仅仅限于语言和文字的世界，并不意味着人类必然会保有须臾不能离开的秩序。……因而，人类就需要进一步反思、寻求秩序的生成和维护机制。这种机制就是人类借助于语言和文字符号，但自身又作为一种符号的法律。"② 由此可见，无论是记载法律规则或原则的文字，还是国家制定法外在文本，都会成为一种特殊的符号呈现，为社区治理中的各主体所认知。这是国家制定法作为一种符号性存在的首要体现。

二是从适用上来看，国家制定法由特定国家机关及其工作人员来负责实施，而国家制定法的这套实施机制尤其实施机关和人员，同样也是非常鲜明的"符号"。例如，有学者将法院大楼视为法律符号与仪式性场所，认为"法院大楼构成了普通民众理解法律的日常资源，成为了法治常见的世俗化身。正是在这个意义上，法院大楼勾连了抽象的法治信仰与具象的法律制度，连接了国家秩序与社会民众，成为意义生产、协商与争夺的场域。"③ 如果说语言文字所表述的法律规则及其文本的符号意义受到其内容专业性的制约，而难以为法律专业之外的民众所深刻理解，那么那些执行或实施国家制定法的专门机构及其人员，则是一种最具显性意义的符号存在。除了审判机关、检察机关和公安机关及这些机关的工作人员之

---

① 吴莹：《社区何以可能：芳雅家园的邻里生活》，中国社会科学出版社 2015 年版，第 92 页。

② 谢晖：《法律作为符号》，《学术界》2002 年第 1 期。

③ 蔡斐：《作为法律符号和仪式性场所的法院大楼》，《深圳特区报》2018 年 3 月 20 日第 C03 版。

外，权力机关、各级政府及其工作部门等，也会被作为国家制定法的符号为很多民众所认知。具体到社区治理中，国家制定法的组织性符号意义会扩展至社区治理相关的政府或准政府机构，包括在这些机构中工作的人员。

三是从主体心理上来看，无论是国家制定法的规则本身，还是国家制定法的实施机构和人员，在绝大多数治理主体的认知中都具有程度不同的权威性、强制性乃至暴力性的符号意义。国家制定法的这些符号性意义最终还是要反馈到民众的认知中，也即法律作为一种符号而存在，是一种客观之于主观的映射，属于主体法律意识的范畴。主体的属性或知识结构等不同，国家制定法的符号性意义也会有所差异。这种认知上的差异会反过来影响国家制定法对主体的作用效力或效果。当然，我们不能夸大这种差异性。"在社会生活中，由于人们知识背景、社会地位、思维方式不同，法律意识就具有个体性的差异。同时，人们又总是生活在社会环境相对稳定的群体中，具有大致相同的文化背景和法律传统，这又使得法律意识具有了在一定范围内的共同性。"① 换言之，处于同一地区的社区主体对于国家制定法的符号性意义会有着大致相同的认知，个体性的认知差异并不影响国家制定法在一定时期内的治理主体中的整体的符号性意义。

2. 社区纠纷的类型与解决机制

无论治理主体对于国家制定法的符号性意义有着怎样的认知，国家制定法存在于社区治理中的一个基本目的是维护良好的社区秩序。尽管社区和谐是所有业主共同的愿望，但仍然无法避免产生各种矛盾或纠纷。处理和化解各类社区纠纷，也成为社区治理的重要内容之一。当然，并非发生在社区之中的纠纷都是社区纠纷。这里所谓的社区纠纷指的是发生在社区治理主体之间的且对社区的良好治理产生影响的各类纠纷，而且在纠纷类型上主要是民事纠纷。综合来看，社区纠纷主要可归结为四种类型：基于婚姻家庭关系而发生的纠纷、基于相邻关系而发生的纠纷、基于物业服务而发生的纠纷和基于社区管理而发生的纠纷。其中，基于婚姻家庭关系而

---

① 苗连营：《公民法律意识的培养与法治社会的生成》，《河南社会科学》2005年第5期。

产生的纠纷具有一定的内部性，主要发生在社区中同一家庭中的纠纷，但这类纠纷中的一部分会对社区治理产生影响，从而具有外部性。基于相邻关系而发生的纠纷也可称为邻里纠纷，相邻权利人可能会由于各种日常生活琐事而发生纠纷。例如，上下楼邻居之间可能会因空调或管道漏水或渗水容易发生纠纷，左右邻里之间可能会因制造噪音、饲养宠物等而发生争吵。基于物业服务而发生的纠纷是当前物业纠纷的主要类型。物业服务企业提供的服务未达到业主所要求的标准，或者业主拖欠物业费，这是社区治理实践中经常发生的两类物业服务纠纷。基于社区管理发生的纠纷指的是业主或居民与物业管理机构及其工作人员所发生的纠纷，具体原因可能是由流动人口管理、计划生育管理、最低生活保障或出具各种证明等所引起。

　　显然，社区纠纷的发生会影响到社区秩序与和谐，需要借助相应的纠纷解决机制加以化解。司法机制是一种正式的纠纷解决机制，主要以法院的司法审判和司法调解为手段，但对于社区纠纷的解决而言，司法机制并非总是一种非常经济的解决机制，加之受其他因素的影响，各级政府都鼓励并推动司法机制以外的纠纷解决机制来应对社区纠纷的解决。对此，有学者指出，"在微弱的历史传承与明确的管理需求之双重作用下，基层解纷制度及社区惯常性应对方式构成了内生型纠纷解决机制，如社区调解、群防群治、民众劝解、社区舆论、回避、忍让、强制、交涉等，其中社区调解的组织化程度相对较高。"① 基于此，国家在推进社区治理的有关公共政策文件中，都会将加强和改进调解机制的适用作为解决社区纠纷的首选机制。其实，这种思路与要求有其宪法和法律依据。《宪法》第 111 条在规定居民委员会和村民委员会时，也规定了这两个基层群众自治组织要设立人民调解委员会，负责调解民间纠纷。《城市居民委员会组织法》和《村民委员会组织法》也都对此作了相应的规定。在纠纷解决实践中，调解机制也受到广泛的重视与推广适用。即使在司法活动中，调解也是处理民事纠纷的一种重要选择，甚至一度存在将民事案件调解结案率作为各级

---

　　① 曾令健：《社区调解中的合作主义——基于西南某市调研的分析》，《法制与社会发展》2012 年第 2 期。

法院考核的一项重要指标的做法。围绕着社区纠纷调解机制的适用，很多地方进行了探索与创新，形成了一些卓有成效的调解模式或调解方法。

例如，以浙江诸暨为代表的"枫桥经验"模式，强调"矛盾不上交，就地解决"，以江苏南通为代表的"大调解"模式则注重纠纷调解中各部门的协调联动。就调解方法而言，与司法主要依据法律作出理性裁判来解决纠纷不同，调解所依据的主要是伦理道德和人情等，所以出现了所谓的情理调解法。瞿琨认为，"在承载了深厚传统法律文化的社区调解中，情理调解方法是调解员最有特色的一种调解方法，调研显示：凡是优秀的调解员在社区调解中都能将情理调解方法发挥得淋漓尽致，情理调解方法是促成调解员顺利进行社区调解的方法。"所谓情理调解方法是指"以情理感化纠纷当事人的对立，促成互谅互让，化解纠纷"。① 无论是何种调解模式，还是何种调解方法，都表明社区纠纷解决机制的建立和运用，都是以如何更好地实现社区纠纷的最终化解为目标。当国家制定法作用于社区调解时，也在很大程度上要受到这一目标的限定。

3. 国家制定法对社区纠纷解决的"符号式"嵌入

当社区治理主体将法律作为一种符号加以认知时，国家制定法实际上已经进入到社区治理实践中。就社区纠纷的解决而言，国家制定法也会以不同的方式发挥规范作用。如果社区纠纷被诉诸司法机制，那么国家制定法或者作为司法裁判的依据，或者在司法调解中发挥作用。国家制定法主要是作为一种裁判依据或调解依据而对社区纠纷的解决产生效力。这是国家制定法最基本的也是最主要的功能。然而，鉴于司法解决机制的不足和其他因素的影响，调解机制在社区纠纷解决中受到更多的欢迎。故以将纠纷解决在社区之内为目标的调解机制对国家制定法的运用方式，更值得关注和研究。如前文所述，社区纠纷的调解主要以情理调解法为主，即调解人更多通过所谓动之以情、晓之以理的方法来化解纠纷，所以国家制定法并非不可或缺。尽管如此，在一些社区调解活动中，国家制定法会以一种特殊的方式发挥作用。这种特殊的方式就是国家制定法并非真正作为解决

---

① 瞿琨：《调解法律方法与社区纠纷解决——以情理调解方法为例》，《社会科学辑刊》2013 年第 3 期。

社区纠纷的依据，但能够凭借其所具有的"符号"意义而对纠纷解决最终方案的形成，产生重要的影响甚至决定性作用。

例如，有学者以上海某社区一起继承纠纷案为例，指出法律的因素在以情理为主调的调解中也是不可偏废的，很多问题还是要诉诸于法律来"讲理"。在该案中一位母亲有三子一女，一直与女儿生活在一起，很少照料母亲的三个哥哥在听说母亲打算在其去世后将房屋留给妹妹后，经常到妹妹家吵闹，为此居委会经常介入调解。有一次，吵闹非常激烈，居委会工作人员得知后分别与各方谈话劝解。在谈话中，居委会工作人员发现老太太患有老年痴呆症，就跟她的儿子说，虽然你母亲说过要将房子要给你妹妹，但是她并没立下遗嘱而且即使立有遗嘱也会无效。如果老太太去世，妹妹也按照法律规定享有法定继承权，因为患病而使遗嘱无效且至少要参与平分。纠纷因此平息了。正如学者所分析的那样，"在这次调解中，居委会干部首先通过'讲理'来'平静情绪'，然后逐个个别谈话，了解情况，逐渐形成对问题是非曲直的判断。可以说，从法律上儿子一方是有优势的，但是从情理上则难免让人偏向于女儿一方。居委会干部巧妙地援引了法律条文，在貌似维护儿子一方权益的同时也隐含了对他们蛮横态度的批评，从而令一场纠纷有效地化解了。"① 显然，在这一案例中，作为调解者的居委会干部"巧妙地援引了法律条文"，却并没有真正将相关法律条文作为最终的处理依据。这是一种典型的国家制定法对社区纠纷解决"符号性"嵌入的情形。对于国家制定法的这种嵌入情形，我们可以做如下两个方面的理解。

一方面，国家制定法的这种"符号式"嵌入与社区纠纷解决这样的非正式场合具有契合性。如果我们将国家制定法在司法中的适用视为一种正式场合中的适用，那么社区纠纷解决的场合则可以被视为一种非正式场合。在正式场合中，国家制定法主要是作为直接的规则依据的适用，是国家制定法规范性意义乃至其法治功能的最为基础的体现。虽然正式场合中也包含着国家制定法的"符号性"存在和作用，但这种符号性意义只是

①　申剑敏、陈周旺：《"法外治理"：社区调解与中国基层社会的非正式控制》，《上海行政学院学报》2011 年第 5 期。

辅助性的或附着性的，规范性意义是国家制定法的最主要意义。相比较而言，社区纠纷解决中国家制定法的作用虽然也是辅助性的，也即要辅助于纠纷解决方案的最终达成，但其符号性意义而非规范性意义则是主要的，而且也只有在这样的场合中国家制定法才会主要以符号性意义存在。原因在于，社区纠纷解决注重的是纠纷本身解决的结果与效果，并且参与纠纷解决的主体在绝大多数情形中都不具有专业的法律知识，而且主导纠纷解决的主体的角色更多是一种管理者的角色，他们追求的是一种社会性、管理性乃至政治性的效果。这不同于司法这一正式场合，裁判者还要将维护法律的权威性和突出法律的规范性作为司法裁判的重要使命之一。在社区纠纷解决的场合中，纠纷解决过程及最终解决方案只要保持最低限度的合法性即可，即使其中存在一些与法律规定或法律精神不相符合的轻微情节，只要能够实现"纠纷因此平息了"的最终效果，便是可取的。正是由于社区纠纷解决场合的这一特点，才为国家制定法的"符号式"嵌入，主要发挥其符号性意义而非规范性功能，提供了相应的空间。

另一方面，治理主体的法律意识同样与国家制定法对社区纠纷解决的"符号式"嵌入有着密切关系。由于国家制定法的符号意义最终要反馈在主体的主观认知层面，所以社区纠纷解决中国家制定法的"符号式"嵌入能否以及发挥怎样的作用，直接受到治理主体尤其是纠纷主体法律意识的制约。国家制定法符号性意义的发挥要以其规范性意义为基础。如果纠纷主体对于国家制定法的规范性意义缺乏足够的认知或尊重，那么很有可能不会出现国家制定法对纠纷解决的上述"符号式"嵌入，或者国家制定法的符号性意义难以充分体现。这又存在四种具体情形：一是纠纷主体对于国家制定法的内容知之甚少，但对于国家制定法的强制性功能有着充分甚至过分的认知，这种情形下国家制定法将有很大的机会实现"符号式"嵌入；二是纠纷主体对于国家制定法内容所知不多，也无所畏惧于国家制定法的强制性或惩罚性功能，这种情形下国家制定法就很难实现"符号式"嵌入；三是纠纷主体对于国家制定法的内容和规范性功能有着较为充分或者专业性的认知，这种情形下纠纷主体可能会认可也可能会拒绝国家制定法的"符号式"嵌入，也可能会由于主体对国家制定法的充分认知而使得国家制定法失去"符号式"嵌入的机会；四是无论纠纷主体对国家制定法有着怎样的认知，由于纠纷所牵涉的利益非常之大，国家制定法的"符号式"嵌入已经无法改变纠纷主体对于利益的维护或追求，那么同样无法发挥国家制定法"符号式"嵌入所期待的效果。

根据法律社会学的理论，国家制定法与社会之间存在一种相互嵌入的关系，即"一方面社会是其法律系统的环境，另一方面法律系统所有的运作始终是在社会中的运作，亦即是社会的运作。法律系统通过自己的运作（同时也是社会的运作）把一个特殊的方面置入了社会之中，由此在社会中产生了一个法律的社会内部环境。"① 这一原理同样也存在于国家制定法与社区治理之间。社区治理的规范化离不开国家制定法，后者的规范性意义和符号性意义已经融合于社区治理实践之中。反之，国家制定法也离不开社区治理，正是后者的存在使得前者从文本走向实践，有了真实的关系载体。总而言之，国家制定法在社区治理中是一种多面存在，其意义与功能也是多样的，而社区治理则为国家制定法的积极有效作为提供了空间或用武之地。

二 立法技术视角下国家制定法的规范嵌入

（一）研究视角的确定与研究文本的选取

1. 研究视角的确定

社区治理兼具实践性、规范性和技术性。社区治理的实践性是对社区中各类主体日常生活与交往活动属性的概括，也是规范性和技术性存在和作用的前提。规范性是从制度层面对社区治理属性的一种描述，所要表达的是社区治理实践的各个领域或维度都离不开相应的规范。技术性既是指社区治理实践需要相应的工作技巧，也是指社区治理规范的衔接与适用技术。社区治理的这三种属性，为学者们研究社区治理问题提供了多种视角。运用法律社会学的理论，对社区治理中的某一种规范或多元规范的功能及实然效力等进行考察分析，是一种常见的研究进路。如梁迎修对社区治理的法治化进行了探析并认为："在过去二十多年的探索实践中，我国

----

① ［德］卢曼：《社会的法律》，郑伊倩译，人民出版社 2009 年版，第 15 页。

城市社区治理法治化取得了较为突出的成就，但仍存在着相关立法内容滞后、制度设计不科学、法律缺乏实效等问题，需要通过采取提高立法质量、加大法律实施资源投入等措施来加以解决。"① 也有学者运用公共管理学理论，研究了社区治理中的秩序与制度问题，认为社区建设的发展、社区自治的推进取决于社区治理由行政单中心秩序向多中心秩序的"嬗变"。由公共责任理念引导、公共规则规制的社区多中心治理秩序，将是摆脱"公地困境"、激发社区治理多中心因素的积极性和主动性、促进集体行动和社区善治的重要条件。② 无论是法律社会学还是公共管理学的视角，都侧重于对社区治理实践性与规范性的研究。其实，社区治理的实践性和规范性都内含相应的技术性。实践层面的技术性不同于规范层面的技术性，前者指向的是社区公共事务处理中的一套治理方法或工作技巧，后者主要关注社区治理多元规范之间衔接、协调及其适用中的技术。在此，我们将以规范层面的技术性问题为研究对象，探讨的是立法或规范嵌入技术。

立法是一项技术性很强的专业活动。周旺生认为："立法技术是立法活动中所遵循的用以促使立法臻于科学化的方法和操作技巧的总称"。③对于立法技术的外延，学者们并没有形成较一致的看法。在立法实践中，立法结构技术、立法语言技术、立法活动技术和立法协调技术是四类最常使用也最为重要的立法技术。当然，这四类立法技术相互之间又存在不同程度的关联。例如，立法活动技术具体包括立法起草技术、立法修改技术、立法解释技术、立法评估技术和立法认可技术等，这些具体的立法活动技术又不可避免地会涉及立法语言的表达问题，以及涉及立法结构技术等，便会与立法语言技术和立法结构技术形成交叉。一般而言，立法技术是针对立法活动和立法文本的，体现在立法活动过程和立法文本之中，是

① 梁迎修：《我国城市社区治理法治化探析》，《郑州大学学报》（哲学社会科学版）2014年第2期。

② 张洪武：《社区治理的多中心秩序与制度安排》，《广东社会科学》2007年第1期。

③ 周旺生：《立法学》，法律出版社2009年第二版，第375页。

一种向内的专门技术。但是，部分立法技术如立法评估技术、立法认可技术和立法协调技术等也具有外向性，即这些技术不限于立法活动和立法文本自身，还涉及与其他社会活动或社会规范的关系。立法嵌入技术同样如此。完整的立法嵌入技术既包括立法的内部嵌入技术，也包括立法外部嵌入技术。立法的内部嵌入技术指的是下位法对上位法所规定的原则或规则的承接与延伸，或者同一效力位阶的不同规范性法文本之间的相互衔接。立法的外部嵌入技术则是指国家制定法对其他类型的规范形式的嵌入，即国家制定法的相关规定或内容通过某种方式或机制，进入其他形式的规范如公共政策、软法等之中，作为其他形式的规范内容的一部分。此外，国家制定法进入特定的社会关系并发生作用的方式或机制也可以视为一种立法的外部嵌入技术。本书在内部嵌入意义上来使用立法嵌入技术这一概念，而且主要从立法语言表达的角度去分析国家制定法对其他规范的嵌入问题。

尽管国家制定法嵌入社区治理中其他形式的规范不仅仅是一个技术层面的问题，但对国家制定法与其他规范间的关系进行语言分析，对于改进社区治理中多元规范的融贯性以发挥多元规范的综合作用，仍具有重要意义。况且，在全面依法治国的今天，我国的法治建设已经由法律体系的建设发展至法治体系的建设。后者除了强调国家制定法的实施与运行，还重视国家制定法与其他形式的规范（如公共政策、软法、党内法规和民间法等）之间的衔接、协调与合作。立法嵌入技术作为一项特殊的立法技术，已经超出了国家制定法体系自身，对该项立法技术进行研究，也是推进社会主义法治体系建设所必需的。基于此，我们将从立法技术的视角，探讨或分析国家制定法在规范层面的嵌入技术。需要指出的是，研究社区治理中国家制定法对其他成文规范的嵌入技术，是从国家制定法的角度出发所作的分析，故称其为一种立法嵌入技术，但这一视角并不意味着仅对国家制定法做语言分析，而是对包括公共政策和软法等在内的所有规范进行语言关联性分析。换言之，笔者将选择若干社区治理相关的国家制定法、公共政策和软法，对这些规范性文本在语言表述上的特点及其关联进行分析，总结国家制定法所设定的原则与规则是如何嵌入其他规范性文件之中的，因此也可以称为规范嵌入技术的研究。

2. 研究文本的选取

与社区治理相关的规范性文件有很多，我们无法也没有必要在一篇文章中全部列出并进行分析。在此，我们主要选取与社区居民自治和物业管理相关的规范性文件，如《城市居民委员会组织法》、《物业管理条例》、《关于加强和改进城市社区居民委员会建设工作的意见》和《＊＊社区管理规约》等，作为主要的分析文本。为了保证问题研究的完整性，《民法典·物权编》①《辽宁省物业管理条例》和《中共中央国务院关于加强和完善城乡社区治理的意见》等也会作为被分析的对象。所选取的分析文本在规范类型上具体可分为三类，即国家制定法、公共政策和软法。在数量上，每一类规范文本都各选取6部。由于国家制定法是文本分析的源发性规范，所以国家制定法的文本主要根据其与社区治理的紧密程度来选取，而其他规范文本的选择则是根据国家制定法的内容及分析需要来确定。具体而言，笔者所选取的各类规范性文本如下列各表所示。

表 2-1　　　　　　　　　社区治理相关的国家制定法

序号	制定法名称	所属类型	调整对象	制定机关	制定时间
1	中华人民共和国民法典·物权编	法律	业主的建筑物区分所有权、相邻关系等	全国人民代表大会	2020 年
2	中华人民共和国城市居民委员会组织法	法律	城市居民委员会的组织与运行	全国人民代表大会常务委员会	1989 年
3	物业管理条例	行政法规	物业管理活动	国务院	2018 年

---

① 需要说明的是，《中华人民共和国民法典》于 2020 年 5 月 28 日由第十三届全国人大三次会议通过，自 2021 年 1 月 1 日起正式施行。民法典中涉及社区治理的主要是物权编，也即于 2017 年通过实施的《物权法》。本章在阐述作为国家制定法的《民法典》同社区治理中其他规范关系时，实际上建立在之前实施的《物权法》基础上，但文中多采用《民法典·物权编》进行表述。

续表

序号	制定法名称	所属类型	调整对象	制定机关	制定时间
4	业主大会和业主委员会指导规则	部门规章	业主大会和业主委员会活动	住房和城乡建设部	2009 年
5	辽宁省物业管理条例	地方性法规	物业管理活动	辽宁省人民代表大会常务委员会	2008 年
6	大连市实施《物业管理条例》办法	地方政府规章	物业管理活动	大连市人民政府	2009 年

在这六部国家制定法中，有两部为全国人大或其常委会制定的法律，一部为行政法规，部门规章、地方性法规和地方政府规章各一部。从调整对象或内容来看，除了《城市居民委员会组织法》外，其他五部都与社区物业管理活动有着直接的关系。通过分析立法文本不难看出，这六部规范性法律文件之间也存在相互衔接的关系。尤其是在对物业管理活动的调整方面，《民法典·物权编》可以视为基本的法律依据，《物业管理条例》是直接调整物业管理活动的行政法规，而辽宁省和大连市的两部立法的直接依据便是《物业管理条例》。这是国家制定法体系内部所存在的规范配套、衔接与嵌入现象。

表 2-2　　　　　　　社区治理相关的公共政策

序号	政策名称	发文号	调整对象	制定机关	制定时间
1	关于在全国推进城市社区建设的意见	中办发〔2000〕23 号	城市社区建设	民政部（并经中共中央、国务院同意和转发）	2000 年
2	关于进一步推进和谐社区建设工作的意见	民发〔2009〕165 号	和谐社区建设	民政部	2009 年
3	关于加强和改进城市社区居民委员会建设工作的意见	中办发〔2010〕27 号	城市社区居民委员会建设	中共中央、国务院	2010 年

序号	政策名称	发文号	调整对象	制定机关	制定时间
4	关于加强和完善城乡社区治理的意见	中发〔2017〕13号	城乡社区治理	中共中央、国务院	2017年
5	关于加强社区警务建设的意见	公通字〔2002〕42号	社区警务建设	公安部、民政部	2002年
6	关于规范物业管理区域保安管理工作的通知	大公发〔2010〕35号	社区物业管理区域保安管理	大连市国土资源和房屋局	2011年

有权制定社区治理相关公共政策的部门很多，而且执政党和国家机关都可以单独或联合出台相应的社区治理公共政策，如表中所选取的政策性文件中有三部是由中共中央办公厅和国务院办公厅联合制定或同意。由于社区治理很多事务与民政部门相关，所以民政部和地方民政局出台的相关政策较多。就内容而言，社区治理公共政策涉及整体建设、社区警务、纠纷调解、公共卫生服务、社区法律服务等方方面面。在选取上述政策性文件时，本书既注重选取对社区治理具有总体指导意义的政策，如在社区建设与治理发展进程中由中共中央和国务院发布的几个具有里程碑意义的政策性文件，同时也注意政策制定主体以及调整事务或对象的集中性，即主要围绕社区物业管理和公共秩序维护相关的政策性文件。

表2-3　　　　　　　　　　社区治理相关的软法

序号	软法名称	调整对象	制定主体	制定时间
1	大连市住宅区地上停车场管理规定（示范文本）	住宅区地上停车场管理	大连市国土资源和房屋局	2011年
2	大连市社区规范化建设标准（试行）	社区规范化建设标准	中共大连市委组织部、大连市民政局	2014年
3	社区自治章程	社区自治事务	＊＊市西城社区	2013年
4	管理规约	物业管理	大连市＊＊小区	2018年
5	业主大会议事规则	业主大会议事	大连市＊＊小区	2018年
6	调解须知	社区调解	大连市某社区司法所	2011年

　　社区治理软法的具体表现形式有很多种，而且每种形式的软法各有其特点，但同一种形式的软法在内容、体例和语言表达等方面差别并不大。由于本书从国家制定法出发来分析社区治理软法与其在规范语言表述上的关联，所以有些形式的软法就难以纳入分析的范畴。尽管如此，本书还是尽量选取了多种形式的软法文本，如示范文本、标准、自治章程、规约、议事规则和须知等。既然每种形式的软法相差不大，所以在数量上并没有选择过多的社区治理软法文本，而是根据分析和研究的需要，随机选取了相应的软法文本。

　　当然，社区治理中的成文规范除了国家制定法、公共政策与软法之外，还有党内法规或党内规范性文件这一类形式的规范。考虑到国法与党规属于两套性质不同的规范体系，两者所调整的主体与事务具有较大差异，尽管在社区治理中国家制定法与党内法规（含党内规范性文件）具有千丝万缕的关联，两者之间也存在一定的相互衔接与协调的问题，但这不同于本书所要分析的核心问题——国家制定法的规范嵌入技术问题，因此党内法规（含党内规范性文件）并未被纳入国家制定法的嵌入对象加以分析。接下来，本书就以所选取的文本为例，分析国家制定法分别对公共政策和软法的嵌入方式或嵌入机制。

　　（二）国家制定法对公共政策的嵌入：以《城市居民委员会组织法》为例

　　公共政策是社区治理中非常重要的一类规范形式。从语言表述上看，公共政策与国家制定法的语言表述方式、风格或特点大不相同。这与两者的规范属性与功能不同有关。具体而言，"法律必须具有高度的明确性，每一部法典或单行法律和法规，都必须以规则为主，而不能仅限于原则性的规定，否则就难以对权利义务关系加以有效的调整。而政策则不同，有些政策文件主要或完全由原则性规定组成，只规定行为方向而不规定具体的行为规则。"[1] 基于此，我们很难从规则层面来分析两者在语言表达上的关联。然而，国家制定法和公共政策在调整同一领域或事务时，两者在规范功能或规范目标方面往往会存在一致性。肖金明就曾指出："政策不

---

[1]　陈庭忠：《论政策和法律的协调与衔接》，《理论探讨》2001 年第 1 期。

是与法律相去甚远甚至相反的事物，政策与法律有差异，其表现形态、运作方式和效力表现不同，两者也有共性，它们的方向、精神和作用是共同的。"① 据此，我们可以从这一契合点出发，选择社区居委会作为对象载体，分析国家制定法和公共政策在调整社区居委会相关职责与活动时的语言表达问题。

社区居民委员会是宪法规定的基层群众性自治组织，其具体的组织与活动规则主要规定在 1989 年全国人大常委会制定的《城市居民委员会组织法》中。居民委员会在社区治理中发挥重要的作用，被有的学者称为一个"正式"的组织。具体而言，"其一，这是一种由政府直接领导并建立的'非国家组织'，在全国范围内普遍地承担提供社区基本公共产品和服务的职责。其二，居委会是唯一一个被写入宪法的社会组织。"② 因此，不仅仅是宪法与法律对居民委员会做了规定，关于加强社区居委会组织建设的要求与措施也几乎存在于每一部中央出台的相关政策性文件中，其中 2010 年中共中央、国务院专门制定了《关于加强和改进城市社区居民委员建设工作的意见》。众所周知，宪法法律至上是全面依法治国的基本原则，也是处理宪法法律与其他类型的规范效力等级的基本原则。就《城市居民委员会组织法》与相关政策性文件的关系而言，前者作为规定基层群众性自治制度这一基本政治制度的基本法律，在整个居民委员会法律或规范体系中处于基本法地位，是包括相关公共政策、软法等在内的所有规范制定与实施的基本依据。在这个意义上，公共政策中有关居民委员会的制度或举措，就可以视为对《城市居民委员会组织法》的具体实施，反过来也可以视为该部法律在相关公共政策中的嵌入或延伸。根据《城市居民委员会组织法》的有关规定在相关公共政策中存在或表述方式不同，我们可将国家制定法嵌入公共政策的方式分为直接转入式、间接延伸式和混合式三种基本类型。

---

① 肖金明：《为全面法治重构政策与法律关系》，《中国行政管理》2013 年第5 期。

② 刘玉东、风笑天：《法律的规则效应与居委会的组织建设》，《国家行政学院学报》2013 年第 6 期。

直接转入式是指将《城市居民委员会组织法》所规定的条款内容直接纳入政策文件中，作为公共政策内容的一部分加以表述。例如，《城市居民委员会组织法》第 2 条第 1 款规定："居民委员会是居民自我管理、自我教育、自我服务的基层群众性自治组织。"该款规定是对《宪法》第 111 条关于城市居民委员会性质的延伸性规定，也可以视为《宪法》对《城市居民委员会组织法》的内部嵌入。如果将《宪法》第 111 条的规定视为创设城市居民委员会制度的元规则的话，那么《城市居民委员会组织法》中的这一款规定则是仅次于元规则的基础性规则。政策性文件中所出现的相同或类似表述皆是依此款规定为依据，或者说是此款规定在政策性文件中的直接转入或嵌入。如在《关于加强和改进城市社区居民委员会建设工作的意见》这一政策性文件开篇便表述道："我国城市社区居民委员会是居民自我管理、自我教育、自我服务的基层群众性自治组织。"在《关于在全国推进城市社区建设的意见》中同样有着类似的表述："社区居民委员会的根本性质是党领导下的社区居民实行自我管理、自我教育、自我服务、自我监督的群众性自治组织。"尽管在不同的政策文件中的语言表述略有差异，但这些表述显然是从《城市居民委员会组织法》中直接转入的。

间接延伸式则是指政策性文件中并不直接转入或引述国家制定法中的有关规定内容，而是通过设定目标、提出举措、建立制度和创制规则等方式，对国家制定法所确定的立法宗旨、理念及所规定的原则等作出延伸式表述，使后者未曾或不便充分表达的内容借助更为灵活具体的语言加以表达。"法律不是一个自给自足的规范体系，如果不能制定和有效地利用政策手段，一部法律就很难发挥效应。在一些教科书里，法律被视为政策实现的工具。实际上，政策亦是法律实施的工具。"① 国家制定法对政策的间接延伸式嵌入大多是为了更好地实施国家制定法的有关规定。从法律类别上看，《城市居民委员会组织法》是一部组织法而非行为法，大部分条款都是关于居民委员会的性质、任务、构成和基本活动准则等组织性原则或规则。这部法律的主要功能是建立城市居民委员会的基本制度框架，并

---

① 肖金明：《为全面法治重构政策与法律关系》，《中国行政管理》2013 年第 5 期。

没有对居民委员会具体的发展举措、工作制度和行为准则等作出较为细致的规定。这也为公共政策和软法等提供了补充作用的空间。因此，公共政策中有关居民委员会的表述大多是在建构、改进或落实某项具体的措施或制度。这也是公共政策与国家制定法具有内在一致性的体现。

例如，《城市居民委员会组织法》第4条第1款规定："居民委员会应当开展便民利民的社区服务活动，可以兴办有关的服务事业。"至于居民委员会应当开展哪些"便民利民的社区服务活动"，以及应当兴办哪些"有关的服务事业"，这些在该部法律中并没有明确的规定。显然，该款规定使用了模糊语言。"法律语言中的模糊语言具有适应生活需要的功能，而且由于生活的复杂多变法律语言的模糊性也是无法避免的现象。"[1]模糊语言的使用属于立法活动中常见的一种技术现象。其功能除了适应复杂多变的社会生活之外，也为公共政策等进行规范延伸提供了必要的空间。《民政部关于进一步推进和谐社区建设工作意见》中就针对该款规定，指出了具体的服务方式与服务领域，即"依托社区服务中心和社区服务站，积极推进以就业、社会保险、社会救助、社会治安、医疗卫生、计划生育、文化、教育、体育为主要内容的政府公共服务覆盖到社区，促进实现城乡基本公共服务均等化。"《关于加强社区警务建设的意见》和《关于规范物业管理区域保安管理工作的通知》这两个政策性文件都可以视为在具体落实社区治安或公共秩序维护的服务内容。再如，《城市居民委员会组织法》第13条和第14条规定了居民委员会可以设立若干具体工作委员会和居民小组，但对于社区治理实践中不同地区的不同社区如何进行设立并没有做具体规定。《关于加强和改进城市社区居民委员会建设工作的意见》则对此做了延伸性规定，即"调整充实社区居民委员会下属的委员会设置，建立有效承接社区管理和服务的人民调解、治安保卫、公共卫生、计划生育、群众文化等各类下属的委员会，切实增强社区居民委员会组织居民开展自治活动和协助城市基层人民政府或者它的派出机关加强社会管理、提供公共服务的能力。选齐配强居民小组长、楼院门栋长，积极开展楼院门栋居民自治，推动形成社区居民委员会及其下属的委员

---

[1] 卢秋帆：《法律语言的模糊性分析》，《法学评论》2010年第2期。

会、居民小组、楼院门栋上下贯通、左右联动的社区居民委员会组织体系新格局。"这段政策性规定不仅拓展了居民委员会的组织工作机制，而且在语言表述上也进一步明晰了相关工作委员会和居民小组的功能。

由于政策性文件的语言表述较为灵活，国家制定法在很多情况下是以混合的而非单一的方式嵌入公共政策之中。也即在政策性文件中有些内容或文字的表述来自国家制定法，同时也会根据需要延伸或拓展国家制定法的有关规定。例如，《城市居民委员会组织法》第3条规定了居民委员会六项任务，包括宣传宪法法律、办理公共事务和公益事业和调解民间纠纷等。在《关于加强和改进城市社区居民委员会建设工作的意见》中专设一个部分，就如何"进一步明确城市社区居民委员会的主要职责"提出了具体的举措，包括依法组织居民开展自治活动、依法协助城市基层人民政府或者它的派出机关开展工作和依法依规组织开展有关监督活动三个方面，而围绕着三个方面又列举了所要进一步明确和加强的具体工作事项、工作目标和工作制度等。比较这两个规范性文件中关于居民委员会任务与职责的规定，不难看出，后一个政策性文件是对前一个国家制定法中相关规定的进一步明确与拓展。其中，有些表述如"要宣传宪法、法律、法规和国家的政策"、"办理本社区居民的公共事务和公益事业"和"调解民间纠纷"等可以视为《城市居民委员会组织法》第3条规定对该部政策性文件的直接转入。在直接转入国家制定法有关规定的同时，公共政策也对这些规定做了相应的延伸，如具体规定了居民委员会该如何依法协助城市基层人民政府及其派出机关开展工作，以及如何维护居民的合法权益等。

需要指出的是，上文提到地很多政策性文件中并没有关于国家制定法作为其依据的表述，而大都强调了政策制定时执政党和国家总体的路线方针的影响。例如，在《民政部关于在全国推进城市社区建设的意见》中并无一处提到《城市居民委员会组织法》，而关于该政策制定的依据及宗旨的表述为"大力推进城市社区建设，是新形势下坚持党的群众路线、做好群众工作和加强基层政权建设的重要内容，是面向新世纪我国城市现代化建设的重要途径。"然而，这并不意味着《城市居民委员会组织法》对该部政策性文件的制定没有影响，这种影响主要是以一种延伸嵌入式方式体现的。随着法治建设的推进和法治意识的增强，政策制定者开始有意识地在公共政策与国家制定法之间建立联系，并将这种联系在政策性文件中明确加以表述。例如，在 2010 年中共中央和国务院制定的《关于加强和改进城市社区居民委员会建设工作的意见》这一政策性文件中明确出现了"认真实施《中华人民共和国城市居民委员会组织法》"的表述，而且该部法律与贯彻执政党的会议精神和指导思想并列，共同成为该部政策性文件制定的指导思想和依据。这表明政策制定者对于国家制定法与公共政策的关系有了更准确的定位，并且主动地将国家制定法有机地嵌入政策性文件中。因此，本书所讨论的国家制定法对公共政策的嵌入问题并非一个伪问题，所总结的三种嵌入方式或技术也真实地存在于我国社区治理公共政策的制定实践中。

（三）国家制定法对于软法的嵌入：以物业管理事务为例

社区治理中软法的形式最为多样，调整的内容也非常广泛。从政府或其职能部门的工作制度到社区自治章程，从社区公约到业主大会议事规则等，都属于软法的范畴。在学理上，软法是与硬法相对应的一个概念，区分的主要标准在于制定主体不同和是否以国家强制力为保障来实施。据此，国家制定法属于硬法规范。在社区治理实践中，国家制定法与软法会在不同的事务领域以不同的方式产生关联。物业管理事务是社区日常治理的基本事务之一，由此也产生了以业主、业主委员会和物业公司为基本组合主体之间的交往关系——物业管理关系。"作为一种新型的物业形式，商品房小区的大量出现，带来了基层社会利益关系力量的深刻变化。这种深刻变化表现在，作为商品房小区专业化管理载体的'物业公司'的出现，以及作为商品房小区产权所有人的'业主'及其组织'业主委员会'的诞生。"① 调整物业管理关系的规范类型有很多，国家制定法、公共政策、软法与物业合同是四种基本的规范。例如，《民法典·物权编》中设置专章规定了业主的建筑物区分所有权和相邻关系等问题，这是物业管理的基本法律依据。国务院 2003 年制定的，分别在 2007 年、2016 年和

---

① 陈鹏：《从"产权"走向"公民权"——当前中国城市业主维权研究》，《开放时代》2009 年第 4 期。

2018 年作过三次修改的《物业管理条例》则是调整物业管理关系的专门法规。根据《物业管理条例》的相关规定，各省和设区的市立法机关大都制定了相应的条例或实施办法，如《辽宁省物业管理条例》和《大连市实施〈物业管理条例〉办法》。尽管在国家制定法层面已经构建起了较完整的规则体系，但物业管理涉及的事务繁杂琐碎，仅靠国家制定法难以进行有效的调整，这就需要公共政策和软法等规范的补充或介入，如本书所选取的《关于加强社区警务建设的意见》和《关于规范物业管理区域保安管理工作的通知》等政策性文件以及有关软法文件等，都在发挥着这样的作用。

在本书选取的与物业管理有关的软法中，既包括政府职能部门即辽宁省大连市国土资源和房屋局制定的《大连市住宅区地上停车场管理规定（示范文本）》（以下简称《停车场管理规定（示范文本）》），也包括业主委员会制定的《管理规约》和《业主大会议事规则》。其中，《停车场管理规定（示范文本）》之所以是一部软法文件而非行政规范性文件，是因为该部文件作为示范文件具有参考和示范功能，在其文本中也做出了这样的说明即"本《规定》为示范文本，其中的条款可以根据业主大会决议，在不违反物业管理相关规定和停车管理相关规定的前提下，进行删减和增补"，但该部文件也具有相应的约束力，即它要作为"业主委员会与物业服务企业签订的物业服务合同的补充合同"，并且要"作为住宅区办理地上停车场备案的要件之一，报项目所在地物业管理行政主管部门备案"，这些都表明了该部规范性文件的软法属性。这三部软法性文件虽不能涵盖或代表社区治理软法的全部，但其内容的完整性、语言表述与形式的规范性更强，而且也是社区物业管理实践中较为典型的软法形式。因此相对更适合作为分析的样本。通过对相关文本的解读分析，我们可将社区治理中国家制定法嵌入软法的方式概括为作为依据的嵌入、作为原则的嵌入和作为规则的嵌入三种类型。

作为依据的嵌入是指国家制定法作为软法制定的依据，在软法文本中明确加以载明或表述。国家制定法作为依据明确写入软法之中，表明这种嵌入是一种双向的而非单向的嵌入，即国家制定法是以一种被主动接受且直接的方式对软法的制定和实施产生全面的作用。例如，《停车场管理

(示范文本)》正文的第一个段落就列明："根据《物业管理条例》、《物权法》、《大连市实施〈物业管理条例〉办法》等相关法律、法规、政策，为规范本住宅区地上停车秩序，保障停车管用双方的合法权益，现制定本住宅区地上停车场管理规定。"《管理规约》的第 1 条写道："根据《物业管理条例》和相关的法律、法规、规章和政策等规定，制定本规约，对有关物业的使用、维护、管理，业主的共同利益、应当履行的义务，违反本规约应当承担的责任等事项作出约定。"《业主大会议事规则》第 1 条的也表述为："为了规范＊＊小区（以下简称本物业）业主大会的活动，维护业主的合法权益，根据《中华人民共和国物业管理条例》，结合住建部《业主大会和业主委员会指导规则》及本物业的实际情况，制定本议事规则。"将国家制定法明确作为制定的依据，这是软法不同于公共政策之处。一如法律要依据宪法制定，软法依据国家制定法制定，并不意味着软法没有独立的调整空间和调整机制。相反，软法根据国家制定法的相关规定，在社区治理中发挥着不可替代的作用。本书所选取的三种软法形式包括其名称与功能在国家制定法中都有明确的规定。例如，《民法典·物权编》第 827 条规定制定和修改业主大会议事规则、制定和修改建筑物及其附属设施的管理规约这两种事项都由业主共同决定。《业主大会和业主委员会指导规则》第 18 条和第 19 条分别就管理规约和业主大会议事规则两种软法文件所应规定的事项做了列举性规定。《辽宁省物业管理条例》第 27 条规定，"物业服务合同双方应当参照省有关行政管理部门制定的物业服务合同示范文本，签订物业服务合同。"据此，业主大会议事规则、管理规约和物业服务合同示范文本都是国家制定法明确规定的软法形式。

国家制定法作为依据嵌入软法，其意义主要有二：一是表明软法的各条规则都是依据国家制定法的原则乃至规则作出的，两者在立法宗旨和价值理念等方面具有内在一致性，这为软法获得了国家制定法层面的规范支持乃至效力来源。二是表明软法的各条规则是在实施其所依据的国家制定法的有关原则或规则，是在国家制定法宗旨或原则指导之下，对社区物业管理的有关事务作出更为细致的规定，从而更好地促使国家制定法在社区治理中规范效力的发挥。例如近年来，随着业主自有车辆的增多，住宅区停车成为社区治理中的一项重要事务。《民法典·物权编》第74条仅对建筑区划内车位和车库的使用原则、约定使用以及如何使用做了规定，《物业管理条例》中也未对住宅区内停车问题做出明确规定，《停车场管理规定（示范文本)》依据《民法典·物权编》和《物业管理条例》等法律法规，就住宅区内停车设施管理、停车管理服务单位、停车管理服务基本要求、停车位方式的选择和车辆停放收费等做了详细的示范性的规定，供"住宅区召开业主大会时，为全体业主决定住宅区内地上停车管理相关规定提供参考"，并且作为物业服务合同的补充合同。因此，《停车场管理规定（示范文本)》将国家制定法作为其依据，不仅增强了其规范效力，同时也补充拓展了国家制定法的作用。

作为原则的嵌入指的是国家制定法中的某些原则或价值理念，直接或间接地出现在软法性文件的有关条款之中，或者对软法的原则或规则的确定产生相应的影响。纵观《民法典·物权编》和《物业管理条例》等法律法规的相关规定，业主权益优先、权利合理使用和业主共商协定是国家制定法在调整物业管理活动时所确立的三项主要原则。根据《物业管理条例》第2条的规定，所谓物业管理"是指业主通过选聘物业服务企业，由业主和物业服务企业按照物业服务合同约定，对房屋及配套的设施设备和相关场地进行维修、养护、管理，维护相关区域内的环境卫生和秩序的活动。"业主权益优先原则是物业管理的立足点与出发点。因此，《民法典》第276条规定住宅区内的停车位和车库应当优先满足业主的需要，第284条规定业主可以自行管理建筑物及其附属设施，也可以委托物业服务企业或者其他管理人管理，而且业主有权依法更换建设单位聘请的物业服务企业或者其他管理人。权利合理使用和业主共商协定则是物业管理活动中业主权利行使的两项基本原则。其中，权利合理使用原则包括基于对业主共同权益维护而衍生的限制业主权益的有关规则或制度。如《民法典》第272条规定，业主对其建筑物专有部分享有占有、使用、收益和处分的权利。业主行使权利不得危及建筑物的安全，不得损害其他业主的合法权益。业主共商协定原则表明物业管理的实质是民主与服务，是基层群众自治或民主实践在物业管理领域的具体展现。如《民法典》第275条第1款规定，建筑区划内，规划用于停放汽车的车位、车库的归属，由当事人通过出售、附赠或者出租等方式约定。此外，《民法典》第 278 条、《物业管理条例》第 11 条和《大连市实施〈物业管理条例〉办法》第 7 条都详细列举规定了由业主共同决定的事项。

业主权益优先、权利合理使用和业主共商协定这三项原则，分别以不同的规则或制度的方式规定在相应的软法文件中。例如，《停车场管理（示范文本）》第 2 条规定，建设单位按规划要求配置的地上停车设施应当提供给本物业管理区域内的业主、使用人使用，不得改变用途，一套住宅的业主不能拥有两个或者两个以上车位。这体现了业主权益优先和权利合理使用两项原则。《管理规约》第 6 条规定，业主对物业的专有部分享有占有、使用、收益和处分的权利，但不得妨碍其他业主正常使用物业。这条规定体现了权利合理使用原则的要求，也可以视为《民法典》第 272 条所规定的原则的直接转入。《业主大会议事规则》第 9 条规定，业主大会作出制定和修改管理规约、业主大会议事规则、选聘或解聘物业服务企业、选举或更换业主委员会委员的决定时，经召开业主大会，应当经专有部分占建筑物总面积过半数的业主且占总数人过半数的业主同意，专项维修基金使用、续筹方案的决定、改进或重建建筑物及其附属设施的决定，应当经专有部分占建筑物总面积过半数的业主且占总数人 2/3 以上的业主同意。这条规定体现了业主共商协定原则，是对《民法典·物权编》等法律法规相关规定的具体落实。此外，上述三项原则不仅在所选取的三部软法文件中体现了国家制定法的原则性或理念性嵌入，在其他形式的软法文件如社区自治章程、社区居民文明公约等同样存在此种形式的嵌入。

作为规则的嵌入指的是国家制定法的有些条款或规则，直接作为软法的条款或规则，或者虽然语言表述略有差异但所表达的规则含义是相同或相似的。例如，业主大会和业主委员会是物业管理实践中两个重要的主体，尤其是业主委员会在物业管理乃至整个社区治理中都发挥了中坚的作用。"作为社区治理结构中的新兴力量，伴随着物业管理纳入社区治理的实践进程，业主委员会在社区环境秩序维护、物业纠纷调处、和谐邻里关系构建、业主权益表达等方面的社会功能与价值将越发凸显，特别是在建立业主委员会与居委会、物业服务企业之间的联动机制上，业主委员会的性质与功能决定了其在社区治理中的角色不可或缺。"① 基于此，《民法典·物权编》和《物业管理条例》等都对业主委员会的职权、会议制度等做了相应的规定。比较上述国家制定法和《业主大会议事规则》等软法文件，后者有关业主大会和业主委员会职权的规定直接移植于前者的有关条款。例如，《物业管理条例》第 14 条规定，召开业主大会会议，应当于会议召开 15 日以前通知全体业主。业主委员会应当做好业主大会会议记录。这两条规则分别出现在《业主大会议事规则》第 7 条和第 10 条中，并且后者在前者所确定的规则基础上做了更为细致的规定。其中，第 7 条规定："业主委员会应当在业主大会会议召开十五日前，将会议通知及有关材料以书面形式在物业管理区域内公告，广泛征求业主意见和建议，拟定会议日程和方案，做好会务准备。"第 10 条规定："业主大会会议应当由委员会作书面记录并存档。"相比较于将国家制定法中的某条规定直接转入软法之中，在遵守国家制定法所确定的规则基础上，作出更为细致的规定使其更具可操作性，显然是国家制定法作为规则嵌入软法的一种更为可取的方式。

（四）社区治理中规范边界的模糊与"整体性规范"

1. 社区治理多元规范的相互嵌入与规范边界的模糊

国家制定法会以各种方式直接或间接地嵌入公共政策和软法等规范之中，这显然拓展了国家制定法在社区治理中作用的空间。然而，通过对国家制定法规范嵌入的研究，我们还可以获得如下三点启示：一是不同形式的规范之间并非格格不入或完全独立，国家制定法、公共政策和软法等不同规范之间的边界具有一定的模糊性。二是社区治理中不仅存在国家制定法对其他规范的嵌入现象，各种形式的规范之间也存在着相互嵌入的现象，也即多元规范是相互嵌入的。三是规范嵌入技术是实现社区治理多元规范之间有效衔接与合作的基本技术，是社区治理规范化乃至整个法治社会建设中应当给予足够重视的一项技术。

一个国家或社会中的规范是多元的，这并不是一个存在多大争议的命

---

① 李培志：《走向治理的业主委员会：基于 18 个业主委员会的观察》，《山东社会科学》2014 年第 8 期。

题。很多学者也对不同规范之间的关系进行各种视角的研究。例如，有学者研究了公共政策与法律之间的区别，认为"政策应该被理解为行政机关的行动和自主的决策，公共性和规范性是其内在属性。如果说政策决定行动的性质和内容，那么策略则属于行动技巧的范畴，政策的策略化消解了政策的严肃性，扩大了公共权力部门行使行政权力的自由度；法律是关于政府行动和自主决策的制度约束，政策与法律的混同容易导致国家治理的唯政策化和以行政法治的名义消解依法治国的法治精神。"① 这段论述在指出政策与法律的区别同时，也表达了对两者混同可能造成的不良后果的担忧。在如何看待政策与法律的关系这一问题上，这一观点也较为普遍，即"一般而言，对那些急于解决的、暂时的、尚未定型的社会关系，因为没有制度经验，先用政策的方式去协调较为适宜，成熟后再考虑通过法律的途径来解决。"② 笔者并不否认上述观点的合理性，但通过前文的分析我们还会发现，实践中法律与政策之间的关系远比抽象的理论分析要复杂得多，两者也并非只是在规范属性与功能上存在差别与关联，在内容上同样存在很多交融。国家制定法不仅会以某些方式嵌入政策之中，即两者共享一些规则，而且国家制定法本身也有一些条款具有政策属性或存在所谓的"政策性条款"。例如，《物业管理条例》第 4 条规定："国家鼓励物业管理采用新技术、新方法，依靠科技进步提高管理和服务水平。"这一条规定就具有明显的政策属性或者就属于"政策性条款"。

国家制定法中的政策性条款也可以视为公共政策对国家制定法的嵌入，而且这只是公共政策嵌入国家制定法的一种模式或微观层面的嵌入。宏观层面的嵌入则表现为公共政策作为国家制定法的依据，或者说国家制定法的出台与实施是在落实某项公共政策所设定的目标或任务。例如，《中共中央国务院关于加强和完善城乡社区治理的意见》中提出要不断提升社区治理能力，其努力方向之一便是增强社区依法办事能力，即"进一步加快城乡社区治理法治建设步伐，加快修订《中华人民共和国城市

---

① 郑敬高、田野：《论"泛政策化"陷阱》，《青海社会科学》2013 年第 2 期。
② 李龙、李慧敏：《政策与法律的互补谐变关系探析》，《理论与改革》2017 年第 1 期。

居民委员会组织法》，贯彻落实《中华人民共和国村民委员会组织法》，研究制定社区治理相关行政法规。有立法权的地方要结合当地实际，出台城乡社区治理地方性法规和地方政府规章。"公共政策对国家制定法这种宏观层面的嵌入，是国家制定法创制、修改和体系完善的一种基本机制，也是我国法治建设的一大特点。不仅如此，公共政策还会以作为依据或作为原则两种方式嵌入国家制定法与软法之中。例如，《城市居民委员会组织法》第 12 条规定："居民委员会成员应当遵守宪法、法律、法规和国家的政策，办事公道，热心为居民服务。"《社区自治章程》第 8 条规定居民会议在讨论和决策时首先要遵循的原则便是贯彻党的路线、方针、政策的原则。

　　社区治理多元规范之间的这种相互嵌入的现象表明，尽管国家制定法、公共政策和软法等规范各有其内涵与外延，各有其独特的规范属性与规范功能，而且不同形式的规范在语言表达方面也各有其特点，但多元规范之间的边界并非那么清晰，不同形式的规范可以共享相同或相似的原则或规则，从而产生所谓的"规范衔接"与"规范合作"现象。显然，规范衔接与规范合作现象是一种积极的规范现象。一方面，这种现象意味着多元规范之间已经实现了某种程度的协调甚至融合，相应的规范冲突现象便会减少，这有助于维护规范各自和整体的权威，也符合法治社会和法治国家建设的基本要求。另一方面，这种现象表明多元规范在国家和社会治理中发挥规范合力是可能的，规范的分立与协作本就应该是相对的，各种规范在发挥其独特作用的同时注重加强多元规范的协同作用，有助于减少规范空白现象的出现，从而更好地推动国家和社会治理的规范化。基于此，社区治理中多元规范的相互嵌入及边界模糊现象，是一种值得鼓励和推动的现象。

　　在实现社区治理多元规范的衔接与合作方面，规范嵌入技术显然扮演了关键的角色。在这里，规范嵌入技术主要是一种文本意义上的语言表达技术。正是借助规范嵌入技术，国家制定法得以嵌入公共政策和软法之中，各种形式的规范之间实现了相互嵌入。当然，我们对规范嵌入技术的分析主要是一种实然的而非应然层面的分析。虽然国家制定法已经有意或无意地以多种方式，实现了对公共政策和软法等的规范嵌入，但并不意味着这些嵌入是有机的或有效的。不仅如此，国家制定法应该如何有机地嵌入诸如《大连市社区规范化建设标准（试行)》这种技术性较强和《调解须知》这种操作性较强的规范等，尚未形成一套较为成熟的技术或方法。即使国家制定法已经完成了对某些规范的嵌入，这些规范嵌入能够对社区治理乃至法治社会建设带来怎样的积极效果，仍有待进一步观测与评估。不过，重视对规范技术的研究与运用，是十分必要的。

2. 规范嵌入技术的改进与社区治理"整体性规范"的形成

国家制定法在社区治理多元规范中的主导地位决定了其嵌入的主动性，也即国家制定法要以更为合理有效的方式嵌入其他形式的规范中。这就需要对国家制定法的规范嵌入技术进行研究和改进。具体而言，国家制定法的规范嵌入技术的改进，应该从国家制定法本身及所要嵌入的对象两个方面进行。国家制定法本身的改进包括立法认可条款与委任性条款的恰当设置、法律模糊语词的合理使用等。就作为被嵌入对象的其他规范而言，则主要涉及国家制定法嵌入的位置和语言表达的方式等。

认可是一项重要的立法活动，也是一项基本的立法技术。作为立法技术的认可在很多国家制定法文本中都被采用，其表现为国家制定法在某个条款中规定其他形式规范的指导或约束效力。例如，《民法典》第 264 条规定："集体经济组织或者村民委员会、村民小组应当依照法律、行政法规以及章程、村规民约向本集体成员公布集体财产的状况。"该条规定就认可了"村规民约"这一软法的具体形式。《民法典》第 289 条在规定相邻关系的处理依据时，还认可了"当地习惯"即民间规范。类似的还有《物业管理条例》第 7 条规定业主在物业管理活动中，应当遵守管理规约、业主大会议事规则，这是对管理规约和业主大会议事规则这两类软法形式的认可。如果说上述两种情形中的立法认可尚属间接式认可，那么《城市居民委员会组织法》第 15 条专门对居民公约这一软法形式作出规定，这属于国家制定法对软法的直接式认可。除此之外，委任性条款同样可以作为国家制定法认可其他形式规范的一种方式。立法实践中常见的委任性条款是宪法或法律以设置专门的条款，规定某领域事项的调整由特定部门以特定的规范形式加以调整。例如，《城市居民委员会组织法》第 22 条规定："省、自治区、直辖市的人民代表大会常务委员会可以根据本法制定实施办法。"这便是典型的委任性条款。委任性条款作为一项立法技术，同样可以适用于国家制定法对公共政策或软法的认可。也即在国家制定法中设置专门的委任性条款，授权国家制定法之外的其他规范形式如软法就社区治理中特定事务制定具体的规则。其实，类似的委任性条款在现行的国家制定法中已经存在。《业主大会和业主委员会指导规则》第20条规定："业主拒付物业服务费，不缴存专项维修资金以及实施其他损害业主共同权益行为的，业主大会可以在管理规约和业主大会议事规则中对其共同管理权的行使予以限制。"便是一例。因此，恰当地使用委任性条款技术对其他形式规范加以认可，是改进国家制定法规范嵌入技术的选择之一。

此外，模糊语词的合理使用也有助于国家制定法规范嵌入技术的适用。美国学者大卫·梅林科夫认为，与日常语言相比较，法律语言更准确、更简短、更加易于理解和更持久。① 但是，我们知道，模糊语词的使用是不可避免的一种立法技术和立法现象。通过对模糊语词的合理使用，也可以为国家制定法嵌入其他形式的规范提供可能或空间。例如，《大连市实施〈物业管理条例〉办法》第12条规定，物业管理区域内业主人数较多的，可以以幢、单元、楼层等为单位，推选一名业主代表参加业主大会会议。该条规定中的"较多的"一词便属于模糊语词。各社区内的物业管理区域可以根据本区域人数情况，确定该以何种方式推选业主代表，从而在业主大会议事规则等软法性文件中作出具体的规定。

就其他形式的规范而言，国家制定法在实施规范嵌入时，有关规范的制定主体要认真考虑国家制定法以何种具体的方式嵌入，包括在规范的哪一个位置（如开头、中间、结尾或者总则、分则、附则等）予以体现以及如何对国家制定法相关规定在被嵌入的规范中加以表述等。国家制定法出现在不同的位置，表明其嵌入的程度乃至效力存在差异。一般而言，国家制定法概括地出现在其他规范的开头或总则位置时，往往是作为其他规范的制定依据或者原则而嵌入的。需要注意的是，当前的政策性文件中尽

---

① ［美］大卫·梅林科夫：《法律的语言》，廖美珍译，法律出版社2014年版，第333页。

管存在国家制定法的嵌入现象，但并没有明确地指出相关国家制定法对其的影响——无论是作为依据还是仅仅转入了相应的规则。这种做法可能的理论前提是，公共政策只能作为国家制定法的依据而不能反之。其实不然，在全面依法治国的时代背景下，公共政策同样需要法治化，国家制定法尤其是宪法和法律可以也应当作为政策制定的依据。尤其在一些具体调整社区治理事务的政策性文件中，如《关于加强社区警务建设的意见》和《关于规范物业管理区域保安管理工作的通知》等，国家制定法可以以一种明示的方式嵌入其中。在具体的语言表述方面，其他形式的规范在接受国家制定法的规范嵌入时，可以根据规则设定或表述的需要，在不违反国家制定法基本价值和原则的基础上，在规范语言表达方面与国家制定法的有关规则有所不同，或者形成自己的语言表达风格或特点。

国家制定法规范嵌入技术的改进实际上也是多元规范相互嵌入技术的改进，其目的在于促成社区治理中多元规范形成一个更为有机的整体，从而作为社区治理法治化或规范化更为有力的规范依据。无论在理论上还是实践中，社区治理法治化或规范化存在两个基本的进路——规范进路和实践进路。其中，规范的进路是从规范的构建与完善层面来讲的，要求作用于社区治理的各种形式规范之间应当协调而不冲突，更为理想的状态则是社区治理多元规范之间形成有机地衔接与融合，一种更为系统的"整体性规范"施以规范合力。所谓"整体性规范"并不意味着社区治理中各种形式的规范放弃各自的独立性，而完全融合为一种形式的规范，而是借助规范嵌入技术形成一种相互衔接与协作的规范状态。当然，这种整体性规范状态的形成，还有赖于社区治理实践的不断深入，有赖于法治国家与法治社会建设的不断推进。改进并加强国家制定法在社区治理中的规范嵌入，无论在技术层面还是在实践层面，无论对于规范进路还是对于实践进路而言，都是有益的也是必要的。

三　作为国家制定法嵌入社区治理的法律顾问制度

近年来，社区法律顾问制度作为一项基层治理和公共法律服务机制，在各地广为推行，也取得了一些积极的效果。例如，大连市《半岛晨报》

2018 年 2 月 28 日报道了这样一个案例：景女士因自家卫生间狭小，为了出售时能卖个好价钱，找来装修公司扩建了卫生间。楼下邻居高大娘认为景女士此举可能会导致自家客厅屋顶漏水，存在很大安全隐患。高大娘最后在社区法律顾问王律师和张律师的援助下，诉至当地法院，最终法院判决景女士将房屋内的卫生间恢复原状、排除妨害。① 尽管该案例展示了社区法律顾问制度的积极成效，但实践中社区法律顾问的角色与功能显然并不限于法律援助。在社区治理中，法律顾问不仅仅是一个公共法律服务的提供者，还是国家制定法的言说者与实践者，可以视为国家制定法嵌入社区治理的一个重要纽带。虽然为社区提供法律顾问是一项政府所购买的服务，但法律顾问作为一种"非官非民"的角色，更容易被社区居民所接受。或许借此制度，可以进一步探索国家制定法更好地进入社区乃至社会的途径或机制，同时也有助于在国家制定法与其他社区治理规范之间建立一种良性互动与合作关系，推动社区治理法治化乃至法治社会的建设。

（一）社区治理中的主体因素与律师的社会责任

1. 社区治理中的主体因素

社区治理从属于我国的国家治理，是国家治理体系和治理能力现代化必然要覆盖的一个领域或维度。我国制度意义上的社区治理始自社区建设，尤其在城市社区中，尽管社区形成的最初情形或方式有所不同，如有些社区的形成是将已有的较为分散的住户规划集中而形成，但社区的大规模建设还是在商品房市场的快速发展背景下出现的。商品房市场的发展使得很多社区都是从无到有，也即先出现了构造社区的基本硬件——住宅楼，然后才有了购买住宅楼而成为业主的社区居民。这与西方一些国家的社区建设与发展不同。相比较而言，"中国的社区建设理念主要是围绕'区'做文章，'区'就像一只箩筐，政治、经济、文化、社会都包含进来，从而社区可以从宏观社会中被边界清晰地切割出来自成体系。这实际上是一种基于空间单元的总体性思维。……西方社区发展的理念主要是围绕'社'做文章，通过剥离政治、经济等因素凸显出社会的特性，从而

---

① 佟亮：《为卖房扩建卫生间法院判恢复原状——楼下邻居通过社区法律顾问维权成功》，《半岛晨报》2018 年 2 月 28 日第 A05 版。

社区与宏观社会之间相互交叉、边界开放。"① 当然，这种对比本身只是一种事实上的描述，而非价值上的评判。社区建设的起点不同，社区治理的内容与机制便会存在差异。随着我国社区治理的不断推进，微观社区与宏观社会之间的边界同样是模糊而交叉的，而且社区治理的综合性以及与国家公共治理目标之间的密切关联，只能愈加强化，社区治理要服务于国家整体的公共治理目标与要求。对此，杨敏从社区居民的角度研究了居民的社区参与实践及其对社区的认知，得出的结论同样是"社区建设过程中建构起来的社区不是一个地域社会生活共同体，而是一个国家治理单元。"②

从构成上看，治理主体、治理行为和治理规范是公共治理的三个基本要素。其中，治理主体是公共治理的一个能动性因素，也直接决定着治理行为的作出和治理规范的选择。就治理主体的种类而言，尽管政府在国家整体的公共治理中处于主导地位，但社会团体和市场组织等主体的作用也不容忽视。党的十九大报告中指出："加强社区治理体系建设，推动社会治理重心向基层下移，发挥社会组织作用，实现政府治理和社会调节、居民自治良性互动。"这为我国社会公共治理的模式构筑指明了方向，也为政府主导下的多元治理主体的形成提供了制度和实践空间。需要注意的是，多元治理主体的存在并不意味着不同治理主体之间相互独立、毫无关联。多元治理主体不仅在治理目标上是一致的，而且在大多数公共事务上都存在一种合作共融的关系。尤其在社区治理实践中，人们经常会发现，某一特定类型的治理主体——社区党组织或业主委员会——常常扮演着多重的治理角色，而且这些多重的治理角色之间又是相互影响与相互塑造的。例如，社区党组织并非纯粹地在处理社区党务，有些情况下它是以准公权力组织的角色来执行某些公共政策或提供某些公共服务，而社区党组织的成员又可能作为业主委员会的成员，为社区内业主的公共事务进行呼吁或奔波。

---

① 马西恒：《社区治理创新》，学林出版社 2011 年版，第 4 页。
② 杨敏：《作为国家治理单元的社区——对城市社区建设运动过程中居民社区参与和社区认知的个案研究》，《社会学研究》2007 年第 4 期。

社区治理主体角色的混合性恰恰反映了社区治理事务的综合性与实践性。为了更好地应对社区治理事务的特点，几乎所有的治理主体的角色都是多重的，而最初进入社区治理的角色会在实践中有意无意地趋向模糊。即便是《宪法》中所设定的作为基层群众自治组织的居民委员会，在社区治理实践中也不免会发生角色的模糊甚或错位。这种现象的弊端是扭曲了社区治理中不同主体原本在宪法或法律上的角色与功能定位，甚至可能会导致社区内部不同的"公权力"之间产生矛盾，从而影响到社区自主治理的有序有效推进。有学者分析了居民委员会在社区治理中的角色错位所带来的消极影响，认为居民委员会在实践中的工作主要面向的是政府，而政府往往以评比、考核等方式指挥左右居民委员会的工作。居民委员会作为居民自治组织对社区管理和社区建设决策过程的缺席，意味着居民本身对决策过程的缺席。"这种建立在模糊集体主义意识形态基础上的社区参与缺乏生命力，实际上大多数蜕化为一种仪式性表演，无法唤起大多数社区居民的认同和积极性。"① 当然，治理主体角色的混合性与模糊性也有其现实合理性。它意味着社区治理是一项以问题解决为导向的事业。受这一导向的影响，几乎任何类型的主体进入到社区之后，都会逐渐模糊其原本的角色定位。各类不同的角色之间在功能上会多少都出现交叉。即使有的主体自身的属性是以营利为目的，如物业公司，在日常实践中也会多少承担一些公益性的社区事务。

2. 律师的社会责任与社区法律顾问制度

律师是否应当参与社会公益活动、承担社会责任呢？我国《律师法》中对此虽然没有设置明确的义务性规则，但在一些条款中对律师的社会责任有着间接的规定。例如，《律师法》总则关于立法宗旨规定中的"发挥律师在社会主义法制建设中的作用"，以及律师应当"维护社会公平和正义"的原则性规定。较为直接的规定则是第42条有关法律援助义务的规定，即"律师、律师事务所应当按照国家规定履行法律援助义务，为受援人提供符合标准的法律服务，维护受援人的合法权益。"

---

① 杨淑琴：《社区冲突：理论研究与案例分析》，上海三联书店2014年版，第142页。

对于律师的社会责任问题，顾永忠认为："律师作为当今社会管理活动中的一种正当职业，其正当性基础就在于，不仅社会有需求而且国家有需要，并集中表现为它是维护社会公平和正义的一支不可或缺的重要力量。从追求目标来看，律师与法官、检察官虽属不同的法律职业，但在追求社会公平和正义的实现上，目标是完全一致的。"① 律师承担社会责任的一个基本方式为通过提供专业法律服务来维护社会的公平正义，也即通过推动个案的公正有效地解决来向当事人同时也是在向社会输出公平正义，而公平正义是一个社会实现良性发展或良好治理的基本要素。《律师法》中所规定的律师履行法律援助义务也正是建立在律师的业务能力之上的。只不过，与有偿提供法律专业服务相比，法律援助义务是一项法定的、无偿的义务。据此，律师在社会发展和公共治理中扮演着重要的角色，依法承担相应的社会责任，但律师社会责任的承担是通过法律专业服务而非其他方式来实现的。

当然，律师向社会提供法律专业服务的具体方式或机制有多种，有偿代理诉讼或提供咨询是一种商业性机制，无偿提供法律援助则是一种法定的公益性机制。近年来各地所推行的社区法律顾问制度，则可以视为一种介于商业性和公益性之间并且兼有商业性和公益性的机制。按照各地发布的关于社区法律顾问制度的政策性文件的规定②，担任社区法律顾问的律师每年会从基层政府获得一定数额的财政补助作为酬金，但也要履行特定的工作职责，达到一定的工作量，以及遵守相应的工作纪律或要求。鉴于律师作为社区法律顾问所获得的经济补贴与其在提供商业性质的专业法律服务相比，在工作量与所获报酬之间存在很大差异，而且还要履行政府所要求的职责内容，因此律师在以社区法律顾问角色出现在社区治理实践中

① 顾永忠：《论律师维护社会公平和正义的社会责任》，《河南社会科学》2008年第1期。

② 如广东省委办公厅、省政府办公厅发布的省委办公厅、省政府办公厅《关于开展一村（社区）一法律顾问工作的意见》、广西壮族自治区人民政府办公厅印发《广西壮族壮族自治区人民政府办公厅关于印发一村一法律顾问工作方案的通知》和山东省淄博市委办公室、市政府办公室印发《关于开展"一村（社区）一法律顾问"工作的实施意见》等。

时，其角色具有公益性与商业性双重属性，并且以公益性为主。

据报道，社区法律顾问在社区治理中发挥的作用是显著的。以广东省为例，"仅在 2015 年 1 至 6 月，广东律师共为村（社区）及群众服务 56 万多人次，其中解答村（社区）及群众法律咨询近 17 万人次，审查合同近 9000 份，出具法律意见书 5000 多份，直接参与调处矛盾纠纷 13000 多宗，参与处理群体性、敏感性案件 1000 多件，举办法治讲座或上法治课近 20000 场次，受众超过 400 万人。为提升基层自治组织依法管理的水平、维护群众合法权益、促进社会和谐稳定起到了很好的作用。"① 本节开头所援引的那个事例同样也反映了社区法律顾问所发挥的积极作用。这些作用显然已经远远超出了专业法律服务本身，而具有了正外部性的社会积极效益。可以说，这既是社区法律顾问制度设计的初衷，也是律师承担其法定的"维护社会公平正义"和"提供法律援助"义务的具体体现。那么，我们该如何认识社区法律顾问在社区治理中的具体角色与功能呢？

（二）嵌入的律师和律师的嵌入：社区法律顾问制度的功能解析

1. 嵌入的律师：社区法律顾问的双重角色

从功能或角色来看，作为社区法律顾问的律师在社区治理实践中扮演着双重角色。一方面，社区法律顾问是专业法律服务提供者。社区法律顾问由具备执业资格的律师担任，针对社区治理中的有关事务向社区组织或居民提供专业的法律服务，包括就特定事项提供法律咨询意见、以优惠的价格代理社区居民有关诉讼案件或代为办理非诉讼事务等。另一方面，社区法律顾问也是社区治理的重要参与者，是社区公共事务的治理者之一。社区法律顾问要按照有关政策性文件的要求和所签订的顾问合同约定，举办法制讲座、进行法治宣传和参与人民调解等，这些使得法律顾问超越了一般意义上的律师角色，而具有了公共治理的功能。

社区法律顾问是专业法律服务的提供者，能够为社区治理中出现的各类法律纠纷或各种法律问题提供专业的解答或处理。担任社区法律顾问的律师都是经历了系统的法学理论培养和法律实务锻炼，有着较为丰富的专

---

① 李锐忠等：《"一村一法律顾问"广东推行一周年》，《民主与法制时报》2015 年 8 月 9 日第 016 版。

业法律服务经验的执业律师。他们不仅能够把握法治建设的基本原理和要求、社区法律纠纷产生和解决的基本规律、社区居民法律诉求的落脚点等，而且他们自身也生活在特定的社区之中，是社会生活的"感知者"和社区治理的"参与者"。这为他们为社区组织和居民提供专业法律服务储备了经验。于是，在有关政策性文件中，要求社区法律顾问要对社区日常生活中各种法律问题提供咨询意见。例如，在广东省司法厅印发的《关于贯彻落实〈关于开展一村（社区）一法律顾问工作的意见〉的工作方案》中，要求社区法律顾问应当"向群众解答日常生活中特别是在征地拆迁、土地权属、婚姻家庭、上学就医、社会保障、环境保护等方面遇到的法律问题，提供法律意见。"① 可见，要想成为一名合格的社区法律顾问，法律知识储备、实务经验和社区生活经验都是不可缺的，而这对于同样生活在特定社区中的律师而言并不会有太大的难度。

社区法律顾问服务的专业性也弥补了既有的社区纠纷解决机制法律专业性的不足，有助于增强社区公共事务处理的规范性。根据宪法和相关法律规定，在城市中居民委员会是基层群众自治组织，纠纷调解是居民委员会的一项基本职能，而具体承担这项职能的组织是人民调解委员会。在街道这一层面还有司法所和派出所也承担人民调解的职能，可以处理社区生活中居民之间产生的日常纠纷。但无论是人民调解委员会还是司法所和派出所，就现有的人员构成来看，很多工作人员都未受过系统的法律专业训练，这也影响到纠纷解决的规范性。例如，社区物权纠纷是常见的一类纠纷，此类纠纷由房产、公用设施等不动产引起，社区居民、物业服务公司、地产开发商等利益主体基于上述不动产权利的划分、流转和管理等而产生的。由于此类纠纷涉及专业的物权法理论与规定，并且多个利益主体之间的法律关系较为复杂，仅靠生活经验和一般说理是很难对此类纠纷进行专业分析和有效化解的。律师则可以其所具备的法律思维与专业知识为有效解决此类纠纷提供帮助。

_____

① 《关于贯彻落实〈关于开展一村（社区）一法律顾问工作的意见〉的工作方案》，http://zwgk.gd.gov.cn/006940167/201405/t20140522_528971.html，2018 年 5 月 17 日。

社区法律顾问是社区公共事务的治理者，承担着相关公共政策所设定的公共治理职责，同时还发挥着未在政策中体现的培育公众法治意识等功能。为社区治理提供法律意见和开展法治宣传，是有关政策性文件中所规定的社区法律顾问的两项基本职责。在这些政策性文件中，都将社区法律顾问制度视为创新基层社会治理的一项重要举措，要求社区法律顾问不仅要着眼于具体的法律意见提供和纠纷解决，还要协助推进基层群众自治组织各项活动的规范化，引导社区民众通过合法方式反映利益诉求，使党和政府服务基层群众的相关政策措施得到更好的落实。这就为社区法律顾问设定了一个新的角色——公共治理参与者。

律师作为社区治理的参与者，不同于法定的承担社会治理职能的政府及其工作人员。角色的社会性与服务的专业性是律师参与社区治理的优势，而这两种优势恰恰是基层政府工作人员所不具备的，也是政府引入社区法律顾问制度的重要原因。从治理模式上讲，律师嵌入社区治理是基层政府创新社会治理模式的体现，也是社会主体参与公共治理的一种有效机制。西方学者在讨论治理模式改革时提出了市场式政府的概念，认为传统公共部门结构存在的主要问题是它依赖庞大、垄断的部门，而这些部门对外界环境不能做出有效反应，因此，"打破大垄断的最基本方法是利用私人组织或半私人组织来提供公共服务。"[1] 社区法律顾问制度的实施在某种程度上也借鉴或反映了上述理念，可以视为社会主体参与公共治理以弥补政府在公共治理领域中某些不足的表现。

从某种意义上讲，公共治理参与者的角色而非专业法律服务提供者是社区法律顾问制度设计和实施的初衷或主要目的。社区法律顾问尽管从执业律师中遴选产生，但设计该制度的目的不是为了给律师拓展案件来源，而是借助律师所具有的专业法律服务技能来服务于政府之于社区治理的需要。一如前文中指出的那样，进入社区治理中的各种治理主体的角色都是混合的，都要服膺于社区治理的目标。既然社区法律顾问制度是基于政府基层社会治理的需要而产生和运行的，那么服从并服务于这种治理需要也

---

[1]　［美］B. 盖伊·彼得斯：《政府未来的治理模式》，吴爱明、夏宏图译，中国人民大学出版社 2013 年中文修订版，第 26 页。

是这一制度存在和运行的正当性。既然社区法律顾问制度可以被视为政府购买法律服务的表现，那么作为法律服务具体提供者的律师当然要按照作为"客户"的政府的需求，与政府一起去更好地实现这种服务合同的主要目的——实现社区的良好治理。

在大连市司法局 2017 年的工作报告中，有这样一段总结："制发'一社区（村）一法律顾问'工作基本行为准则、培训工作指引、矛盾纠纷排查调解指引等规范性文件；全市 1607 个社区（村）签订'一社区（村）一法律顾问'工作协议书 1531 份，签订率 95.27%，基本实现'一社区（村）一法律顾问'工作全覆盖。"① 这再次表明社区法律顾问制度被政府所赋予的实现特定公共治理目标的期待，以及为实现所设定的目标所做出的努力。如果说有关政策性文件是在设计社区法律顾问制度并为该制度设定目标，那么在社区法律顾问聘用合同中所载明的权利义务条款，便是对这一制度所设定的内在目标的具体实施。那些被聘为社区法律顾问的律师在提供专业法律服务时，大多会产生一种与其提供一般的商业法律服务不同的认知，即会意识到自己角色或职能的双重性，尤其是认识到自己所承担的公共治理职能。基于此，社区法律顾问在提供专业法律服务时，会不自觉地增强社会责任意识，并以一种更为积极的态度去解答问题、化解纠纷和宣传法治，在服务于具体的社区治理事务的同时，也会承担起培育社区组织和民众法治意识的责任。

2. 律师的嵌入：国家制定法进入社区的有效机制

律师参与社区治理有着独特的优势，"社会上几乎没有一个职业能像律师一样深入到社会生活的各个层面。大到国家政治生活的方针决策，小至每一个普通公民的日常生活领域，律师都能够参与其中，提供必要的专业知识，进行周全的法律服务。"② 因此，我们可以将社区法律顾问视为在基层政府和社会民众之间所搭建的一座桥梁。通过这座桥梁，社区居民能够感受到政府不仅仅是一种管理者角色的存在，也是一个服务者角色的

① 《2017 年度大连司法行政工作总结》，http://www.dl.gov.cn/gov/detail/detail.vm? diid = 109G04000180213172518022648&lid = 3_5_3，2018 年 5 月 18 日。

② 张正乾主编：《律师与立法》，法律出版社 2007 年版，第 203 页。

存在，感受到来自国家的法律不仅仅是一种统治或管理的工具，也是一种保障和服务的借助。通过这座桥梁，政府也可以将其社会治理的目标或意图融入具体的社区事务处理尤其是社区纠纷解决中，可以经由律师这一特殊的社会角色来传递政府在法治建设与服务人民方面的坚定意志。不仅如此，律师以社区法律顾问的角色嵌入到社区治理之中，也有助于国家制定法更有机地融入社区治理，更有效地为社区组织和居民所感知与接受。换言之，律师嵌入社区治理也是国家制定法进入或作用于社区的一种重要机制。

社区治理规范是多元的，国家制定法只是其中的一种规范类型。国家制定法进入社区或作用于社区治理的方式或机制有很多。居民委员会或村民委员会的属性、组织和运行等都是由根据宪法所制定的《城市居民委员会组织法》和《村民委员会组织法》来设定的。这两部法律通过居民委员会或村民委员会的日常运行而进入或作用于社区治理。同样道理，《民法典·物权编》和《物业管理条例》也分别通过业主大会、业主委员会和物业服务公司等主体及相关制度作用于社区治理实践。这些法律法规显然与社区治理直接相关，也都存在相应的治理主体来承接或实施有关规定。相比较而言，那些在社区中缺少对应治理主体的法律法规如何有效地作用于社区治理实践，便成为一个值得关注和研究的话题。社区法律顾问的存在则同时为那些在社区中缺少对应治理主体的法律法规作用于社区治理，提供了一个有效的载体或一条有效的纽带。

一方面，社区法律顾问是国家制定法的直接携带者，他们在为社区组织和居民提供专业法律服务过程中，会自动地将国家制定法嵌入到社区治理之中。国家制定法在此主要指的是由国家立法机关创制的那些记载于文本之中的法律条款。"徒法不足以自行"。一般认为，国家制定法实施的基本机制包括三种：执法、司法和守法。然而，正如一些学者研究指出的那样，国家制定法及其那套以执法和司法为代表的正式的实施机制，在基层社会可能遭遇尴尬甚至危机。"毫无疑问，消除法律的合法性危机，树立人们对法律的信仰，这些都不能仅仅依靠制度文本上的努力。"① 社区

---

① 陈柏峰：《乡村司法》，陕西人民出版社 2012 年版，第 92 页。

法律顾问受过系统的法学专业理论训练，又经过法律实务的锻炼，他们对于法律及法治建设有着系统化和专业化的认知。相比较于政府工作人员的执法与普法，社区法律顾问所提供的法律服务更具专业性，由此也能够获得社区组织和民众更多的接受感。

例如，婚姻家庭领域的纠纷或问题是社区居民咨询较多的事务之一。实践中，社区法律顾问一般通过三种具体方式来推动婚姻家庭法对社区治理的进入。一是提供有关婚姻家庭事务专业的法律咨询意见。答疑解惑是社区法律顾问履职的基本方式，他们可以通过现场解答、电话咨询或电子邮件回复等方式，在为社区居民分析具体案情过程中，将婚姻法和继承法等相关立法理念、法律原则和法律规则等予以讲解，使进行咨询的社区居民了解有关法律规定及内在的机理。二是代理有关婚姻家庭事务的诉讼案件。尽管代理诉讼不是社区法律顾问主要的工作内容，但实践中也有一些社区居民会委托社区法律顾问作为其诉讼代理人。由此，在案件诉讼过程中，社区法律顾问可以就案涉法律的相关理念、原则和规则等告知当事人，使其对相关法律有进一步的认知。三是不定期的为社区举办有关婚姻家庭法律知识的专题讲座。这种具有普法性质的活动，也是婚姻家庭领域有关国家制定法进入社区居民观念或认知中的一种重要方式。

另一方面，社区法律顾问也是国家制定法与其他形式规范之间的衔接者。社区治理追求"良法善治"。"善治所要求的法治，除了国家的'硬法'外，还包括所谓的'soft law'，如村规民约、自治章程、各种行规等。"① 国家制定法在社区治理中虽然有其作用方式或机制，但也不可避免地会与公共政策、软法和民间法等规范形式发生关联。可以说，社区治理所需"良法"并非仅指其中的某一种类型的规范，而是多元规范相互衔接与作用之后所形成的一种"综合规范"。社区法律顾问则是综合理解并适用多元规范或"综合规范"的一个重要而特殊的媒介。社区法律顾问无论以何种方式参与并将国家法带入社区治理中，在绝大多数情形或场合中都不会仅仅考虑国家制定法的规定，而是要综合考虑规则适用之后的

① 俞可平：《走向善治——国家治理现代化的中国方案》，中国文史出版社2016年版，第184页。

可能效果，在把握有关公共政策基本理念或导向并尊重有关民间法和社区软法等基础上，寻求国家制定法在具体事务或案件中最适当的表达或作用方式。

律师在决定同司法行政机关签订社区法律顾问协议时，会对自己所要扮演的角色或发挥的作用有一个初步的认知，而且在正式成为社区法律顾问后会有相关的培训。在培训中，作为社区法律顾问的律师会对自己的角色和功能有进一步的认知，也会对政府设置这一角色的目的、相关政策性文件等有更深入的理解。同时，社区法律顾问都是由本地的律师担任，他们也熟悉本地社区中存在的各种民间交往习惯或风俗习惯等。概言之，作为社区法律顾问的律师本身就是多元规范的习得者和综合适用者。这就决定了社区法律顾问在解读和适用国家制定法以提供社区法律服务时，会自觉或不自觉地将国家制定法放置于多元规范相互影响的框架中去理解和适用，会借助法律解释、法律推理和法律论证等方法将有关公共政策、民间法等融入国家法的理解和适用过程中。在提供法律服务实践中，国家制定法或者仅作为一种知识告知给社区居民，或者作为一种调解促和的手段来发挥其作用，真正发挥作用的已经不仅仅是国家制定法或其他某种形式的规范，而是多元规范的综合作用或者一种"综合规范"的作用。显然，国家制定法的这种作用是借助于社区法律顾问这一特殊主体来完成的。

（三）社区治理中律师的柔性角色与国家制定法的作用边界

在我国，法治建设伴随着改革开放的推进而不断深入，而公共治理的法治化则是近年来法治建设的一个重要领域。社区治理作为公共治理的一部分，其法治化的过程既是法治价值融入的过程，也是法治措施实施的过程。然而，无论是价值融入还是措施实施，两者都要服务于社区治理的目标。诺内特和塞尔兹尼克在讨论自治型法向回应型法转变的问题时指出，从自治转向回应的关键一步是法律目标的普遍化，特殊的规则、政策和程序逐渐被当作是工具性的和可牺牲的。回应型法的一个独特特征是探求规则和政策内含的价值，也即要考虑和实现法律和政策内在的各种目的。[1]

---

[1]　［美］P. 诺内特、P. 塞尔兹尼克：《转变中的法律与社会：迈向回应型法》，张志铭译，中国政法大学出版社 2004 年版，第 87 页。

这一逻辑同样存在于社区治理法治化的实践之中。社区治理法治化本身不是目的，社区治理所要追求和实现的目标才是法治化所应追求和保障的。当律师以法律顾问的角色进入社区治理之后，他们也会逐渐意识到自己在社区治理中的双重角色，逐渐以实现特定的社区治理目标，作为其提供法律服务的首要原则加以遵循。这有助于进一步塑造律师在社区治理中的角色并影响国家制定法在社区治理中的作用方式。

一方面，社区法律顾问的角色是双重的，这是就律师在社区治理中的功能而言的。从角色特点来看，相比较于政府及其工作人员，律师在社区治理中的角色是柔性的。首先，社区法律顾问是一种"非官"的角色。"官"与"民"的角色框架是大部分社区居民的基本认知思维，他们会根据治理主体的"官"或"民"的属性不同，来选择自己应对治理主体及其治理措施的行为策略。相对于社区治理中国家机关工作人员，律师不具有国家工作人员这一"官"的角色，他们是生活在特定社区中的从事律师职业的"民"。因此，律师作为社区治理主体在承担公共治理职能时，他们会因为自身"民"的角色而获得社区居民更多的认同。其次，社区法律顾问是具有专业法律知识和执业经验的律师，他们是一个能提供法律专业服务的特殊类型的"民"。专业性会为律师进入社区治理赢得更多的信任与尊重，而且专业性也会产生一种不同于以国家强制力为保障国家机关及工作人员的权威。这种基于专业知识和经验的权威本身也是柔性的。最后，律师对社区治理的参与是通过提供咨询意见、参与调解和代理诉讼等方式实现的。这些参与方式也可以视为治理手段或措施，它们显然不同于基层政府或有关国家机关的治理方式。相比较而言，社区法律顾问是以更具柔性的方式在参与社区治理。这种柔性的参与治理方式具有很强的回应性，即是以更好地满足社区组织或居民的诉求为立足点。社区组织和居民的诉求在社区治理中处于主动的地位，社区法律顾问的治理行为更多的是在回应社区组织和居民的相关诉求。

社区法律顾问制度的引入和律师治理角色的柔性化，反映了我国传统公共治理模式的调整，是我国社会管理创新的重要探索与体现。从某种意义上讲，社区法律顾问制度是基层政府与社会主体合作治理的一种具体实施机制。在这种合作治理模式中，社区法律顾问的基本功能性角色虽然可被定位为专业法律服务的提供者和社区治理的参与者，但其实际所扮演的角色从理论上分析要复杂得多。当律师受聘于基层政府而成为社区法律顾问时，尽管他们仍然会被大部分社区居民以"民"的角色加以定位，但也会有很多社区居民给予其一种"非官非民""亦官亦民"的认知。这并不让人感到奇怪和困惑。在我国语境下的合作治理显然不同于西方国家所讨论甚或实践的合作治理或公民治理。在美国，合作理念下的公民治理"建立在个人的、分享职业化社区工作经验的基础上，建立在美国历史、实践和当代地方政府现实的基础上，也建立在有关美国公民与其政府之间关系的美国基本价值的基础上。"① 我国的合作治理则是政府主导下的一种公私交融的合作，也即"官"与"民"的角色界限或"公"与"私"的边界区分并不明显甚至并不存在，这显然不同于西方国家中政府与社会二分的相对独立的合作治理。即使如此，律师毕竟不同于那些"官僚机构"中的工作人员，这种独具中国特色的合作治理不仅使社区法律顾问的参与治理柔性化，也使得基层政府在主导和参与社区治理过程中也具有了一定的柔性色彩。

另一方面，社区法律顾问对国家制定法的"综合适用"是国家制定法嵌入社区治理的重要方式之一，但这本身也反映了国家制定法在社区治理中的作用局限。尽管在社区治理中政府不应该也从未缺席，但国家制定法的作用局限也使得政府在选择进入社区治理时会相对谨慎，而且会尝试一些柔性的或间接的进入方式。例如，根据我国《宪法》第 111 条的规定，"城市和农村按居民居住地区设立的居民委员会或者村民委员会是基层群众性自治组织。"社区是居民委员会和村民委员会存在的基本地理空间，也就成为基层群众性自治的基本场域。当然，基层群众自治并不排斥政府的参与指导。实际上，在社区治理中居民委员会或村民委员会与基层政府之间一直保持着微妙的合作与互动关系。吴莹在对北京芳雅家园社区进行调研时发现，在业委会换届、社区集体活动开展和反污染维权活动等事件中，固然展现了新型商品房小区业主及业主组织民主自治的发育与生

---

① ［美］理查德·C. 博克斯：《公民治理——引领 21 世纪的美国社区》，孙柏瑛等译，中国人民大学出版社 2013 年版，第 17 页。

长，但国家或政府几乎在所有的过程中都不曾缺位，无论是主动还是被动，"可以说，国家在商品房小区的治理架构中虽然是不可避免的，但它一直作为一个重要的行动者，通过对社区事务的频繁'参与'，将自己的力量深入到了社会基层，通过相关政策及其与社会团体的关系模式来实现对基层自治与基层社会生成及生长进程的影响。"① 这一事例说明两个问题：一是基层政府在社区治理中的基本主体地位是不应被忽视的，更不能被否定的，社区治理过程及其目标的实现不能没有基层政府的参与甚或主导；二是基层政府在实践中也在探索一些更为有效或有机的治理方式，这反映了基层政府对自身作用局限的认知，同时也为其他治理的主体有效参与提供了空间。

国家制定法的作用局限和基层政府的谨慎介入，恰恰成为法治社会建设的重要起点。社区治理的法治化或规范化是法治社会建设的题中应有之义，它首先需要一套科学合理的社会规范体系。根据社会学的理论，社会规范的生成经历了一个自然演进的过程。"人们将会从一开始和从日常生活的经验中承认，一个群体从一定的规模开始，为了维持自己的生存和促进发展，必须形成一些规则、形式和机构，即使它在此之前并不需要这些东西。"② 这表明，社会学视角下的规范生成不同于法学视角下的国家制定法生成，而前者更为符合法治社会建设的内在逻辑。党的十八届四中全会提出的法治国家、法治政府和法治社会一体建设的论断，实际上已经认可了法治社会建设具有其自身的内在特点与规律。这种内在特点与规律首先体现在法治社会建设所需要的规范体系不同于法治政府和法治国家的建设。尽管在实际的规范适用中，无论是法官适用国家法作出裁决，还是社区法律顾问适用国家制定法提供法律服务，都不可避免地存在着多元规范综合作用的现象，但两者在对待国家制定法的态度上略有差别。显然，法治国家和法治政府的建设更加强调国家制定法的至上权威，而法治社会虽

① 吴莹：《社区何以可能：芳雅家园的邻里生活》，中国社会科学出版社 2015 年版，第 113 页。

② 齐美尔：《社会是如何可能的——齐美尔社会学文选》，林荣远编译，广西师范大学出版社 2002 年版，第 267 页。

然不否认国家制定法的第一权威地位，但它更为重视多元规范的综合作用。社区治理中国家制定法的作用局限为其他形式的规范作用留下了空间，也为国家制定法与其他规范的合作提供了可能。社区法律顾问的存在则使得国家制定法与其他规范的合作成为现实。

总之，社区法律顾问制度的引入改变的不仅是律师的职业属性或角色，也不仅是政府公共治理模式的创新，它还为国家制定法有效地嵌入社区治理提供了一种有效的机制。社区法律顾问提供法律专业服务和参与社区治理的过程，不仅是社区治理法治化或规范的过程，也是法治社会建设实质推进的过程。意识到这一点，改进和加强社区法律顾问在社区治理中的作用，显得尤为重要。

第三章　社区治理软法的创制与实施

国家制定法有其自身的局限或作用不能，尤其在社区治理这一层面，交往关系的日常性或草根性并不适合通过国家制定法的规则来调整。软法作为一类不同于国家制定法的公共治理规范，能够为社区治理提供更为细致的规则。不仅如此，除了那些用于调整治理主体日常工作活动的准则或制度外，绝大部分软法规范都具有一定的合意性或自治性，能够更好地适应社区治理对共治共享理念的追求。

在社区治理实践中，"由于城市化和现代化的影响，人口的社会流动性越来越大，越来越多的传统社区人口特征正在发生着改变，社区的群体层次也越来越多，可辨析性正在变得模糊。"① 这种变化所带来的结果是社区治理将面临更为复杂与多元的利益关系。在满足这些日益复杂化的利益关系的规范调整需要方面，本身就植根于公共治理实践之中的软法规范，显然比相对高居其上的国家制定法和公共政策等由国家公权力主体创制的规范，具有"近水楼台"般的优势和其他规范不具有的规范属性。

本章首先就社区治理中软法的具体形式和功能定位等进行理论分析，然后结合治理实践对社区治理软法的创制和实施问题进行分析。

---

① 鲁哲：《论现代市民社会的城市治理》，中国社会科学出版社 2008 年版，第 174 页。

一　社区治理中软法的形式及定位

（一）社区软法的形式与公共治理功能

1. 社区软法的形式与内容

对于软法，首先要探讨的是软法的内涵与外延问题。罗豪才在《直面软法》一文中对软法的含义曾做过描述性的界定，认为"那些旨在描述法律事实或者具有宣示性、号召性、鼓励性、促进性、协商性、指导性的条款，其逻辑结构不够完整，没有运用国家强制力保证实施，似乎只能称之为'软法'"，然后他列举了三类不属于国家立法但需要关注的软法形式：一是国家机关创制的大量的诸如纲要、指南、标准、规划、裁量基准等规范性文件；二是各类政治组织，比如政协、共青团等创制的大量旨在解决参政、议政的自律规范；三是名目繁多的社会共同体，比如足协、村委会等创制的大量自治规范。① 尽管这一描述性的界定有其不完备之处，但足以为我们认识和研究社区治理中的软法提供相应的理论基础。作为社区治理规范的重要组成部分，社区治理中的软法也可简称为社区软法，指的是由社区治理参与主体单独或合作制定的且能够对社区治理事务或活动产生相应约束的各种规范性文件。

根据调研，实践中社区软法主要来自于社区政府机构，尤其是县级政府及其工作部门、街道办事处和社区工作站，其具体形式和名称也是多种多样。

（1）"工作制度"或"活动制度"，即特定社区治理机构在履行职责或开展有关活动中所要遵循的具体制度。例如，大连市某街道办事处司法所挂有"工作制度"字样的墙板，上面比较详细地记载了司法所的各项具体工作制度，如例会制度、请示汇报制度和档案制度等。

（2）"工作纪律"或"禁令"，即社区治理组织对其工作人员设定的具体工作要求，往往表现为一些"义务性"或"禁止性"规范。例如，葫芦岛市龙岗区龙湾街道办事处制定的《人口和计划生育两个工作纪律》

---

① 罗豪才主编：《软法的理论与实践》，北京大学出版社 2010 年版，第 102 页。

包括"群众工作纪律"和"检查考评工作纪律"两部分，分别对街道办事处及社区工作站的工作人员在开展社区人口和计划生育工作过程中如何对待群众和从事检查考评工作设定了一些禁止性规则。例如，群众工作纪律中要求"不非法关押群众""不刁难群众办事"这样的规则，而在检查考评工作纪律中则有着"不在执行检查考评公务期间饮酒""不作出失真或显失公平的检查考评结论"等要求。

（3）"守则""准则"或"要求"，即要求社区治理机构制定的要求其工作人员应该遵守的行为或礼仪规范。例如，沈阳市某乡镇综合治理工作中心制定的"工作人员守则"中载有"爱岗敬业、服从安排""公平公正、以理服人"等内容，作为工作人员在处理社区综治事务时的守则。调研中我们还在很多社区政府机构办公场所或公开场所看到《中国共产党党员领导干部廉洁从政若干准则》这样的文本，显然该准则对社区治理过程中党员的有关行为能够产生相应的约束功能。再如，大连市某街道办事处综合治理办公室"接访要求"中规定，接访人员应该"边听边记，把群众反映的问题客观地记录下来。首先，要由群众填写"来访登记表"。其次，在接待中要耐心听，认真把握要点。第三，听后要把主要问题和要求向来访者复述一遍，然后交代处理方法和原则，尽可能使其满意。这些内容对接访过程中的听记问题作了非常具体的规定，是社区信访工作重要的规范依据。

（4）"工作目标"和"服务承诺"，即社区治理有关组织所确定的在特定期限内所要达到的工作目标，或者对其管理或服务工作的方式、目标或质量的公开承诺。例如，沈阳市沈北新区某司法所对其所承担的每项基本职能都确定了年度工作目标，如在普法工作方面要"完成全市法制宣传教育计划，法制宣传教育对象的普及率：公民90%，领导干部、公务员、企业经营管理人员、青少年、农民在95%以上"，在人民调解工作方面要使"民间调解率达到98%，调解成功率达到95%以上"等。再如，大连市某街道办事处综治工作服务中心就"窗口坐班""来人登记""分流交办"和"情况反馈"等作出服务承诺，如公开承诺"按照归口办理的原则，10分钟内为前来办事人员当面填写好分流办单，指定好承办部门，明确办事流程"等。无论是施加于治理组织自身的"工作目标"，还是作用于管理或服务对象的"服务承诺",一旦制定并公示便会对治理活动产生实质性的影响。

(5)社规民约(包括居规民约或村规民约等)。既然属于"约"的形式,本应该由社区成员尤其是个体成员通过平等协商的方式,就"约"的内容达成一致方有约束效力。但是,社区治理实践中此类社区软法多是由社区居委会(或村委会)或者社区政府机构主持编制,然后由相应的群众性自治组织以自己的名义发布,供社区成员共同遵守。社规民约在内容上既有一般的道德或礼仪规范,也有特定地区的风俗习惯,还包括对特殊的社区成员行为的规范要求。换言之,当前的社规民约大多是国家法、道德伦理规范、国家政策、地方或民族习俗的一些杂合性规定。例如在某社区规约中有这样的规定:"本社区任何组织和个人不准招用不满十六周岁的未成年人务工,违者责令限期辞退,情节严重的报有关部门依法处理。不拖欠务工人员工资。"就我们所调研查阅到的社规民约来看,绝大多数的行文模式或风格都与此相类似。尽管如此,社规民约在社区治理中的规范作用是不可忽视的。梁治平在研究乡土社会中的法律与秩序时,曾对村规民约做过分析,认为村规民约多少是村民共识的反映和村民利益的表达,"其内容涉及乡村生活的诸多方面,往往超出正式法律所规范的范围。这意味着,村规民约可能创造一个不尽同于正式法律的秩序空间。"[①]

除了上述五种形式外,社区软法还表现为"管理规约""须知""办事指南""通知公告"和"协会章程"等。其中,"管理规约"多是有关社区物业服务提供的规范,涉及业主大会、业主委员会、物业服务企业和每位业主等治理参与主体。例如,本溪满族自治县某街道办事处公布的"管理规约"示范文本中对物业基本情况、各自的权利义务以及违约责任的承担等问题都作了较为详细的规定。再如,辽宁省盘锦市双台子区胜利街道办事处发布的"2012 年度适龄青年入伍须知"中对征集条件、时间安排和有关政策等都作了规定或说明。

通过对社区软法各种形式及内容的列举与总结可以看出,尽管这些软

---

① 梁治平:《乡土社会中的法律与秩序》,载王铭铭、王斯福主编《乡土社会的秩序、公正与权威》,中国政法大学出版社 1997 年版,第 426 页。

法规范在形式和内容上存在不少问题，例如许多社区软法自身的合法性或严谨程度都值得商榷，但是它们对参与社区治理的各主体的行为及关系能够产生直接的指引或约束效力。

2. 社区软法的公共治理功能

英国法官莫尔顿曾将人类行为划归三个领域，分别是法律领域、自由选择领域和介于这两者之间的"服从于非强制力量"的领域。中间领域包括道德责任、社会责任、举止礼仪，以及推而广之为"所有的除你自己以外没人可以强迫你做的正确的事"。① 社区便是这样一个中间领域，社区成员在这一领域中服从于非强制力量，而承载这种非强制力量的规范除了道德和民间习俗外，再就是社区软法。总之，社区软法运行于国家法调整和个体自由选择两个领域之间的公共生活领域，是社区公共治理的基础性规范。

国内学者在研究软法问题时大多将其与公共治理相联系，如罗豪才等人在其所著《软法与公共治理》一书中很大部分篇幅都在探讨软法与公共治理的关系，有时甚至直接将软法称为"公域软法"。翟小波也曾对软法与公共治理的关系作过较为深入的分析，认为"治理模式的主体是复杂、多元和速变的社会子系统。在此，作为管制模式之基础的单中心的、刚硬和固定的、统一和普遍的、压制型的国家法无疑不合时宜。治理模式更倾向于适用无中心和离散的、持续反思和适应性强的'软法'……'软法'和治理模式在很多方面是同构同质的，公共治理主要是'软法'治理。"② 笔者赞同上述学者有关软法与公共治理之间的关系的论述，认为社区软法应该是社区治理的主要规范形式。《宪法》第 111 条第 2款规定："居民委员会、村民委员会设人民调解、治安保卫、公共卫生等委员会，办理本居住地区的公共事务和公益事业，调解民间纠纷，协助维护社会治安，并且向人民政府反映群众的意见、要求和提出建议。"

① ［美］史蒂芬·柯维：《理想社区》，载德鲁克基金会主编《未来的社区》，中国人民大学出版社 2006 年版，第 49 页。

② 翟小波：《"软法"及其概念之证成——以公共治理为背景》，《法律科学》2007 年第 2 期。

该款尽管主要是关于基层群众性自治组织社区治理功能及内容的规定，但其中隐含的立法意图则是试图建立一种社会自治为基础、官民合作为辅助的社区治理模式。这种社区治理模式恰恰为社区软法的作用提供了足够大的空间。

首先，社区软法能够为社区治理活动提供规则依据。社区软法的内容除了部分原则性规定外，大部分是一些较为具体的行为规则和程序性规则，即要求社区治理过程中有关主体应该如何行事。例如，盘锦市双台子区胜利街道办事处公布的《优惠证、医疗保险办理须知》就办理再就业优惠证和医疗保险所需证件及程序作出具体规定，要求在办理再就业优惠证时应该首先"持本人身份证、户口簿、失业证、解除劳动关系协议等复印件3份到户口所在社区（村）提出申请及填写再就业优惠证申请审批表"。这就为社区治理主体从事相关行为提供了具体的规则依据。从权利和义务的角度看，社区软法虽然不乏权利性规定，但更多的是义务性规则，在内容表述上多以"不得""应当""禁止"等句式为主。此类规则尤其会对社区政府机构及其工作人员的工作及行为产生相应的约束。

其次，社区软法能够为社区治理确立方向或目标。软法的研究首先出现在国际环境和人权保护等领域，虽然不具有法律约束力但是它往往代表了国际社会对有关环境和人权保护等问题的基本共识。"对于国际社会来说，某项国际软法的通过事实上对未来的国际实践和国际立法具有指示性作用。"[1] 社区软法同样具有这种"指示性作用"，可以为今后国家立法调整社区治理提供有关参考性原则或内容。不仅如此，社区软法的指示性作用还体现在为社区治理参与主体的行为确立具体的方向或目标，如具体工作制度的建立、工作目标的制定以及服务承诺的作出等。

最后，社区软法的创制与实施还有助于推动一种新的政府治理模式或公共治理模式的形成。众所周知，我国正处于社会转型时期。社区管理与服务也由传统的管制模式向现代治理模式转变。现代社区治理模式尽管在不同的国家有着不同的表现，但是它们共同分享着一些核心的价值原则：参与、协商与合作，同时要求参与社区治理的公民和组织有更强的责任

---

① 蒋凯：《国际软法的缘起及影响》，《当代世界》2010年第8期。

心，要求有关政府应该是"小而富有回应性"的。美国学者博克斯指出："建构小而富有回应性的政府意味着，应建立瘦型而有效能的政府组织，以积极地回应公民的要求，这样的政府只做公民让他们做的事，而且，它应以对服务使用者友善的方式而不是以烦琐的官僚方式为公民做事。"①社区软法着眼于社区公共治理事务的处理。要想妥善地处理好社区事务并实现社区治理的目标，显然不能单纯依赖社区政府机构的单方行动，而需要社区治理各参与主体的充分参与和积极合作，当然也包括在社区软法的创制与实施过程中的参与和合作。而社区治理各参与主体尤其是非政府机构或公民在参与社区软法的创制和实施过程中，将不可避免地会对政府、社会、市场与个体的关系进行重新思考与定位，这在客观上能够对政府职能转变及服务型治理模式的建立产生相应的压力或推动力。

（二）社区治理规范结构及软法的定位

1. 社区治理规范的结构

社区治理规范结构是一个与社区治理规范的多元性相伴而生的问题。此处的规范结构不同于法理学上所讲的规范的逻辑结构，是指社区治理过程中存在的各种不同形式的规范之间所形成的一种内在逻辑关系。其实，将规范结构在这种具有明显法社会学色彩意义上来使用，在许多学者那里并不感到陌生。例如，蒋大兴就曾从社会团结的理论出发，探讨公司纠纷的解决机制的选取问题，主张"在公司纠纷的内部解决上，我们还需打破'诉讼迷信主义'，从规范结构上展开一场'团结性的'变革或解释。"② 在他的研究中，规范结构就作为一个基础性概念被使用，而其基本内涵指的便是不同形式的规范之间所形成的内在逻辑关系。尽管蒋大兴研究的是公司纠纷的解决问题，但是公司纠纷解决本身也可以视为公司治理的一部分，而公司治理与社区治理又都属于治理的范畴，二者共享许多

---

① ［美］理查德·C. 博克斯：《公民治理——引领 21 世纪的美国社区》，孙柏瑛等译，中国人民大学出版社 2013 年版，第 6 页。

② 蒋大兴：《团结情感、私人裁决与法院行动——公司内解决纠纷之规范结构》，《法制与社会发展》2010 年第 3 期。

基本的价值理念、机制特征或问题指向等，规范结构问题便是其中之一。之所以要研究社区治理规范结构问题，是因为社区治理过程中各类社会规范之间并非互不相关的，而是存在某种分工、合作、紧张甚或冲突等关系，而这些关系所反映的也正是社区治理规范的结构问题。不同的社区治理规范结构会对社区治理活动产生不同的影响，研究社区治理规范就必须关注社区治理规范的结构样态，包括应然的和实然的样态。从应然的层面讲，社区治理规范结构应该是一种多元平衡的样态，也即社区治理规范结构兼有多元性和平衡性双重特点。

对于社区治理规范的多元性前文中已经做过详细论述，又该如何理解社区治理规范的平衡性呢？这里所谓的规范平衡性指的是多元的社区治理规范之间所形成的一种既有分工又有合作的协调均衡关系。这种平衡性尤其是指在社区治理过程中国家制定法与其他类型的治理规范各自的功能定位、作用空间以及协作关系。庞德曾指出："立法者必须牢记这些操作局限，且不得妄想只要能够随机发现正确的道德原则，以及通过立法对其进行合理规划，就可以创造出一种理想的社会秩序。"① 国家制定法有其局限性。尤其在社区治理这一需要更多社会自治的领域，作为国家公权力象征的国家制定法更应该保持适度克制。由此，社区治理规范的平衡性意味着社区治理参与者应该意识到国家制定法在社区治理中功能的有限性，以及发展和完善其他类型规范尤其是软法规范治理功能的必要性。

社区治理中国家法律的存在及其作用样态与社区治理模式直接相关。社区治理模式又取决于社区治理中政府、政党、社会、市场和个体在社区治理中的相互关系和作用方式。因此，社区治理规范结构实际上与相应的社区治理模式相对应。在一些国家中，社区治理虽然少不了政府的参与但更多地要遵循自治原则，"只要社区的内部事务不造成跨社区的效应，即外部效应，在原则上就不存在什么需要采取这种干预性法律调节措施的理由，因为诸如委任社区行政委员的方式之类的事务几乎不会触及社区外的

---

① ［美］罗斯科·庞德：《法律与道德》，陈林林译，中国政法大学出版社2003年版，第97—98页。

其他任何利益",① 而是由社区内的各类社会主体通过参与、协商与合作等方式实现自我管理与服务。这种自治型的社区治理模式中，国家制定法在社区治理中的作用空间和方式，受到来自社会、市场和个人三方力量的制约，而国家制定法之外其他治理规范也都发挥着相应的功能。这便是多元平衡的社区治理规范结构的理想样态。在另外一些国家中，社区治理由各种正式的或非正式的国家机构来主导，其他参与主体缺乏足够的自主性或自治空间，需要在前者的统一安排下形成某种符合政府意志的治理秩序。在这种管制型社区治理模式下，国家制定法的数量及相应的执法体系较为庞大，其在整个社区治理规范中占据绝对主导地位，其他类型的规范的功能则难以获得足够重视或充分发挥，由此所形成的社区治理规范结构是一种失衡的样态。理想的平衡样态停留在理论层面，而失衡样态又会引致许多问题，各国社区治理规范结构在实践中处于一种不断调整并寻求平衡的动态运行中。

2. 软法在社区治理规范结构中的定位

就我国社区治理实践而言，虽然治理规范结构已经初具其形，但是国家制定法与其他类型的治理规范之间的关系仍处于调适中，尚未寻找到一个合适的平衡点，并且无论是国家制定法还是其他治理规范自身都有许多需要改进之处。在矫正和完善社区治理规范结构这一过程中，定位并发挥好社区软法的功能是一个非常关键的问题。社区软法应该逐渐成为社区治理的基础性和主导性规范。换言之，在社区治理规范结构中居于基础性和主导性地位。我们应该在此基础上来构筑和发展多元平衡的社区治理规范。

社区软法的出现和运行反映了传统社区治理模式的转变，即限缩社区治理中国家公权力的作用并扩增社会自主治理空间，这与我国社会转型的趋势具有一致性。有学者以社区福利政策为例指出了社区治理社会化转向的实质及必要性，即"社区服务与社区管理社会化的突出表现是社会福

---

① ［德］何梦笔：《市场经济中社区的作用——理论基础，德国的经验和中国所面临的挑战》，载［德］何梦笔主编《德国秩序政策理论与实践文集》，庞健、冯兴元译，上海人民出版社 2000 年版，第 410 页。

利社会化政策，其实质就是国家、市场、社区、工作单位、家庭和个人共同分担福利责任，真正实现社会的事情社会办（民政部，1999）"①。若要真正实现社区治理的社会化转向，制度建设是必不可少的。这里的制度建设既包括治理制度或工作制度的建立或修正，也包括相应规范的构建与完善，而社区软法因其与社区治理有着更为直接和具体的联系自然也就应该作为社区治理的基础性规范，在社区治理中发挥着主导性的规范功能。这实际上是基于一种更好地满足社区治理需要，同时又能最大限度节约治理规范成本的最佳策略选择。原因在于："由于一些公民的许多决策和行为会在更大程度上对其他一些公民造成具有地方性的而不会跨地域的后果，社区应该获得用来调节这类在公民的个人决策之间的交互影响的权限：本地的社区和决策者往往比远离本地的国家当局更清楚地了解个人的自由相对于他人的自由的界限之所在。"②

　　将社区软法定位为社区治理基础性和主导性规范，其内在的逻辑虽然是要求重新调整国家与社会的关系，尤其是要限制政府对社区治理事务的直接干预权，但这并不意味着我们视国家（或政府）与社会是一种相互对立或不相兼容的关系。恰恰相反，社区治理的过程也是国家与社会合作的过程。王巍曾借用法团主义（也称合作主义）的理论对我国城市社区治理结构进行分析，认为国家与社会在"相互增权"的期望下能实现对社区公共事务的合作治理。具体而言，"一方面，基层政权建构了完整的直接延伸到城市基层社会的课程管理链条，保证了政府行政指令的有效贯彻和行政责任在社区的固定化。另一方面，国家通过对居委会自治权的嵌入和支持拓宽了国家与社区民众的联系渠道，增加了政府管理的合法性。"③ 社区软法无论从内容还是从形式上都非常鲜明地体现了这种合作

① 刘继同：《从身份社区到生活社区：中国社区福利模式的战略转变》，《浙江社会科学》2003 年第 6 期。

② ［德］何梦笔：《市场经济中社区的作用——理论基础，德国的经验和中国所面临的挑战》，载［德］何梦笔主编《德国秩序政策理论与实践文集》，庞健、冯兴元译，上海人民出版社 2000 年版，第 396 页。

③ 王巍：《社区治理结构变迁中的国家与社会》，中国社会科学出版社 2009 年版，第 206 页。

关系。

当然，从前文中所列举的社区软法具体形式来看，当前社区治理中的软法过多地来自政府或准政府机构，由社区其他组织或个体通过协商合作而创制的软法数量很少。这种现象是我国转型初期国家与社会关系结构的真实反映，即国家的作用空间或影响力依然没有回归到适度合理的位置，社会自治程度仍有着很大的提升空间，同时也表明当前社区治理规范结构并没有达到一种协调平衡的样态，国家制定法依然直接或间接地主导着社区治理。这些也正是今后社区治理过程中需要正视并着力解决的问题。

二　社区治理中软法与硬法的关系及衔接

（一）社区治理及其与法律的关系

改革开放以来，我国经济获得了突飞猛进的发展，相比之下，社会建设与政治改革较为滞后，参考国外一些国家的发展经验并遵循着由易到难的思路，执政者于近些年来提出了社会建设的原则与目标。在这种背景下，社区管理这一社会建设的基础性问题便受到了诸多关注。一方面，社区管理作为社会管理的基本组成内容之一，的确存在很大的改进空间，许多社区管理问题一直以来缺乏有效的制度性解决。例如，有学者总结了社区管理过程中发生的纠纷的类型及其特点："一是管理体制上的纠纷，二是计划生育管理的纠纷，三是流动人口管理纠纷，四是盖章证明引起的纠纷。当前社区法律纠纷的特点可用五个字概括：即'小、多、繁、难、杂'"。① 这些的确是社区管理过程中真实存在且需认真解决的问题，否则任何一种问题都可能引致社会公共事件的发生或影响社会的稳定发展。另一方面，"社区管理"这一表述所反映的依然是一种借助国家公权力自上而下的干预、控制与调整的行事逻辑。社区作为基层的公共生活单位，它应该是自治的或者至少应享有充分的自治空间。显然，社区管理的逻辑与社区运行的自治要求是相悖的。不过，社区管理这一提法及其相关做法

---

① 罗荷香、范大平：《论社区法律纠纷的特点及防范》，《社会科学论坛》2007年第1期。

最大的合理性在于当前的社会转型背景，从传统高度的社会管制向充分的社会自治的转变需要一个过程，无论从意识上还是制度上，无论对于国家机关还是一般民众，社区管理的理念与模式仍将在很长一段时间内被认为是正当的。虽然如此，我们依然要明确社会转型及发展的基本方向，即由管制型社会向自治型社会转变。基于此，社区管理也要随之向社区治理转变。

"治理"是新公共管理学的核心概念之一。社会治理的基本理念是权威的多元化以及不同社会主体（包括国家机关）之间的合作或协作。这一理念在很大程度上削弱或消解了国家公权力的至高无上性，强调不同类型社会主体之间的平等协商与自愿合作，以实现主体自治和权力共享基础上的共赢。具体到社区治理，其所追求的终极目标也应该是组成社区的个体在自由联合基础上的社区自治，并在维护基本的共同体利益基础上实现个体利益的最大化。换言之，社区治理"应在实行自我管理的前提下，以社区居委会为依托，以发展社区服务为龙头，以提高居民整体素质和生活质量为宗旨，不断强化社区的组织、协调、凝聚、动员、组织群众参与社区管理的职能，建设实行居民自治、管理工作有序、服务功能配套、治安状况良好、社区环境优美、居民和谐相处的新型社区。"① 社区治理是一种依规则的治理，法律是其中最为基本和重要的一类。在软法理论研究者那里，根据创制主体、规范效力和实施机制等不同，将法律区分为硬法和软法两种基本类型。尽管这种划分有可商榷之处，尤其是它遵循了一种简单的二元规范观，但也为我们重新审视法律的内涵和外延提供了一种视角，也有助于我们深化对法治社会建设之"法"的理解。对于社区治理与法律的关系，我们可从两个方面予以把握：

一方面，法律可以为社区治理提供基本的制度支持和规则依据。在我国，社区建设是作为一项政策性任务被推行的，社区运行的动力更多地来自政府的有意识助推而非组成社区的民众的自觉行为。如在民政部制定的《关于在全国推进城市社区建设的意见》中就社区建设的重大意义、基本原则、主要目标和具体工作等作了较系统的规定，这一政策性文件典型地

① 王茂华：《城市社区管理的目标定位》，《江海纵横》2007 年第 5 期。

反映了政府在社区建设中的地位。我国社区的这种建立与发展模式直接决定了法律在社区治理中的支配性地位，即在社区治理的初期许多与社区治理或管理有关的基本问题都需要由法律加以规定或予以确定。例如，《居委会组织法》就是一部规定城市社区治理中相关主体法律地位和职能的基本法律。在这部法律中，居委会作为承载城市社区治理功能的重要机构，它的运行所遵循的基本原则便是自治，即所谓的"自我管理、自我教育、自我服务"，其基本任务包括提供公共服务、解决民间纠纷、协助政府工作等。这样该法便为城市社区治理提供了相应的制度支持。此外，社区民众还可以协商制定社规公约或村规民约等软法规范，作为社区治理的制度支持或规则依据。

另一方面，社区治理也是检验法律实效的重要场所，可以为法律的评估与完善提供实践依据。法律的最终指向在于社会实践，法律的实效也要从实践中展现。社区作为一个基层的公共生活场域，在其治理过程中，能够最直接、最真实地检验法律的实施效果。换言之，社区治理应是评估法律绩效的基本参照系，许多评估指标应该建立在社区治理的成效基础之上。相应地，法律在评估之后该如何进行修改与完善，其基本的实践依据也应来源于社区治理，也即应该主要以如何更好地促进与保障社区治理为完善的标准与方向。

（二）软法与硬法在社区治理中的关系

如果将由国家机关制定并由国家强制力保障实施的行为规范称为硬法，那么那些由社区治理主体针对社区管理或公共服务等事项而创制的规范形式可被称为软法。社区治理的目标要求对传统的管制（或统治）模式下的法律治理结构进行调整，"在统治模式下法律是硬的，而在治理模式下法律则更多的是柔性的，是软硬兼施、刚柔相济。"[1] 从这个意义上讲，社区治理中的法律应该是软法与硬法的融合体，而且软法与硬法是一种各自分工而又相互支持的关系。

---

[1] 李志强：《转型社会治理中的法律结构——兼论一元多样的混合法结构之现实必要性》，载罗豪才主编《软法的理论与实践》，北京大学出版社 2010 年版，第 44 页。

软法与硬法在社区治理中有着各自不同的任务分工。社区治理软法在形式上表现为社规公约、村规民约或者某些社区议事规则等，从内容上则涉及社区有序运行的方方面面，如社区物业管理、文化活动和业主自治事务等。硬法从形式上包括由国家立法机关创制的各类规范性文件，内容上更是涵盖社会生活的各个领域。确定软法与硬法在社区治理中的分工所遵循的基本原则是：凡是能够由社区成员自行决定的事务在涉及法律规则时，尽可能地交由软法来调整，硬法应保持适当的克制。换言之，在社区治理过程中，对于属于社区自治范畴内的事务硬法是不应干涉的，而对于那些超出社区自治范畴的事项，硬法的功能又是无法替代的，例如发生在社区内的犯罪行为或违反治安管理的行为、社区公共财产的归属及有关权利的保护问题，以及社区外国人的管理问题等。

在我国，由于受传统文化、制度设置以及民众心理等因素的影响，社区在一定时期内仍然表现为一种聚居区域，社区成员在短期内难以真正结成有机的共同体，这就为硬法留下了大量的作用空间。随着社区成员公民意识的不断增强，他们对公共生活的关注度与参与度也会不断提高，那时社区将成为重要的公共生活领域，许多社区事务也将主要通过社区成员公共决议的方式来处理，其中必然会有一些具体事项需要制定抽象性规则，软法便也有了相应的施展空间。然而，当前的问题正如周少青指出的那样："现行社区建设的法律框架的一个最大特点是立法上的单一性和立法价值上的强烈行政或政府取向。前者主要表现在，官方及大部分学者的眼睛始终离不开《居委会组织法》或《城市街道办事处组织条例》的修改和完善或者重新制定，而对于社区实践中日益凸显的其他矛盾、问题（如社区自组织发育缓慢、社区参与率极低）及其实质缺乏应有的关注力度。"① 针对这种情况，虽然软法治理及社区自治的形成需要一个发展与转型的过程，不应操之过急，但是我们也不能因此放弃推动这一转型的努力，更不应继续强化现行的硬法干预一切的思维与做法，而应逐渐使硬法从某些社区治理领域中退出，真正明确硬法在社区治理中的定位及其与软法之间的分工，从而形成合理的社区治理的法律结构或内在框架。

---

① 周少青：《社区建设的法律框架分析》，《社区》2008 年第 2 期。

　　社区治理中软法与硬法之间又并非截然分立、毫无关联的，二者之间合理的关系应该是在分工基础上的相互支持与合作。硬法体现的是国家公权力对社区事务的干预与控制，而软法则反映了社区自治的内在需求。问题的关键不在于社区治理中有关主体是否必须在软法与硬法之间进行二选一，而在于如何处理好二者之间的关系并使之发挥合力，况且社区治理中也并非仅存在软法和硬法这样两种规范形式。在社区治理中，软法可以为硬法提供正当性支持，而硬法可以为软法设定制度框架，并且软法与硬法之间可以共享基本的法律价值，如自由、平等、秩序与公正等。

　　具体而言，硬法是国家机关制定或认可的行为规范，主要依靠国家强制力保障实施，这两点是硬法与软法的基本区别。然而，硬法的实施有国家强制力保障并不意味着所有的硬法规范在任何情形下的实施都要借助于强制力，并且这种国家强制力本身也并非具有必然的正当性。国家强制力是国家公权力的构成要素之一。根据社会契约理论，国家公权力的正当性又来源于个体之间所订立的社会契约，是建立在个体承认基础之上的。我国宪法规定国家的一切权力属于人民，全国人大及其常委会行使国家立法权，而全国人大及其常委会又是人民行使国家权力的最高机关。这也表明了国家强制力不是绝对的，要建立在对人民意志的体现和人民利益的维护基础之上。硬法的创制非但不能忽略个体的利益与意愿，反而应主动地维护个体的利益并最大限度地反映个体的意愿，这样才能使硬法自身获得足够的正当性。这就要求硬法的创制及实施不能脱离社会现实尤其是现实中个体的利益需求与意思表示，也不能无视那些承载或维护个体既有利益需求或意思表示的非硬法规范形式，例如软法和民间法等。软法的创制所遵循的恰恰也是一种契约理念，是社区成员意思自治的结果。社区治理中的许多事务可以通过软法予以调整，但也有一些事务需要借助相应的硬法。其中，软法主要由社区成员协商制定，而硬法虽由特定的国家机关制定，但有关机关在制定硬法时也要通过相应的参与机制（如立法听证）允许社会公众参与，其基本目的之一便在于增强硬法创制的合理性或正当性。此外，在社区治理的许多场合中，硬法若要获得有效的正当性基础就应该重视软法，或者将某些软法规则吸收为硬法规则，或者在制定硬法时使其与有关软法规则在立法精神或价值取向方面保持一致。

硬法也可以为软法的创制及实施设定相应的制度框架与规则依据。例如,《城市居民委员会组织法》对当前城市社区治理中的一个重要职能机构——居委会的性质、职能、组织原则及与基层政权组织的关系等作了相应规定,这为我国城市社区的治理设定了相应的制度框架。马姝将当前涉及社区治理的 130 余个法律(即国家制定法或硬法)文件划分为两大部分:"一部分是专门规定社区管理的法律,包括规定街道办事处行政管理的组织法、居民委员会自治管理的组织法以及规定社区物业管理的专门法规等,这一部分可以称之为社区'专门法';另一部分则是各种法律文件中涉及社区管理问题的法律条文,占了 130 多个法律文件中的绝大部分,这一部分法律文件可以称之为'相关法'。"① 尽管现行的与社区治理有关的硬法存在许多缺陷,但它们构成了基本的社区治理硬法体系,社区软法在创制过程中应遵守或尊重相关硬法规则,而不能违反或超越硬法的规定。

(三) 社区治理中如何实现软法与硬法的有机衔接

首先,应分别构建科学合理的软法和硬法创制与完善机制,这是实现社区治理过程中软法和硬法有机衔接的必要前提。无论是软法还是硬法,它们不同于行动中的法,都需要由特定的机关或主体依据一定的程序和规则自觉地予以创制,而当前的软法创制机制远未完善,硬法创制机制也是问题多多。郑杭生、黄家亮指出:"当前我国社区建设中面临的一个重大难题就是社区认同和社区参与严重不足,社区在相当大程度上只是一个地域的概念,社区建设在相当大程度上还停留在政府自上而下运动式推动,社区居民的归属感不强、参与的积极性不高,使得社区建设实际上成了政府的'独角戏',这就是所谓的'共同体困境'。"② 由于这种困境的存在,我国现阶段社区治理中软法的创制机制很不完善,许多事关社区治理的公共事务本可通过制定软法的方式来调整,却由于社区全体成员会议的难以召集或者缺乏有效的议事程序规则或者对议事程序规则的不尊重等原

---

① 马姝:《社区治理中的相关法律问题研究》,《河南社会科学》2005 年第 4 期。

② 郑杭生、黄家亮:《论我国社区治理的双重困境与创新之维——基于北京市社区管理体制改革实践的分析》,《东岳论丛》2012 年第 1 期。

因，使得社区成员通过协商决议的方式来创制软法的理论设想难以付诸实践。应该说，软法、社区以及社区治理等理论、制度及有关现象在我国社会实践中都属舶来之品，尚未在治理实践中被广为理解和接受，而实践的滞后在很大程度上又影响了理论的深入及制度的理性构建。在社区治理过程中软法究竟应该通过怎样的创制机制予以创制，其间应遵循哪些实体性和程序性规则等，在这些问题都有待进一步明确的情况下，对软法的探讨也只能更多地停留在理论与设想的层面。同样，当前的硬法创制在其理念、制度和实践等方面也存在很多问题，例如立法的行政化色彩较浓重、社会公众的有效参与不足，以及立法文本与社会现实常有脱离等。无论是软法创制机制的缺失还是硬法创制机制问题的存在，都直接影响了社区治理过程中软法与硬法的衔接，所以随着社区治理实践的不断发展，有必要首先将软法和硬法创制机制予以完善。

其次，软法在制定与完善时应遵守有关硬法，而硬法在制定与完善时也要考虑有关软法规范，并可结合具体的社区治理事项建立相应的互动衔接机制。虽然硬法的正当性在许多情况下要从软法中寻得，但是就软法与硬法的关系而言，硬法显然具有更高的法律效力，至少从维护法治的立场我们应坚持这一原则。这就要求社区治理过程中社区成员在创制软法时，有关软法的内容不应违反硬法既有的规定。例如我国《物业管理条例》规定了社区治理中应当由业主共同决定的事项，那么社区成员在共同协商制定有关社区物业管理具体规则时，对于属于该条例所规定的事项就应该明确规定必须经由业主共同决定，而不能对这一硬法规则有所修改或背离，即使全体社区成员都同意将其中某些事项交由部分业主决定而不需经业主共同决定，由此而制定的软法也是无效的。同样，由于软法能够更真切地反映社区成员的利益需求和规则主张，所以软法一旦被付诸实践，将会获得很好的实施。国家机关在制定与社区治理有关的硬法之前，应该考察一下相关事务处理或关系调整是否已经存在相应的且有效的软法，如果存在，相应的硬法创制就应该对之予以认真对待并积极吸收，那样才能避免硬法陷入不被接受及实施效果不良等尴尬境地。

例如，今后随着社区矫正制度在我国的推广实行，社区矫正虽然属于一种国家正式法律制度，对其适用对象和条件等基本问题的规定应主要由硬法来完成，但是社区矫正的最终实施离不开社区，离不开社区成员的监督及社区工作人员的必要管理，并且社区矫正也会对社区成员的生活产生一定影响，因此社区矫正也应纳入到社区治理的范畴。为了更好地实施社区矫正，除了从硬法层面建立健全相关法律制度外，也应该重视相关软法的功能。有鉴于此，国家有关机关在制定社区矫正相关法律、法规时，应该为软法的制定与实施留有相应的空间，通过设置相应的法律条款，规定社区及有关社区机构或人员在社区矫正中可以发挥的功能，并允许社区成员就社区矫正在具体实施过程中可能对社区公共或私人利益产生影响的问题制定相应的软法。

最后，社区成员公民参与意识的培养与增强，是实现社区治理软法与硬法有机衔接的根本因素。社区是公共物品或公共服务的基本供给单元，也是个体参与社会公共生活乃至政治生活的基本单元。现代民主政治的基本要件包括公民参与意识的觉醒与市民社会的形成，社区治理恰恰与这两个基本要件直接关联。通过参与社区这样一个基本的公共生活单元中各项事务的管理与自治，社区成员将逐渐意识到公共生活的重要意义，以及积极参与其中的重要价值。也正是在不断地参与社区治理的过程中，社区成员才会逐渐意识到自己作为公民所享有的权利与应该承担的责任。社区成员的参与意识在很大程度上决定着其参与社区治理的程度及效果，而反过来讲，"公民参与网络越密集，社区信任和合作关系就越容易形成。因为信任与合作是被灌输出来的，是由社会化（包括公民教育）和惩罚来维系的，培育的有效途径是发育初级地方行动单位（居民自发性的小社团），这就是居民参与网络。"① 社区治理在一定意义上可以称为公民治理，二者在理论上有许多相同之处。"公民治理理论汲取了传统政治学与行政学中的三种价值理念，即地方控制、小而回应性的政府以及作为顾问的公共服务职业者，并试图建构一种公民型政府，这种公民型政府主要由

---

① 陈伟东、李雪萍：《社区治理与公民社会的发育》，《华中师范大学学报》（人文社会科学版）2003 年第 1 期。

公民、选任代议者和公共服务职业者相互协作而形成。"① 社区治理的目标之一是对公民自我组织治理的追求，这样就为软法的作用提供了更大的空间。

软法的创制与运行直接受制于公民的集体协商行为或合作行为，而协商与合作精神又是公民公共参与意识的基本体现。在硬法的制定和实施过程中，公民的参与意识同样不可或缺，因为无论是代议制下的硬法创制还是硬法创制过程中对公众参与的强调，都体现了对公民参与意识的尊重以及公民参与意识的作用。总之，公民参与意识贯穿于软法与硬法两种规则的创制与实施过程中，若要实现社区治理中软法与硬法的有机衔接，从根本上离不开公民参与意识的培养与增强。

三 回应型社区软法的创制：以流动人口管理为例

流动人口首先是一个社会学概念，它是指"离开了常住户籍所在地，跨越了一定的行政辖区范围，在某一地区暂住、滞留、活动，并在一定时间内返回其常住地的人口，或者说流动人口是某一地区中没有该地常住户口而在该地从事各种活动的人口，或是某一地区中有该地常住户口却不在该地活动、居住的人口"。② 长期以来，流动人口的管理都是基层政府及其有关工作部门社会管理的基础职能之一。由于个体必然要生活或工作于特定的社区之中，所以流动人口管理事务又是社区治理的基本内容，而社区政府机构及其工作人员则是各项管理措施的具体实施者。在强调依法行政的今天，政府对流动人口的管理需要以相应的法律或规范性文件为依据，社区流动人口的管理同样如此。当前社区政府机构及其工作人员在对流动人口进行管理过程中，除法律法规等各类规范性法律文件外，社区软法也发挥着重要的规范功能。

（一）流动人口管理与回应型社区软法创制的必要性

人口流动是任何一个社会都存在的一种现象。从某种意义上讲，人口

---

① 梁莹：《公民治理意识、公民精神与草根社区自治组织的成长》，《社会科学研究》2012 年第 2 期。

② 王建民、胡琪：《中国流动人口》，上海财经大学出版社 1996 年版，第 34 页。

流动的自由度、有序度及其效益能够反映社会进步与活力程度。然而，对于正处于转型期的中国而言，流动人口在发挥积极作用的同时，也会附随引发相应的管理事务和社会问题，例如计划生育、子女上学、社会保障和违法犯罪等。近年来我国流动人口增长迅速，第六次全国人口普查结果显示，目前我国流动人口数量为 2.2 亿人，与 2000 年人口普查相比增长82.89%。不仅如此，流动人口的年龄和文化水平等也发生了结构性变化，年龄在 35 岁以下且受过高等教育的人口越来越多地加入到流动人口中来。这些都大大增加了流动人口管理的复杂性，也是各级政府尤其是基层政府重视对流动人口管理的原因所在。

为了更好地实现对流动人口的管理，做到既能有效保障流动人口的合法权益和社会福利，又能很好地维护社会秩序和促进社会发展，各级政府都制定和实施了相应的法规或规章。以辽宁省为例，辽宁省人大常委会于 1996 年制定并经过两次修改的《辽宁省流动人口管理条例》明确规定了要"建立健全以户口管理为基础、治安管理为重点、劳动管理为纽带、其他管理相配套的管理机制和流动人口的管理、教育、服务体系"。由辽宁省人民政府制定的《辽宁省流动人口治安管理办法》则详细地规定了流动人口管理的负责机关、暂住证的办理要求，以及流动人口房屋租赁有关事项。该办法第 11 条还规定："居（村）民委员会可根据需要设立流动人口管理站，可聘用协管员协助工作。"可以说，由辽宁省人大常委会和人民政府分别制定的关于流动人口管理的法规和规章，应视为辽宁省内有关社区政府机构及其工作人员从事流动人口管理的直接法律依据。

然而，社区在开展流动人口管理工作过程中，由于不同的城市和社区在流动人口管理事务方面有着不同的特点和要求，仅有法律、法规和规章等国家制定法或硬法是不够的，还需要各社区政府机构及其他社区治理主体结合本社区流动人口管理的具体情况，制定相应的管理准则，这些管理准则便属于社区软法的范畴。就社区软法的规范性而言，"主要不在于设定明确的行为模式，而是通过描述背景，宣示立场，确定指导思想，规定目标，明确方针、路线，确认原则，规定配套措施等各种方式，正面要求相关主体为或不为某种行为，通过为其提供行为导向的方式来施加影响，促使其作出有利于公共目标实现的行为选择。"① 社区软法具有重要的社区公共治理功能。作为社区治理基本内容之一的流动人口管理，自然也离不开有关社区软法的调整和规范作用。社区软法是一种成文规范，由特定的主体所创制，但它不同于国家制定法或硬法的创制。在立法学上，法的创制与立法既有联系又有区别。周旺生认为，二者的区别之一在于"法的创制比立法更多地强调理论的东西，例如强调进行法的调整的需要、强调旨在实现社会发展目的等。"② 社区软法的创制就很好地体现了社区治理中对有关事务通过软法进行调整的必要性，以及社区软法对实现社区治理目标的意义。

就创制主体而言，社区软法是由社区治理参与主体以单独或合作的方式创制的。例如，社区政府机构（街道办事处等）或准政府机构（社区工作站）针对具体事务可以颁行相应的行为准则。社区政府机构、社区群众自治性组织与社区成员等也可以通过协商、默认等合作方式来创制适用于本社区的社规民约等。在创制程序方面，社区软法的创制目前尚无严格的、具体的程序性规则。社区软法或者由特定的社区治理主体（如街道办事处或居民委员会）根据有关规定，结合本社区的具体情况自行拟定并发布，或者先由有关社区治理主体起草然后在一定范围内征求其他治理主体的意见，最后予以公布。调研发现，当前社区软法大多是社区政府或准政府机构根据上级政府或有关规定自行创制的，属于一种"单向度"的创制模式。用于规范或调整社区流动人口管理的社区软法的创制同样具有这样的特点。虽然这种创制模式在社区流动人口管理实践中起到了较好的管理效果，但是也在很多情况下由于缺乏流动人口的直接参与，所创制的一些软法规范对流动人口权益的保障会产生一些消极影响或造成不必要的限制。

以辽宁省某市某区街道办事处制定的"关于办理流动人口婚育证明应该提交的材料"之规定为例，该规定属于社区软法类型之一即"办事

① 罗豪才、宋功德：《认真对待软法——公域软法的一般理论及其中国实践》，《中国法学》2006 年第 2 期。

② 周旺生：《立法学》，法律出版社 2009 年版，第 56 页。

指南"，其中详细列明了居住在该街道办事处辖区内各社区的流动人口在办理婚育证明时所应提交的材料。这些材料中除身份证原件及复印件、户口本原件及复印件、4 张 1 寸免冠照片外，还包括三份证明、一份申请表和一份"合同"。"三份证明"是指所在单位或村（居）民委员会出具的婚育状况证明、避孕节育情况复查证明，以及如有计划外生育的需提供计划外生育执行情况证明。"一份申请表"是指办理《流动人口婚育证明》申请表，该申请表中除了要填写个人基本情况外，还要填写生育情况、节育措施，并且在该申请表中还需要分别由村或居委会与"上级部门"填注意见。"一份'合同'"是指流动已婚育龄妇女计划生育合同，在这份"合同书"中较为详细地列明了甲方（社区管理者一方，具体主体不明）和乙方（流动已婚育龄妇女一方）各自的权利和义务。例如，在甲方的权利和义务中载有"定期向乙方所在的现居住地了解乙方的生育节育情况"，而在乙方的权利和义务中载有"乙方在外出期间应每半年向甲方提供一次现居住地出具的《流动人口避孕节育情况报告单》"等内容。显然，该有关材料提交的规定属于社区软法的具体表现形式，其创制主要立足于管理的严格或严密而较少考虑被管理者的负担，由此给作为被管理者的流动人口婚育证明办理所设定的各种烦琐条件也就不足为怪了。

经这种"单向度"创制模式而形成的社区软法，其效果或效力正如美国学者诺内特和塞尔兹尼克在论述压制型法时指出的那样："虽然它能赋予权力以权威的色彩，但是它的承认带有充当工具的性质。……虽然压制型法为设置秩序提供了便利的工具，但是它在求得以认同为基础的稳定方面，还远远不能胜任。"[①] 我国社会转型的过程反映到社区治理层面，就是要求社区治理过程应该更加注重各利益主体的充分参与、协商与合作，避免单一的治理主体尤其是政府或准政府机构掌握绝对的主导权。反映到社区软法的创制层面，就是要求社区政府或准政府机构应该主动以一种协商与合作的姿态，去积极回应其他社区治理参与主体的利益诉求。从社区政府或准政府的角度来讲，"政府听取公众呼声、回应公众诉求是政

---

① ［美］P. 诺内特、P. 塞尔兹尼克：《转变中的法律与社会：迈向回应型法》，张志铭译，中国政法大学出版社 2004 年版，第 58 页。

府得以存在的重要基础之一，失去了回应公众诉求、为公众服务这一目的，政府也就失去了其赖以存在的合法性，失去了存在的意义。"① 由此，社区软法的创制应该寻求建立一种"回应型"而非"单向度"的模式。

（二）体制惯性：创制回应型流动人口管理社区软法面临的障碍

国家公权力从根本上属于全体公民，政府管理者只是权力的行使者而非垄断者。当今社会，国家公权力的行使方式正在由原来"单向度"向"回应型"模式转变。对于流动人口管理而言，"回应型"社区软法在创制过程中由于对他们保持开放性以及注重听取和反映他们的意志，无疑有助于更好地保护他们的合法权益，这一点从理论上是成立的。对于社区管理者而言，"回应型"社区软法的创制显然增加了他们创制软法规范的成本，而且对传统的工作思路和管理模式也是一种根本性的挑战，消极对待乃至抵制"回应型"社区软法的创制从而设置相应的障碍，这一点从理论上也是成立的。然而，通过调研发现，创制回应型流动人口管理社区软法面临着很多障碍，这些障碍既来自于现有的制度模式也来自于观念层面，既来自于社区管理者也来自于作为被管理者的流动人口。

任何一种既有体制或制度模式在面对改变的需要或来自系统外的挑战时，总会迸发出非常强劲的抗拒力量，以图维护既有的制度秩序并将其保持下去直至改变真的无法避免，这可以称之为体制惯性。体制惯性是一种综合性的具有系统意义的惯性。对此，我们可从三个方面来把握或理解：一是处于某种体制系统内的各种要素都围绕该体制的核心价值或要素来建构，并从不同的角度或层面承担着维护该体制的正常运行，这些要素既包括制度要素也包括意识要素。二是即使系统内产生或者来自系统外的异种要素对现有体制造成挑战，该体制系统也会设法予以抵制或者化解。三是我们无法单纯从价值或道德层面对一种体制惯性给予肯定或否定性的评价，因为一种制度既然存在必然有其存在的合理性所在。

就我国社区流动人口管理而言，现行有关制度的设置都主要是出于如何更有利于政府的管理，并以维护良好的人口流动秩序为根本出发点。流动人口的管理与政府的其他管理职责或工作有着非常密切的联系。流动人

---

① 毕铁居：《政府回应视域中的社会管理创新》，《党政论坛》2011 年第 9 期。

口的最大特点是其居住不定的流动性，这也为政府在开展计划生育、社会保障、治安维护和卫生健康等管理或服务工作带来许多额外负担，然而也正是基于流动人口管理的这一特殊性的考虑，各级政府都非常重视对流动人口的制度性约束，甚至采取一些失当的措施或颁行一些不当的准则，而较少考虑这些措施或准则可能给流动人口的行为所带来的过度压制。这样的制度思维实际上是计划经济时代制度逻辑的延续，也是计划经济体制惯性的作用表现。

　　与其说计划经济体制惯性影响的是具体的制度，不如说这种惯性已经深入到制度的设计者与实施者意识之中。正如有学者所论述的那样，各地方政府往往只是从本地方的管理需要或利益出发来处理流动人口管理问题。换言之，"面对大规模流动人口的压力，加之长期的城乡分割制度所形成的心理定式，以及城市管理者本身缺乏接纳流动人口的动力和初级劳动力供过于求的现状，城市政府趋向于将流动人口视为城市社会的一种威胁，简单地将农村劳动力自发地在城市寻找就业机会的活动视为'盲流'，过多地强调流动人口的负效应，而较少考虑其正效应以及对流动人口应承担的责任和义务。"[①] 在计划经济体制下，作为个体的人是被严格框定的，从身份上属于某个具体的单位，在行动上也要受到多方面的限制，个体的社会流动主要根据政府的行政指令进行而几乎没有自行选择的空间。在这样的体制下，政府的社会管理制度或活动主要指向被"定格"的个体，所追求的管理目标是实现一种缺乏活力的稳定状态。当管理者适应了这样的管理模式和目标设定后，就会固化为一种心理期待而对背离这种模式和期待的做法产生抵触心理并体现于行动中。当前，有关社区流动人口管理制度的创制大多是在这样的心理和逻辑指导下做出的。尽管近年来中央政府一直致力于服务型政府建设，推进简政放权，但是体制惯性的作用，尤其是当这种惯性已经深入到社会基层管理者意识层面时，要想实现转变何其不易！

　　如果既有体制及其决策者和实施者对改变的抗拒是体制惯性的体现，

---

　　① 艾丽娟、蔡艳红：《论中国流动人口管理体制创新》，《大连海事大学学报》（社会科学版）2007 年第 3 期。

那么在体制内处于被管理者位置的个体及由个体组合而形成的群体，同样会对体制的改变产生某种陌生感或敌视态度，而这种现象虽然也可以用体制惯性加以解释，但其内在原因更为复杂。在计划经济体制下，个体动辄以"某某单位的"自称，相应的政府管理也主要通过单位这个纽带来开展，长期以来个体逐渐习惯了"单位人"的角色，同时也对单位以及通过单位施加的管理或约束产生了某种习惯性的服从甚或依赖。一旦将这种赖以寄托的"单位"予以撤除，将个体逐入一种（准）原子式的状态中，然后由其自行在社会中或特定社区中实现自我治理，个体反而会呈现出各种不适。这同样可以视为计划经济体制惯性在被管理者身上的体现。

当前，进城务工者和大学毕业生是我国流动人口中两类最主要的群体，也是社区流动人口管理及社区软法主要的规范对象。他们或者受到生存压力所迫或者带着对更加美好生活的向往，从户籍所在地或者求学地进入某个经济较为发达、收入相对更高的城市，开始自己的流动或漂泊的生活。"打工者""拾荒者""某某漂""蚁族"等既是他们中绝大多数人的身份标签，又是他们被纳入到流动人口管理范畴的身份代号。从各国发展经历来看，凡是一定规模的人口开始由原来的相对固定状态进入较为活跃的流动状态，便意味着这个社会开始自觉或不自觉地开启了转型的进程。在社会转型初期，由这样的个体所组合而成的群体并没有形成有机合作的意识和组织，这使得他们的流动具有明显的非自觉性和低组织性。无论是个体还是群体，当他们遭遇政府或准政府管理者所施加的管理行为时，他们往往以一种弱者的姿态顺从之，而较少独立地思考管理行为或制度自身的意义或者正当性，更勿论积极参与到管理制度或规范的创制中去。

对于此类群体的特点，法国学者勒庞有过这样的描述："群体随时会反抗软弱可欺者，对强权低声下气。如果强权时断时续，而群体又总是被极端情绪所左右，它便会表现得反复无常，时而无法无天，时而卑躬屈膝。"① 管理者虽然并非当然的"强权者"，被管理者对于"强权者"也并非应一律以反抗的姿态对待之，但是如果个体或群体未能正确定位自己

① ［法］古斯塔夫·勒庞：《乌合之众——大众心理研究》，冯克利译，中央编译出版社 2005 年版，第 37 页。

与管理者（国家公权力行使者）的关系，意识到两者之间实际上是一种合作共生的关系，新公共管理所倡导的参与、协商、分享与合作等理念便失去了存在的根基。除非首先作为流动人口的个体或群体做出改变，确立起现代公民所应具备的权利意识和责任意识，否则这样的个体与群体是难以承载改变传统体制并迈向现代化的时代使命的。至于那种期待由管理者与被管理者经协商来合作创制"回应型"社区软法的做法，也只能更多地停留在探讨层面上了。

（三）推进回应型流动人口管理社区软法创制的建议与思考

由于受到传统的尤其是计划经济体制惯性的影响，无论是作为管理者的社区政府或准政府机构还是作为被管理者的流动人口，都对以协商与合作为基本理念"回应型"社区软法的创制模式表示陌生或抵触。然而，社会转型是一个不可逆的进程，转型的方向则是要建立一个更为民主和自治的社会，进入所谓的公民治理时代。"从概念上讲，这意味着要重新界定公民的角色，即从政府服务的被动消费者变为社区治理的主动参与者。这一新的界定要求公民对自己社区的未来承担更大的责任。"① 回应型流动人口社区软法的创制，我们不应因为体制惯性的过于强大而放弃努力，而应从制度和意识两个层面采取有针对性的措施。

一方面，制度的建构和改进是逐渐消除体制惯性对社区流动人口管理影响的主要着力点。这里所谓的制度是在广义上来使用的，既包括有关公共政策和国家制定法等正式制度，也包括一些社会管理制度和社区日常工作制度和准则等。回应型社区软法的创制要以流动人口具有相应的法律地位为基本前提，而不应被视为一类需要给予特殊限制的群体。当前，有关流动人口的管理制度存在程度不同的不合理之处，对流动人口的权益和行为施加了过多的限制或者带来了额外的负担。这样的制度显然无益于流动人口以更加自主和自信的姿态参与到有关社区软法的创制中，因为它们预设了流动人口与管理者之间的不平等关系，例如曾经针对流动人口实施的暂住证制度就存在这样的问题。

---

① ［美］理查德·C. 博克斯：《公民治理——引领 21 世纪的美国社区》，孙柏瑛等译，中国人民大学出版社 2013 年版，第 23 页。

　　暂住证制度创立的初衷是为了使离开户籍所在地而到某城市暂时居住或工作的流动人员拥有暂时居住的权利和相应的身份，后来该制度逐渐演变为非当地户籍人员在城市作短期或长期居住时，必须申请办理的一种表明暂时居住地位的许可制度。这显然是与传统的城乡二元分立的人口管理制度相配套的一种制度，是对人口流动的一种制度性限制。随着市场经济的快速发展，人口流动的规模及频率也随之加大，这种情势尽管给各地的社会管理包括社区管理带来了很大的挑战，但是总体上还是有利于人力资源的优化配置以推动经济和社会发展的。由此，以限制流动为基本价值取向的暂住证制度就显得不合时宜了，并且这一制度在社区管理中导致人为区分本地人和外地人，客观上那些持有暂住证的流动人口对所在社区缺乏足够的感情投入或认可，自然也会对包括社区软法在内的有关制度的创制产生距离感。因此，改变这种制度已经势在必行。在这一问题上，广东省已经做出了积极的探索和改进，值得借鉴。在广东省人大常委会于2009年制定的《广东省流动人口服务管理条例》中，以居住证制度为核心的流动人口服务管理"一证通"取代了暂住证制度。持有居住证者可以在当地享有技能培训和公共服务、依法参加社会保险、育龄夫妻享受国家规定的基本项目的计划生育技术服务、享受传染病防治和儿童计划免疫保健服务等权利和公共服务等。从暂住证到居住证的一字之差"不仅仅是名称的变化，更主要的是它伴随着与居住证相应的权利。"① 随着居住证制度的推广实施，原来的那种不合理限制逐渐被取消，流动人口的社会福利与归属感也逐渐增强。当然，在实现流动人口享有与拥有所在社区户籍和房产的成员"国民待遇"问题上，我们仍有很多工作要做，许多旧制度的改进和新制度的建立需要在与体制惯性的角力过程中加以推动。

　　社区政府在建立有关流动人口工作制度或者创制有关社区软法时，应该积极探索能够吸引流动人口充分参与并表达自己利益诉求的具体工作制度或机制。包括在社区软法的创制过程中，流动人口应该作为一个规则的"利益相关者"而非单纯的被管理者参与其中。听证制度、座谈制度、信

---

　　① 曾令发：《承认的政治——广东省社会管理体制创新研究》，《华南师范大学学报》（社会科学版）2011年第3期。

访制度和问卷调查制度等都是可以利用的参与或表达机制，但需要社区政府管理者结合具体的情形加以灵活适用，并在多次适用中提高流动人口对软法创制及相关工作的参与能力。

另一方面，回应型社区软法的创制最终离不开管理者和被管理者主观意识层面的转变。美国学者苏珊·摩尔斯指出："未来成功的社区将是一个有对话和慎思传统的组织，它要求寻求社区存在的共同基础，……政策制定者知道，如果要找到解决相互影响的问题的方案，就必须要发现新的谈话方式、决策方法，进而转入行动策略。无论这些方法是建立在先进技术、村镇大会或邻里讨论小组的基础之上，也不论是现在还是未来，关键都是要进行共同决策。"① 其实，在社区治理包括社区软法创制过程中进行共同决策，不仅需要政策制定者意识到其必要性，政策的实施对象也应该有这样的意识。这是进行社区共同决策的基本前提。虽然意识层面的转变从来都是一个复杂的过程，但是它并不完全取决于个体的自我知觉和选择，而是会受到外部因素或外来干预的影响。只要外部干预足够有效和持久，个体之于某种事物的认知是能够发生极大的转变的。原因在于，"为更有效地行事，人们必须对不同事件及行动进程的可能效果作出预测，并据此调整其行为。如果没有预测能力，人们只能盲目行事，其结果即使不是有害的，通常也不会有什么成效。"② 然而，在何种价值或导向上来确定外部干预的性质和内容，或者说基于怎样的目的或立场来施加外部干预，将对个体的认知选择产生不同的影响。应当分别针对社区流动人口的管理者和被管理者施加不同的外部干预，使管理者真正确立服务、合作与共享意识，使被管理者具有参与、协商与责任意识。

具体而言，社区流动人口的管理者主要是社区政府或准政府机构的各工作人员，他们对于政府管理权的认识、自身角色的定位以及对待流动人口的态度等，直接关系到其在创制有关社区软法时的立场与出发点，关系

---

① ［美］苏珊·摩尔斯：《构建成功社区的五大基石》，载德鲁克基金会主编《未来的社区》，魏青江等译，中国人民大学出版社2006年版，第159页。

② ［美］A. 班杜拉：《思想和行动的社会基础——社会认知论（上册）》，林颖等译，华东师范大学出版社2001年版，第253页。

到社区软法内容的确定。据笔者调研所知，尽管政府服务理念在当前各管理者意识中有了很大的提升，但是大多数政府或准政府工作人员依然以绝对管理者自居，较少或不愿意与被管理者进行沟通或协商，合作治理的理念对他们而言更是有些超前，难以在观念层面完全接受。鉴于此种情况，社区政府或其上级政府应该建立相应的制度或采取某些措施。例如，要求社区政府工作人员减少会议次数并增加与流动人口等被管理者接触的频率，建立流动人口意见反馈平台，以及对社区政府管理人员的评价机制等。这些工作制度或措施的运用可以对社区政府管理者的意识产生相应的干预，促使他们在重新定位自己的同时也能够更好地了解被管理者的生活状况与利益需求。

作为被管理者的流动人口一方同样需要进行有组织的外部干预，如社区管理人员可以通过各种形式（发放宣传单、举办社区课堂或知识竞赛等）向他们宣传有关法律和政策，告知他们所享有的权利和义务，使他们能正确认识自己与政府之间的关系。当然，正如有学者所言："公共政策在很多方面都依赖于个人生活方式中负责任的决定。如果公民在个人健康方面（如饮食、锻炼、抽烟、酗酒等问题）不对自己负责，国家就不能提供适当的健康服务；……如果公民习惯性地不能宽容差异，并且普遍缺乏罗尔斯所说的正义感，要创造一个较为公平的社会就举步维艰。"①也就是说，我们在强调培养流动人口的自主意识和参与意识的同时，也应该注重他们的责任意识，包括对个人行为的负责、对社会公德和国家法律的遵守等意识。

总之，社区软法作为社区公共治理的基本规范，其对流动人口权益的影响更为直接，同时也更应体现回应性。面对体制惯性的作用或影响，回应型流动人口社区软法的创制要想取得实质进展，社区政府或非政府机构及管理者显然承担着更为重要的使命，而作为被管理者的流动人口其公民参与及合作意识的健全同样具有决定性意义。

---

① ［美］威尔·吉姆利卡，维尼·诺曼：《公民的回归——公民理论近作综述》，毛兴贵译，载许纪霖主编《共和、社群与公民》，江苏人民出版社 2004 年版，第 247 页。

四　社区治理软法实施中的自由裁量及其规制

虽然社区治理软法的具体名称有很多，如"准则""须知""指南""禁令""承诺"和"规约"等，但基本类型可分为三种：自律型、管理型和服务型。无论社区软法以何种名称出现或者表现为何种类型，其在具体的执行或实施过程中都存在着很大的自由裁量空间。这一特点由社区软法自身的属性和功能所决定，有其实践的必要性与合理性。然而，由于缺乏系统而有效的规制或约束机制，社区软法实施裁量的运用过程中存在很多不规范现象，并引发了一些问题。

（一）社区治理软法实施中自由裁量的空间或表现

罗豪才曾指出："软法的兴起，意味着法治化不再单纯依靠命令—服从，不再完全指望国家强制，而是寻求更加多样化与更加开放性的治理方式，强制性与非强制性并行不悖，国家管理与公共参与相辅相成。"[1] 社区软法的非强制性契合了社区治理的自主性和参与性等要求，同时也意味着社区软法的实施较国家法存在着更大的自由裁量的空间。这里所谓的自由裁量与行政执法和司法裁决活动中的自由裁量有着相似之处，都指的是特定主体在适用某种规范时所享有的一种裁量权。肖金明曾对政府自由裁量的含义从三个层面（即"高度""中度"和"低度"的政府自由裁量）。社区软法实施中的自由裁量主要是一种管理或服务中的裁量，它更类似于政府行政执法中的"中度自由裁量"。所谓"中度自由裁量"是指在法律"只规定了抽象或模糊的标准而没有规定明确的范围和方式的情形下，政府及其部门根据实际情况以及对法律的合理解释，采取具体的行政措施。"[2] 根据调研，社区软法在实施过程中的自由裁量主要表现在以下几个方面：

一是社区软法在其内容表述上使用了大量的程度性副词或动词以及其

---

[1]　罗豪才、宋功德：《软法亦法——公共治理呼唤软法之治》，法律出版社2009年版，第392页。

[2]　肖金明：《论政府自由裁量及其立法控制》，《中国行政管理》2003年第12期。

他模糊语词，其具体的执行或实施程度由相关主体自行把握。根据笔者的调研统计，社区软法中经常使用的程度性副词或动词有"热情""及时""认真""积极""努力"以及"不断"等，而其他模糊语词则有"思想工作""典型问题""复杂情况"和"必要措施"等。根据语用学的理论，"无意中造成的语用模糊是有消极作用的，不利于交际的顺利进行，而有意识的或目的性很强的语用模糊则是一种积极有效的语用策略，有利于交际的动态性和丰富性。"① 社区软法中出现上述模糊语词时，我们认为主要是社区软法创制者有意为之，可以视为一种语用策略。其结果是需要实施者在具体的执行过程中结合具体的事务处理加以把握，其间的自由裁量也就不可避免地产生了。

这种类型的自由裁量多存在于自律型的社区软法中。例如，在辽宁省大连市某社区制定的"社区人大代表工作室联络员工作职责"这一软法文件中，第 2 条规定"熟悉和热爱代表工作，认真完成区人大常委会、街道工作委员会布置的工作任务，做好社区人大代表工作室各项工作任务落实。"不难看出，这个条文中使用了"熟悉""热爱""认真""做好"和"落实"等程度性或模糊性语词，而在缺乏可以有效地验证或者计量这些语词所应达到程度的相关制度或机制的情况下，至于怎样为"熟悉""热爱"和"认真"，以及如何算是"做好"或"落实"，其认定标准主要掌握在实施者的手中，由其在具体的工作实践中予以自行衡量。当然，因程度性或模糊性语词的使用而产生自由裁量空间的情形也存在于管理型或服务型的社区软法中。例如，某市公安部门在其所颁行的《养犬许可》中，规定了准予在小区内申请养犬的条件，其中之一为"养犬不干扰他人正常工作和生活。"那么何为"不干扰他人正常工作和生活"呢？该条件在具体的许可适用过程中显然主要由审查许可者结合具体的情况予以裁量。

二是有些社区软法尤其是服务型社区软法缺乏工作期限的规定，具体的进度由从事社区治理的工作人员来把握，这也为自由裁量预留了空间。

---

① 鲁苓：《多元视域中的模糊语言学》，社会科学文献出版社 2010 年版，第134 页。

例如，辽宁省盘锦市某街道办事处在其公布的《生育指标、婴儿落户办理程序》这一软法文件中，较为具体地规定了社区居民办理一胎生育登记以及婴儿出生落户所需准备的材料和办理程序等。其中有一条规定，申请者应"持'生育指标申请审批表'，到女方户口所在村委会或社区签字盖章后，由街道计生办审核，呈报区计生局批准"。该条规定（包括后面的其他条文）只是规定了办理的流程，却未规定"街道计生办"和"区计生局"两个机构审核与批准的期限。尽管申请者可以根据行政许可法等相关法律法规等规定，要求有关机构在国家法规定的期限内完成相应的审核或批准工作，但由于软法文件中并未规定具体的期限，加之很少有人知道相关法律规定，或者即使知道但因不清楚有关规定与软法文件之间的关系从而放弃主张期限，这些因素的存在都使得关于社区软法实施期限的确定，在很大程度上由有关工作人员自行把握。

三是社区软法自身的非强制性特点以及创制中的一些其他缺陷的存在等，可能被社区软法的执行者或实施者所利用并以自由裁量的名义展现出来。社区软法的一个基本特点是只规定行为模式而不设置相应的责任后果，即使是自律型的社区软法也是如此。虽然有关责任后果可能会以法律责任、行政处分或纪律处分等形式存在于其他规范性文件中，但其对社区软法实施者的影响有限。这就决定了不规范地执行甚至违反社区软法所要支付的成本很低，有关实施者可以较为随意地适用社区软法的有关规定。这里所谓的"随意"是在中性意义上来使用的，尽管不等同于此处所讲的"自由裁量"，但在很多情形中是可以将二者等同看待的。例如，在调研中笔者曾遇到这样一件事情，一名外地务工人员到社区派出所替朋友咨询某事，当派出所工作人员无意间问起该务工人员是否办理居住证问题时，后者的答复是曾经办过但于一个月前遗失。按照该市公安机关颁行的有关居住证办理相关规定，居住证遗失的，应在发现遗失的二日内到居住地派出所办理补办手续。显然，该名务工人员未能在发现居住证遗失后的两日内进行补办。对此，派出所工作人员的处理是，向该名务工人员申明办理居住证的必要性后，要求其一定要在接下来的两日内进行补办。虽然提到了如果不进行补办将给予处罚，但是无论从规定层面还是告知语气中都可以看出，所谓的"给予处罚"不过是一种告诫或督促的策略而已。

此外，一些社区软法在创制过程中未能充分协调好不同事务或者不同地区之间的关系，使得有的规定缺乏合理性甚至难以实施，社区工作人员有时为了实现管理或服务目的或者基于其他因素的影响，而运用自由裁量来操作或适用有关软法规定。例如，笔者在社区办理落户手续时亲历过这样的事情：据社区工作站的工作人员告知，大连市有关文件规定，在将户口由学校迁往社区时，应先将迁移者的个人信息由原户籍所在地输入大连市全员信息网中。但是，笔者所在的高校没有信息输入权限故无法进行信息输入。在咨询了街道办事处有关工作人员后，得到的答复是考虑到情况的特殊性，允许先进行迁移落户再由新的户籍所在地的社区工作人员进行信息输入。该工作人员还"热情"地提醒我，可将该情况及他的答复告知社区负责户口业务的工作人员，如果未获得准许可再给其打电话，由其进行协调。最终，按照街道办事处工作人员所指示的方式，笔者顺利地完成了落户程序。该事例再次表明，社区软法在实施中可能会因各种原因而产生自由裁量的需要。当然，这些原因和需要中既有可能是正当的或必要的，也有可能是非正当的。

（二）社区治理软法实施裁量的合理性与弊端

1. 实施裁量的合理性

逐渐扩大社会自主自治的空间，是我国社会转型的内容之一。社区治理承载着这项时代发展的使命。在社会转型期间，正如有学者指出的那样："高层政府不仅不会代替基层政府开展具体的制度供给作为，还会留给基层政府足够的自由裁量空间。"① 社区便是基层政府主要的作用对象，也是自由裁量运用的主要场域。社区软法作为社区治理所依凭的基本规范形式，必然要尽可能满足社区治理对自由裁量的需求，以因应国家与社会关系以及政府内部权力配置结构的调整趋势，这也是社区软法实施裁量合理存在的重要体制缘由。当然，社区软法实施裁量存在的合理性主要表现在实践层面，也即具有实践合理性。

一方面，从社区软法的主要执行者或实施者——社区有关政府或准政

---

① 王巍：《社区治理结构变迁中的国家与社会》，中国社会科学出版社 2009 年版，第 93 页。

府机构及其工作人员来看，他们不仅承担着繁重的日常社区管理与服务业务，还肩负着塑造良好的政府形象以及增强民众对政府（包括执政党）认可度的政治使命。

"我国体制改革以及'单位制'解体后，从政府分化出的大量社会服务、社会管理以及社会保障实际上部分是由具有非正式制度特性的社区来承担的。"① 实践中，社区的日常管理和服务业务可谓是千头万绪，涉及低保、户籍、流动人口管理、再就业、老年人关爱、残疾人保障、法制宣传、计划生育和征兵拥军等方方面面。不仅几乎所有的政府管理和服务事项都会反映到社区的层面，而且还有很多地方性的管理或服务工作（如创建卫生城等）需要社区的参与或配合。为了提高工作效率，社区政府机构（主要是街道办事处及有关派出机构）和准政府机构（主要是社区工作站）意识到了建章立制的重要性，于是就各项业务或工作的处理创制和颁行了相应的软法规范，以更好地服务于社区治理工作。然而，社区治理机构及工作人员要在具体治理事务的处理中，面对具体的且几乎都有着各自不同情况的人或者事。无论社区软法的语言表述得多么精确，总归无法完全弥合规范与事实之间的罅隙，更何况每位社区治理机构尤其是社区工作站的工作人员往往身兼多种角色，也即承担着多项不同的工作职责。因此，如何在规范工作流程和提高工作效率的同时，又使具体适用这些社区软法的社区治理机构及工作人员有着充分灵活的操作空间，是创制社区软法尤其是管理型和服务型社区软法时首要考虑的"立法宗旨"。从这个层面讲，社区软法实施中的自由裁量是值得我们"同情加理解"的。

在处理繁杂的社区日常管理和服务事务过程中，社区政府和准政府机构及其工作人员每天要与大量的社会民众打交道，他们的办事方式与态度在大多数民众眼中代表了政府或者执政党的形象，是政府及执政党处在最前沿也是覆盖面最广的"窗口单位"。当社区政府或准政府机构及其工作人员被赋予这样的政治使命后，"后果主义"考量便会成为包括社区软法实施在内的一切社区治理工作的首要原则。因此，当社区软法的实施者以

---

① 黄毅：《对我国地方政府社会管理创新的理论考察》，《武汉科技大学学报》（社会科学版）2012年第6期。

"群众是否满意"作为衡量其工作的首要准则时,自由裁量便获得了更大的正当性与作用空间。社区软法尤其是自律型社区软法中大量程度性副词或动词的使用,主要是为了迎合这种需要而出现的。

另一方面,从社区软法作用的另一类主体——社区日常管理和服务的对象来看,社区居民及有关组织在社区治理过程中,以获取特定的服务或者最便利地接受管理作为两项最基本的要求或期待,并依此作为评价社区治理机构及其工作人员工作绩效的主要指标。因此,我们不难看出,社区治理政府和准政府机构及其工作人员之所以在社区管理和服务中秉持"后果主义"原则,一个重要原因是为了与管理和服务对象的要求或期待相一致。社区治理的"后果主义"而非"规则主义"的目标定位,决定了社区软法的实施要以更好地满足管理和服务要求为根本追求,而非以维护规范的严格性和稳定性为首要价值。

例如,笔者在对某司法所进行调研时,在其办公场所的墙壁上挂着"司法所工作职责"的牌匾,其中第3条载明:"指导或参与社区对重大疑难民间纠纷的调处",而在另外的一块牌匾上则有着"'五好司法所'创建标准"的条文,其中"一好"为"群众评价好"。这两个社区软法文件非常典型地反映了社区软法的特点、自由裁量的存在空间以及实施的"后果主义"取向。2012年第11期的《人民调解》杂志中曾报道了辽宁省大洼县新兴司法所所长肖春梅的调解事迹,从这篇文学语言写成的报告中,我们可以更为感性地了解"思想工作""重大疑难民间纠纷"以及"群众评价好"等诸如此类模糊性语词的实践含义,也能够真切地体会到这些语词所包含的自由裁量在实践中的运用所带来的积极成效。正如这篇报道中表述的那样:"经过近半年的接触,老太太对肖春梅逐渐产生了信任,有什么心里话都愿意跟她说,有什么事都找她帮忙,把肖春梅当成了自己的亲闺女。"① 总之,当社区软法的实施确立了结果主义取向之后,自由裁量便是实现这种取向所不可缺少的转化器。

---

① 辽宁省司法厅:《用爱心撑起一片安宁的蓝天——记辽宁省大洼县司法局新兴司法所所长肖春梅》,《人民调解》2012年第11期。

2. 实施裁量的弊端

社区软法实施中的自由裁量的存在具有必要性与合理性，但在社区治理实践中也会产生弊端，尤其当这种自由裁量缺乏有效的约束而被过度使用时，会给社区治理所追求的目标造成难以估量的负面影响。

第一，自由裁量的使用可能出现"区别对待"的现象，有违公平公正原则。社区是一个最为基层的公共生活领域。受中国传统的"爱有差等"及熟人社会交往准则等的影响，社区软法的实施者在某些情形中会根据"关系"的亲疏来给予不同的对待。一般而言，对于那些较为熟识或者经由朋友等介绍的办事者，相比较于"陌生人"，社区软法的实施者会更为"热情"地接待并更为"认真"地办理相关业务。相信有过社区生活经验的人都会有这样的体会。如果我们到社区有关治理机构办理某项事务，直接或间接地与负责该项事务的工作人员熟识，那么在所需材料的准备以及办理效率等方面，会获得更多的关照。

对于这种现象，我们诚然可以用"人之常情"来理解之，但如果自由裁量权的使用造成了对"熟人"给予关照而对"陌生人"过于苛刻甚至有意为难的情形，那么这种"区别对待"显然违反了公平公正的基本原则。根据笔者的调研，这种现象在社区治理实践中并不少见，由此也引发了许多民众的不满情绪。当然，能够促使社区软法实施中通过自由裁量进行"区别对待"的原因有很多，除了"熟人"或"关系"外，还包括办事者的职业、社会地位以及其他一些个体性特征（如性别、年龄或者衣着等）。在当前缺乏对社区软法实施中的自由裁量缺乏有效约束机制的情况下，这种"区别对待"是难以避免的，其消极影响也是显而易见的。

第二，社区软法实施者关于办事期限的自由裁量在某些情况下会影响工作效率，同时也可能损害管理或服务对象的权益。对于那些只规定了办事程序或服务准则的社区软法而言，其实施者可能因事务繁忙或者怠于办理等而自行决定办理期限，一旦发生拖延迟误就可能给有关接受管理或服务的主体造成损失。一位社区居民向笔者讲述过一个亲身经历的事例：去年5月份该居民到社区工作站给三岁小孩子办理保险业务，按照要求提交了有关资料并交纳了费用。去年11月份，孩子感冒生病，该居民到医院办理挂号看病时，被告知医保卡不能使用。电话咨询有关部门后，得到的答复是社区未能在规定的时间将有关信息和资料上报，需再过两个月才能启用。这让她感到无奈的同时，不得不用现金支付相关费用而无法享受到医保的优惠。

比较不同层级和类型的社区软法，我们发现，较高层级的政府及其机构制定的有关社区管理和服务的软法文件，大多规定了具体的办理期限（如果必要），而社区工作站或居委会制定的软法规范则较少有期限的规定。虽然后者许多是在执行前者的规定，但实践中前者所规定的期限往往是从社区工作站或居委会上报材料之后才开始计算的，至于从接受管理或服务者递交材料到上报材料之间的这段时间，大多由社区工作站或居委会等自行控制，也即属于自由裁量的范畴。这也是容易产生问题的地方。

第三，社区软法实施中的自由裁量同样可能滋生腐败或其他不正之风。虽然诸如"工作职责""服务承诺"或"工作守则"等自律型软法文件中都规定要认真履行职责、热情接待和处理每一位社区成员的有关事务，而且此类软法文件同时也会对管理型或服务型社区软法的实施产生相应的规范作用，但是这种倡导性强于规范性的软法文件，并不能有效抑制实施者以自由裁量的名义实现偏私的倾向。当前，我国社区治理过程中出现了有学者所称的"行政化困境"和"边缘化危机"，前者是指"社区居委会作为居民自治组织，本来应该是居民的'头'，但实际上却需要承担街道下派的大量行政事务，成为街道的'腿'，导致其不堪重负、功能错位"，后者指的是社区工作站的建立虽然接管了本不应由居委会承担的行政管理或服务职能，但却使居委会很大程度上被边缘化了。① 其实，社区居委会面临的上述危机也正是我国社区治理所面临的危机，行政化的强化压缩了自治空间并削弱了自治能力的同时，也会滋生行政权或准行政权本身的滥用问题，尤其是当这种权力面对的是缺乏有力制约的社区软法时，后者在实施中所需要的自由裁量无疑在其间扮演了推波助澜的负面角色。

---

① 郑杭生、黄家亮：《论我国社区治理的双重困境与创新之维——基于北京市社区管理体制改革实践的分析》，《东岳论丛》2012 年第 1 期。

（三）实施中自由裁量之规制

在社区治理实践中，社区治理软法实施的自由裁量从某种意义上属于行政自由裁量的范畴，同样以公正和效率为其基本的价值追求。"在行政自由裁量权的行使过程中，不能因追求效率而牺牲公正；提高行政效率，不得违反公正原则而损害相对人的合法权益。"① 要想实现这种平衡，除了要加强社区软法创制的科学性与合理性，还应该在实施环节设置或完善相应的机制，以保证社区软法在实施中的自由裁量权被合理行使。

首先，完善社区软法的公开方式，使社区成员或办事者能够很便捷地获取有关社区软法的相关信息。无论何种形式的规范文件，公开性是其获得实施效力的必要条件之一。调研中许多社区居民反映，到社区政府或准政府机构办事时，许多情况下都是工作人员口头告知应按照怎样的程序办理以及需要提交哪些材料，缺少看得见的书面文本。这种情况下也为有关工作人员进行不规范的"自由裁量"提供了更大的空间。鉴于此，笔者主张在社区治理的政府或准政府及其机构的办公场所，应该以适当的方式公开所有的软法文件。做好这一点，既有助于提高办事效率，增强公众对社区软法乃至社区治理的监督力度，也可以有效地制约或规范社区软法实施中的自由裁量。

具体而言，实践中可采用的公开方式有这样几种：（1）制作牌匾挂于墙壁之上。这种方式多适用于较为简短的尤其是自律型的社区软法，而在内容方面既可以是文字式的也可以是图表式的；（2）在网络上进行公开；（3）在办公场所设专门的规范性文件的查阅处，如以文件夹的方式进行分类摆放，有条件的也可使用电子查询设备；（4）在进行业务办理说明时主动出示相关软法文件，准许办事者复印或拍摄文件的内容；（5）其他公开方式。其实，这些公开方式在不同的社区都程度不同地存在着，只不过在公开的程度或完整性等方面存在很多不足之处。例如，网络公开是成本较低的一种有效方式，但是当前大部分社区基层政府或准政府机构都没有自己的官方网站，而那些开通的网站在社区软法的数量完整程度、更新速度以及社区公众的知晓度等方面都存在问题。这些是今后社

---

① 欧阳志刚：《论行政执法自由裁量权的正当性》，《求索》2012 年第 3 期。

区软法实施中需要改进之处。

其次，管理型和服务型社区软法如果涉及办理期限问题，应该尽可能在软法文件中明确办理期限，或者建立期限说明与查询机制。考虑到社区日常管理或服务的事务较多且工作人员较为短缺，如果设置一个确定的或者较短的期限，可能会影响工作的开展或者增加工作人员的负荷，因此在期限设置方面应该根据不同业务的特点，选择一个相对合理的期限，如可表述为5至10日或者10个工作日内等。同时，为了避免确因事务繁忙或者其他特殊原因，难以在规定的期限内完成的情况，可在社区软法文本中设定一个期限说明制度，即由社区工作人员在规定期限难以完成前预先告知办事者并说明理由，以获得谅解。具备条件的社区还可以开通网络或者电子设备查询平台，便于办事者随时查阅事务办理的进展状况，并保持良好的沟通与协调。这样既可以保证有关工作人员在办理期限方面有着较充分的裁量空间，也能够对这种裁量实现有效的规制，防止因其不当使用而影响社区软法实施的效率或者公正性。

此外，在社区软法实施的期限裁量方面还需解决的一个问题是实现不同层级的社区软法之间的协调与衔接。例如，沈阳市公安局在《购房落户办理程序》中明确规定了公安机关从受理到办结落户申请的期限，即"公安派出所户籍内勤受理，社区民警调查核实写出调查报告，所长批准，在20个工作日内审结上报分、县（市）局，分、县（市）局在20个工作日内审批完毕。"该规定中所设定的第一个"20个工作日"可以理解为"所长批准"后的20个工作日，而对于"所长批准"前的办理期限则缺少明确规定。对此，沈阳市各社区有关政府或准政府机构（如街道办事处、派出所或社区工作站等）在制定具体的实施性软法文件时，应予以补充，并协调好与上述规定期限之间的衔接关系。

最后，建立社区软法实施的评价考核制度，尤其要引入公众评价机制。社区软法的实施与每位社区成员的利益息息相关，自由裁量的存在会程度不同地影响到社区成员的各种权益。换言之，社区成员是社区软法实施的"利益相关者"，他们对于社区软法实施中自由裁量的度有着最真切的体会和要求。从另一个角度讲，社区软法的实施可视为社区政府或准政府机构等提供公共服务的依据和表现，自由裁量的运用是否规范合理，决定着这种公共服务的质量，而正是社区成员而非其他主体掌握着公共服务质量的评价权。因此，若要更好地规制社区软法中的自由裁量，使其在科学合理的轨道上运行，就有必要建立相应的评价考核制度，尤其是要引入科学而可行的社区成员评价机制，使社区软法的实施主体与接受主体在互动与回应中提升社区软法实施裁量的积极成效。

美国学者惠特利和罗杰斯指出："生命只接受合伙人，不接受老板，因为自主乃是存在之根本。生命的第二个需要是促使个体突破自我，寻找社区。……个体只有在与其他个体的关系中才能成为完整的自我。生命中的社区本能无处不在。"① 的确如此。个体都需要在特定的共同体也即社区中寻找自主的生活。在这个意义上，无论是社区治理机构中的工作人员还是接受社区管理或服务的办事者，他们都需要在这样的共同体中实现自我的意义。社区软法的存在及其适用不过是为了更好地平衡或协调这两类看似对立实际上相互依存的关系。显然，自由裁量的运用不应该背离这种关系。

---

① ［美］玛格丽特·惠特利、梅隆·凯尔纳-罗杰斯：《社区的矛盾与希望》，载［美］德鲁克基金会主编《未来的社区》，魏青江等译，中国人民大学出版社 2006年版，第5—6页。

第四章　社区治理中作为文化内生性规范的民间法

社区治理可以视为国家治理在基层社会的一个具体展开，兼具官方性和民间性，也是多元规范同时存在和作用的一个重要场域。社区治理离不开国家公权力的规范与引导，一些（准）政府机构和国家制定法及公共政策的存在与运行，是国家公权力作用的两项基本机制，也是社区治理官方性的体现。社区也是公民私人生活和参与公共生活的最基本的自然空间和制度空间，具有相应的自主性与非官方性。鉴于社区治理的双重属性，任何一种形式的规范在社区治理实践中都不是一种独立的存在，而是相互交织与影响。民间法作为一种文化内生性的规范，一方面承载和实现着社区治理的民间性，另一方面又与国家制定法、公共政策和软法等规范之间相互影响。这是研究社区治理中民间法并改进其规范作用的一个重要前提。

一　民间法：一种根植于文化的内生性规范

（一）民间法的普遍规范性和文化内生性

民间法具有普遍适用的效力，属于一种普遍性规范而非个别性规范。个别性规范指的是适用于特定情形下的特定事项或特定主体，不具有反复适用性，如针对个案的裁判规范一般被视为个别性规范。陈金钊在论述法律解释时，曾指出："法律解释就要在法律与事实之间的目光往返中建构裁判规范。这里的裁判规范是指那种建立在一般法律规范基础上，由法官在其与事实的互动关系中找出的针对个案的判决标准或理由。"① 由于我国不实行判例法制度，先前的判例只是具有参考或指导作用，所以法官针对个案所构建的裁判规范只具有个别规范性。与裁判规范等个别性规范不同的是，民间法虽然多与特定的文化相关联且多属于"地方性知识"，但它适用于不特定的对象且能被反复适用于相同或类似事项。

适用于不特定的对象是就民间法的适用主体而言的，任何社会主体只要参与民间交往活动并由此形成相应的民间交往关系，那么就要遵守相应的民间法而无有例外。显然，任何社会主体尤其是自然人的生存与发展都是离不开民间交往的，这里所谓的民间交往更多的是一些日常生活式的交往，它是与官方交往相对存在的一个概念，是主体从事自主生活或参与公共生活所必不可缺的一种交往形式。因此，民间交往关系所构筑而成的民间场域是客观存在的，而民间法又是存在并作用于民间场域的一种规范形式，只要有关社会主体的行为及相应的交往关系属于民间场域中的行为与关系，就要受到民间法的调整和约束。反复适用于相同或类似事项是就民间法的效力频度而言的，只要是相同或类似的民间交往事项或关系就要受到相应的民间法的调整和约束，无论该事项或交往关系发生在何时与何处，也无论其重复发生的频度如何。当然，民间法的规范效力强弱并不受适用频度大小的影响。只要相应的民间法规范没有因社会或文化的变迁或国家法的禁止等原因而被废止，就一直是有规范效力的。

民间法在内容上表现为一定地区、民族或群体的风俗习惯，具有相应的地域性，但这并不妨碍民间法的普遍规范性。从绝对意义上讲，包括国家法在内的任何规范都具有地域性，都不可能毫无差别被统一适用至所有地区。这也是为何在有的国家法中设置了变通条款，允许某些地方立法机关变通实施某些法律条款。大量地方立法的存在，而且强调在法制统一原则下充分体现地方的特色。这些与国家法的普遍规范性特征都不冲突。与国家法相类似，民间法存在和作用的地域性甚至内容的特殊性，并不影响其作为一种普遍性规范的存在。

---

① 陈金钊：《法律解释（学）的基本问题》，《政法论丛》2004 年第 3 期。

当然，任何一种形式的规范都不是脱离于社会实践的摆设，而任何一个社会又都是有着历史和文化延续性的。有学者分析了国家制定法和民间法的最初渊源，认为两者共同的源头为初民社会的禁忌与习惯。"民间法与国家法在立法、司法渊源上之所以会如此关系紧密，其根本在于民间法与国家法都内生于中国之传统文化中，都是自同质的文化土壤中孕育出来的'规范体系'。"① 此处的国家法指的是由国家立法机关制定的法律法规和规章，是根据治理需要而创制和输出的一套现代性规则体系。尽管国家制定法也不能过分脱离传统文化，否则难以发挥应有的规范效力，但民间法的文化内生性更为强烈和稳定，具体表现为民间法与特定地区或民族的文化传统有着更为紧密的联系，它们更多的是内生于相应的文化中，承载并反映着特定地区或民族文化传统中最为深层的价值理念与思维模式。

张中秋认为传统中国的法秩序总体上由国家法和民间法构成，其中国家法为主民间法为从，而且"传统中国法秩序的构成原理是中国文化共通原理的延伸，只是这个原理的内涵有了变化，由阴阳一体、阳主阴从、生生不息的哲学概念转换成了礼法结合、德主刑辅、情理两协的政教概念。因此，从法哲学上说，道德是传统中国法秩序的正当性所在，传统中国法秩序的构成是道德原理的展开与呈现。"② 近代中国在经历了数次政治变革后，以儒法思想为核心的传统文化逐渐式微，官方代之以一套"现代性"的理念与制度体系，新的国家法相应地要承载和维护这套体系。但是传统文化中的那些价值理念、思维模式以及交往规则并没有失去生命力，部分被吸收到新的国家法之中，更多的则以民间法的形式存留下来并营造着相应的"法秩序"。从这个意义上讲，民间法内生于我国传统文化之中并保持延续，而且不曾被割断或阻断。

从规范的内容来看，民间法主要是一些具有地方属性或民族色彩的风俗习惯。这意味着民间法又是具体地内生于特定的地区或特定的民族文化

① 于语和、刘顺峰：《民间法与国家法的关系探究——一种基于法律渊源视角的考察》，《北京理工大学学报》（社会科学版）2013 年第 5 期。

② 张中秋：《传统中国的法秩序及其构成原理与意义》，《中国法学》2012 年第 3 期。

之中，呈现出规范内容的地区差异性和民族多样性。这种差异性与多样性统一于中国的管辖疆域之中，并共存于中华文化的传统延续之中。我国《宪法》序言的第一段开篇阐述道："中国是世界上历史最悠久的国家之一。中国各族人民共同创造了光辉灿烂的文化，具有光荣的革命传统。"这既是对政治中国悠久传统的宣示，也是对文化中国延绵不绝的肯认。这种宣示与肯认也包含了对传统文化中的那套理念、价值和规则体系的自信。无论民间法在应对处于现代化的社会变迁时呈现怎样的样态——自如的、紧张的抑或自我调整的，都无法消除其作为传统文化载体的符号性意义，更不能无视民间法的实践性规范功能。

（二）民间法与习惯法的异同

民间法常常被等同于习惯法，一个很重要的原因是大量的民间法确实属于民间交往的习惯，这两种规范都主要是行动中的而非设计出来的规范，更加注重实践合理性而非形式合理性。"在很早的阶段上，人就已经作为平等者团聚在一起，哪怕在年龄和性别上是有区别的，而且他们很早就学习了相互间要遵守外在行为举止的某些规则。也就是说，这里是法的渊源，法是作为习惯和建立在习惯之上的关于正确交往的观点而形成的，例如正确的交换，即正确的买与卖，正确的放贷和还债。"① 尽管这两种规范之间在内容和形式上的确存在很多相似之处，但相等同的做法是不准确的。"民间法"和"习惯法"这两个概念存在于不同的关系组合之中，两者所指称的规范内容与规范功能存在差异。

民间法是与官方法相对应的一个概念，处于民间—官方这样的关系组合之中，强调的是它所调整的社会关系所处的场域是民间而非官方。虽然民间和官方两个场域相互交错与影响，但民间场域是一个相对独立的、具有一定社会自主性的公共治理领域。习惯法是与制定法或成文法相对应的一个概念，强调的是规范生成方式的自发性而非有意识的创制。习惯法不限于民间场域，民间习惯法和官方习惯法的区分也是成立的。梁治平也曾对民间法和习惯法做了区分，他以清代为例，认为"民间法产生和流行

---

① ［德］斐迪南·滕尼斯：《新时代的精神》，林荣远译，北京大学出版社2006年版，第179页。

于各种社会组织和社会亚团体，从宗教、行帮、民间宗教组织、秘密会社，到因为各式各样的目的暂时或长期结成的大大小小的会社，……清代之民间法，依其形态、功用、产生途径及效力范围等综合因素，大体可以分为民族法、宗族法、宗教法、行会法、帮会法和习惯法几类。"① 当然，界定视角存在不同，并不意味着民间法和习惯法属于两类完全不同的规范类型，实际上民间法与习惯法在民间场域中的规范内容具有重叠性，而且民间法在规范生成和效力溯源等方面要依托于习惯和习惯法。"事实上，决定民间法成为规范分析对象的，绝不仅仅是国家所赋予的强制性，而是习惯本身对主体权利义务的分配性，以及由此导致的习惯对主体交往行为的规范性和主体对这种规范的接受性。"② 因此，民间法和习惯法具有很强的"家族相似性"，尤其在非官方场域中民间法与习惯法在很大程度上是交叉重叠的，而且也都具有普遍规范性和文化内生性的特点，同时又呈现出地域、民族或群体的差异性。但是，当我们在将民间法与国家制定法、公共政策和软法等规范放在一起讨论时，并没有将习惯法作为异于民间法的一种独立的规范形式，而是将其纳入到民间法的范畴之内。

（三）民间法与软法的界分

无论在理论上还是实践中，民间法与软法同样存在各种关联，甚至存在一定的混淆。由于这两类规范同时存在于社区治理实践中，因此我们有必要先在理论上对民间法和软法加以比较和区分，在此基础上实现两者的良性互动与作用的有效协同。

一是软法与民间法的含义与属性。软法和民间法都包含有一个"法"字，这容易与我们接受的法律含义发生冲突。针对这一问题，学者们试图从不同的角度予以协调。其中常见的一种做法是对"法"或"法律"的含义作扩大解释，尤其是要走出分析法学的"围城"，如罗豪才结合对软法的分析将法或法律的含义作了修正，认为"法是体现公共意志的、由

---

① 梁治平：《清代习惯法：社会与国家》，中国政法大学出版社 1996 年版，第36 页。

② 谢晖：《论民间法研究的两种学术视野及其区别》，《哈尔滨工业大学学报》（社会科学版）2012 年第 3 期。

国家制定或认可、依靠公共强制或自律机制保证实施的规范体系。"① 这一修正有助于我们更好地理解软法，但仍无法用于解释民间法。如果我们在多元规范的视域中，将法的含义进一步修正为由特定共同体（community）制定或认可并对共同体成员的行为产生约束力的规则，则可以涵盖软法与民间法的含义。解决了法的含义对软法和民间法的容纳问题后，我们再来看软法和民间法在具体含义上的不同。

姜明安认为，在目前学界对软法研究尚不深入的条件下，要对软法下一个准确的定义是相当困难的。国外学者多引用法国学者弗朗西斯·斯奈德于 1994 年对软法所做出的界定，即"软法是原则上没有法律约束力但有实际效力的行为规则"。② 国内学者对于软法的研究虽然有了很大的进展和收获，但如何界定和理解软法的含义依然是学者们绕不过去的问题。程迈认为软法"是指由共同体成员协商一致同意制定的，由成员的自我约束来保证实施的行为规范。"③ 这一界定指出了软法含义的几个要素，即共同体制定、协商一致、自我约束和行为规范，但是认为软法的实施仅依靠成员自我约束是不完整的。由此，软法是社会共同体成员在协商一致基础上制定的，以实现共同体目的并通过成员自律、规则评估及资格剥夺等保证实施的行为规范。据此，软法具有公共性、成文性、契约性、自律性和规范性等属性。

受法律社会学的影响，一些学者将视角投向存在于日常社会生活中的那些地方或民族风俗、乡规民约、家法族规以及交易习惯等规范形式，并多以民间法统称之。与软法一样，对于民间法的内涵与外延，学者们也尚未达成较一致的观点。但是一般认为，民间法是与国家法或官方法相对应而存在的一种规范形式。对于民间法的含义，田成有的界定较为全面，即"民间法是独立于国家法之外的，是人们在长期的共同的生活之中形成

---

① 罗豪才、宋功德：《软法亦法——公共治理呼唤软法之治》，法律出版社 2009 年版，第 8 页。

② 姜明安：《软法的兴起与软法之治》，《中国法学》2006 年第 2 期。

③ 程迈：《软法概念的构造与功能》，载罗豪才主编《软法的理论与实践》，北京大学出版社 2010 年版，第 18 页。

的，根据事实和经验，依据某种社会权威和组织确立的，在一定地域内实际调整人与人之间权利和义务关系的、规范具有一定社会强制性的人们共信共行的行为规范。"① 与国家法相比，民间法具有不成文性、地域性、自发性和内控性等特点。

通过对软法和民间法各自含义及属性的分析可以看出，虽然软法与民间法之间存在相互影响甚至在某些场合下相互转化的可能，但是两者在规范的表现形式、调整对象及运行机制等方面都存在很大的不同，属于两种不同的规范形式。

二是软法与民间法存在及运行的主要场域。如果对含义的界定仍无法明确软法和民间法的界分，那么通过对软法和民间法各自存在及运行场域的分析可以进一步明确二者的差异。尽管学者们对于软法的含义并没有形成确定一致的看法，但是可以确定的是，软法是特定的共同体尤其是社会团体制定或认可的规范，它具有明显的公共性。民间法则不然，它存在于特定地区或群体的个体的民间交往过程中，主要受地区或民族的传统或文化影响，并多已内化为一种心理性规范。当代西方社群主义者则主张，个体的自我认同需要从其所属的社群中获取。"在现实生活中，任何自我都必然受到各种归属（Attachments）的制约"。② 虽然社群主义者主要是在抽象意义上来使用社群一词，主要用来指明个体的生存和发展离不开相应共同体，但是由此我们可以对软法与民间法作如下推知：软法是个体作为特定的共同体成员与其他成员基于共同体的目标或宗旨而协商制定并予以认可的规范。这里的共同体是个体社群属性的具体实践。民间法则是个体因处于不同的共同体而在承袭该共同体传统基础上所认可的一系列不成文规范。此处的共同体也即抽象意义上的社群，它具有非组织性或实践目的性。

根据上述推知，虽然在软法和民间法之间我们不能也不应划出一道界限，将二者予以隔离，但是就软法和民间法各自的存在及运行场域而言确实存在根本的不同。具体来讲，软法主要存在于公共关系领域中，而民间

---

① 田成有：《乡土社会中的民间法》，法律出版社 2005 年版，第 19 页。
② 俞可平：《社群主义》，中国社会科学出版社 2005 年版，第 29 页。

法则主要运行于民间关系领域中。从参与的公权力的类型看，完整意义上的公共关系领域包括国家公权力支配的公共关系领域、社会公权力支配的公共关系领域，以及国家公权力和社会公权力共同支配的公共关系领域。软法所处的公共关系领域属于后两种类型，它调整的是个体与组织或个体之间在公共关系领域中所发生的各种关系。民间法所运行于其中的民间关系领域，主要是相对于国家公权力支配的公共关系领域而言，虽然民间关系领域在许多情形下与后两种类型的公共关系领域存在交叉或重叠，但是民间关系领域是一个抽象的或文化意义上的共同体而非具体的或实践意义上的共同体，民间法所指向的主要是个体私权益之间的关系，故民间关系领域也可以称为私域。

三是软法与民间法的功能。国内研究软法的学者大都将软法视为一类公共领域中的规范。他们在研究软法功能时主要关注的是软法之于公共治理的意义。罗豪才和宋功德认为"它不仅以不同于硬法的方式体现法律的基本功能，而且还通过弥补硬法不足与引领硬法变更的方式来推动公法制度结构的均衡化，并依靠其协商性来推动公共治理模式的确立，依靠其实效性来强化法律权威，依靠其经济性来节约法治与社会发展的成本，进而推动公域之治与法治目标的全面实现。"① 关于软法的公共治理功能定位是有道理的，因为这一定位明确了软法的含义，并理清了软法作为一种独立的规则形式与其他形式规范之间的界限，避免因过于泛化软法的外延而致使其内涵模糊。与软法的公共治理功能不同，民间法的基本功能是调整个体之间的民间交往关系。虽然诸如乡规民约、家法族规等民间法的表现形式也在一定程度上调整个体与共同体之间的关系，但这里所谓的共同体主要是基于地缘或血缘而形成的一种文化共同体，而非公共治理意义上的契约共同体。从这个意义上讲，虽然乡规民约或家法族规等是成文的，也存在于相应共同体中，但它们并非建立在共同体成员协商或契约基础上，其规范文本与其说是制定的不如说是对传统文化、伦理习俗等的一种记载，故不属于公共治理规范的范畴。因此，民间法不具有软法的那种公

① 罗豪才、宋功德：《认真对待软法——公域软法的一般理论及其中国实践》，《中国法学》2006年第2期。

共治理功能。

二 民间法与社区治理的关联及其作用表现

(一) 地缘与文化共同体：社区治理与民间法的内在关联

1. 社区治理的地缘性与民间法

社区虽然是一个包含多重意义和因素的场域，但它首先是一个真实的地理空间，是人们具体的共同生活的空间，而非虚拟的观念空间或网络空间。社区治理是一种基于空间同一性或地缘一体性的治理，是一种现实的治理。对于地缘共同体的形成与发展，德国社会学家滕尼斯认为，"血缘共同体作为行为的统一体发展为和分离为地缘共同体，地缘共同体直接表现为居住在一起，而地缘共同体又发展为精神共同体，作为在相同的方向上和意义上的纯粹的相互作用和支配。地缘共同体被理解为动物的生活的相互关系，犹如精神共同体可以被理解为心灵的生活的相互关系一样。"① 作为一种地缘共同体，不同的社区的内在紧密程度是不同的，据此也可将社区划分为不同层级的共同体类型。初级的社区仅仅是作为一个共同居住生活的空间而存在，这一空间中的个体之间基本上没有真正意义上的公共生活交往，人与人之间机械地结合在一切，不过是因为恰好住在了一个地方而已。高级的社区则是一种真正意义上的共同体，实现了所谓的"守望相助"，成为一个具有高度认同感与归属感的精神共同体，其成员在生活上、行为上、心理上、文化上有非常紧密的相互关联和强烈的共同认识。精神共同体可以被理解为真正的人的和最高形式的共同体，而使社区成为一种精神共同体，应该是社区治理所要追求的根本性目标之一。

无论是初级还是高级的共同体，空间的同一性是社区存在的基本要素，地缘性也成为社区治理的基本前提。只要是生活在同一地理空间中，个体之间的民间交往便会发生，而民间交往关系存在的地方，也是需要规则治理的地方，民间法便有存在和作用的空间。初级社区更像是"陌生

---

① [德] 斐迪南·滕尼斯：《新时代的精神》，林荣远译，北京大学出版社 2010 年版，第 53 页。

人的社会"。一般认为，此类共同体在规则需求的类型上更倾向于具有现代性的国家制定法。其实，初级社区中的人们在交往中同样离不开民间法。尽管人与人之间不存在频繁的交往，尤其是缺少基于地缘的社区公共交往活动，但由于居住与生活的空间同一性，不可避免地会产生一些交往关系，如相邻关系、卫生环境维护与物业管理关系等。这些交往关系的规则调整并不完全依国家制定法，容忍礼让的人际交往原则便属于民间法的范畴。高级社区中人们之间的交往频繁，而且社区成为一个以共同生活为基础但具有公共领域属性的精神共同体。高级社区中的规则具有更强的内化性，即社区中的各类主体已经在频繁的交往中形成了较为固定的交往模式与习惯性规范。国家制定法更像是一种外在的规则，发挥着一种警示或划定交往行为外围边界的作用。

初级社区与高级社区的划分只是一种理论上较为理想的做法，实践中的社区大部分介于这两种理想模式之间，而且初级社区与高级社区之间不存在难以消解的鸿沟。一个社区在形成初期，生活于其中的人们大都出于环境的陌生与本能的警惕等而交往较少。随着时间的推移，除非个体选择退出该社区，否则个体之间基于社区而发生的交往增多是必然的，对社区共同体的认同与归属感总体也会越来越强。由此会衍生出更多的交往习惯，或者说社区交往频度的增加为民间法的作用提供了更多的机会。从某种意义上讲，社区主体之间交往频度能够反映社区治理的复杂程度，而社区主体之间所遵循的交往规则也是社区治理的规则。

社区治理的地缘性与民间法的关联主要体现在两个方面：一是民间法具有地域属性，由特定空间中的特定群体的行为予以承载，社区便是这样的一个特定空间。社区是由具体的个体（或称居民或业主）所组成，是他们共同的生活空间。民间法经由这些具体的个体而发挥作用，而这些个体在社区中的行为也由社区这一地理空间所限定。并且，社区不仅作为一个客观的空间而存在，还会因个体职业、文化程度和民族等属性的不同而呈现不同的特点，并由此对社区治理中民间法的具体内容及作用方式产生一种设定作用。二是不同地域的社区在民间法的具体内容上也会有差异，这也恰恰反映了地理空间对于民间法的影响。"十里不同风、百里不同俗"，这一俗语表明不同地域空间中人们所适用的习俗的差异。这种情形在社区治理层面也或多或少地存在，一个位于广东某社区的居民和一个位于辽宁某社区的居民，在日常的社区交往中会有一些习惯上的差别，而不同社区之间的居民可能会因职业不同、民族不同或来自不同省份而适用不同的交往习惯。

2. 文化共同体、社区治理与民间法

社区以地理空间为基础或最初之构件，但社区绝不仅仅是一个地理空间，还应该是一个文化共同体。文化共同体也是一个精神共同体，是高级社区的内在品质，也是绝大多数社区在形成之初已经预设了的一个目标。成为一个成功的社区并进而发展为一个高级社区，应该是任何一个社区在组建伊始所内含的一个目标。"成功的社区在拥有共同的目标或活动的同时，还有着共同的经历和共同的信念。其成员拥有共同的思维方式和价值体系，因此他们可以互相预见并尊重彼此的行为。"① 那些共同的经历、共同的信念、共同的思维方式和价值体系，便是作为文化共同体的社区的深层内容，也是社区治理所要面对和倚重的软环境。对于文化共同体意义上的社区，我们至少可从以下两个层面上来理解：

一是从整体意义上来看，任何社区都是文化共同体一个具体的承载空间。所有位于我国主权管辖范围内的社区都是中华文化共同体内的一部分，这里的中华文化主要是中华传统的文化，它通过社区中的每一个个体的思维与行为予以记载和呈现。中华传统文化历经几千年，由一些具体的要素所构成。其中，有一些表现为一种思维习惯，有一些表现为一种行为模式，也有很多作为习惯性规则或习惯法依然调整着社区中诸个体（即社区居民）间的交往关系，是社区治理不可缺少的规范形式之一。任何社区中的居民都会或多或少地受到中华传统文化中特定的思维和行为模式的影响。当然，中华传统文化中的思维与行为习惯会因地域、民族、职业等因素存在差异，可能导致同一社区中的居民在交往中产生程度不同的交往冲突，但这并不能否认社区治理中民间法的作用，以及社区居民经过长期交往互动而形成新的民间习惯法的可能。

---

① ［美］克莱尔·高蒂安妮：《繁荣社区的智慧资本》，载德鲁克基金会主编《未来的社区》，魏青江等译，中国人民大学出版社2006年版，第62页。

二是就社区的个性而言，不同的社区会在发展和治理中逐渐形成具有一定独特性的文化属性或文化氛围。这层意义上的文化更多的是在具体或实在意义上使用的，主要是指每个社区在日常的交往或公共活动中所形成的一种模式，而这种模式是由理念、习惯性规则和实践性活动等共同构成的。例如，几乎每个社区都会开展各种形式的公共活动，尤其是社区文化活动，来增进社区居民的相互了解及对社区的共同归属感，朝向一个塑造精神共同体的目标迈进。"社区文化是社区的灵魂和社区共同体的精神纽带。……文化并非娱乐性的表扬和粉饰太平的氛围，也不是高高在上的空洞宣传。文化是人类在共同的经历和命运中积累出来的共享的人文传统，是关乎人性、人心、人情的活动。"① 社区文化活动是一项项具体的实在的活动，无论社区居民的参与程度高低，其所承载的功能是多样的。"社区文化是在社区成员通过自己的力量共同参与和解决具有共同性利益问题的过程中产生的，因此，社区文化更多地体现着社区居民的自治和自享，是培养城镇居民民主素质的有效途径。"② 除了休闲娱乐和增进了解外，社区居民或成员也会通过此类活动来调试并逐渐形成一种较为稳固的社区交往模式，这会在很大程度上影响到社区治理的模式及效果。在这一过程中，发挥主要治理规范作用的不是国家制定法，而是已经存在的交往习惯以及在不断交往中新形成的交往习惯。这些交往习惯都属于民间法的范畴。

（二）社区治理中民间法的表现形式

民间法与国家制定法相类似，是一个复合性的概念，具体表现为社区居民在日常生活和交往中的各种惯常做法，包括以行为反映出来的和以文字记载彰示出来的等。从这个意义上讲，民间法是一种事实性的存在，也即在日常的社区交往和治理事实中呈现出的一种规范。"习惯性规范来源于具有规范性的社会习惯，在与凯尔森关于法律规则是从法律文本中描述出来的'应当'大致相同的意义上，习惯性规范是从作为社会事实的社

---

① 马西恒：《社区治理创新》，学林出版社 2011 年版，第 13—14 页。
② 李咏梅：《新型城镇化与社区文化研究》，中国农业科学技术出版社 2015 年版，第 48 页。

会习惯中描述出来的‘应当’。"① 或许，正是由于民间法的这种事实规范性，使得民间法很容易被忽视，也很难从理论上做一个系统的阐述。根据调研和观察，我们可将社区治理中民间法的存在形式或类型大致分为以下几种：

（1）社区日常交往习惯。由于生活在同一个空间之内，社区居民之间不可避免地会发生一些积极的或消极的交往关系。积极交往关系是基于社区日常生活或公共生活所需，而主动进行的一些交往，此类交往关系既包括增益性质的互惠关系，也包括侵益性质的积极冲突关系。消极交往关系是基于相邻关系、公共设施的使用和公共环境维护等而发生的一种交往关系，此类交往关系不以社区居民的积极行为而建立。无论是积极的还是消极的交往关系的调整，国家制定法主要扮演着一种划定外部边界的角色，只要社区居民的交往行为未越界违法，在边界之内都是自主自为的，也是日常交往习惯作用的主要空间。

社区日常交往习惯主要是一些建立在礼让互惠、容忍自律等基础之上的行为准则。例如，某户房屋装修时，其上下左右邻居乃至整栋楼的居民，都要在一定限度内忍受装修带来的噪音与灰尘等的影响，而作为装修户的居民也应当以某种方式（如张贴安民告示或口头向邻居表达歉意等）来换取邻居们的容忍限度。这其间存在一种默认的习惯性规范，容忍与自律作为一组对应关系的规范同时存在，甚至会呈现一种同增共减的关系。作为装修户居民的自律性越高，表达越及时适宜，邻居们的容忍程度也越高，反之亦然。在社区日常交往中虽然传统社会的那种互动频繁、礼尚往来的关系大为减弱，社区居民之间的许多交往更多地停留在点头之礼的层面，但随着在同一社区中的生活时间越久，或者同一社区的居民之间存在诸如同事、老乡、同学等关系，社区居民之间会存在更多的积极交往关系，礼让互惠的民间交往准则也会发挥更大的规范作用。

（2）与特定文化传统或民族节日有关的仪式或习俗等。存在与文化传统或民族节日中的那些仪式或习俗等，是人类社会最初的一些规范，也是后来国家制定法重要的规则渊源。"普遍认为法律的来源分为存在于能

---

① 王新生：《习惯性规范研究》，中国政法大学出版社 2010 年版，第 5 页。

够形成法律条例的相关事件中的'产生源'和有关可以从中获取现行法律知识的'认知源'。……在'产生源'中，首先就是风俗习惯，即在一段合适的时间内重复某种特定表现并符合法律规定的习惯。"① 特定的文化传统或民族节日便是能够产生规范的"事件"或者"事实"，与之相关的各种仪式、习俗或者禁忌等便是构成这些文化传统或民族节日的基本内容。换言之，大部分特定的文化传统或民族节日除了抽象的文化心理或故事传说外，在现代人的生活中主要是以一些具体的仪式、习俗或禁忌等规范性的事实而存在。社区治理者无论是政府或准政府的工作机构，还是社会或市场主体，以及社区居民，都会在这些特定的节日到来前后及节日期间的一些事项做出专门的安排，而且这些安排无论是营造节日气氛还是维护节日安全等，都不能做出与节日所设定的要求过于相悖的行为或举措。例如，对于社区中的汉族居民而言，春节、清明、端午、中秋节等是非常重要的传统节日，这些节日中社区居民会按照习俗燃放鞭炮、焚纸祭祀、插放艾草和悬挂灯笼等，如果政府以制定法或者其他社区管理者以告示等方式禁止社区居民的上述举措，便容易引发矛盾。当涉及少数民族的一些节日习俗时，同样如此。

（3）婚丧等的特殊事件和日子中的仪式要求或行为准则。生老病死、婚丧嫁娶等是社区生活中必不可少的内容。中国传统社会非常重视礼仪，许多婚丧规则都曾纳入到国家正式法之中，如关于婚姻缔结的程式性规则、婚礼的仪式性要求、丧葬仪式及对于家庭成员的行为要求等，其中许多都设定了明确的国家法规则。随着传统社会向现代社会的转型过渡，有关婚丧嫁娶等的规则逐渐成为一种非国家法规则，但仍然在民间具有很强的适用性或规范效力。虽然在现代社会中许多仪式要求或行为准则相对于传统社会有了很大的简化，但是不同的地区仍然程度不同地保留了传统社会的做法。例如，按照大连地区的习俗，结婚的日期最好为双数，新郎和新娘在结婚的头一天不能见面，而且要将新房所在的小区的井盖用红纸遮住。结婚当天，新郎要与新娘一起吃送行饺子。参加婚礼宴请的亲朋好友

---

① ［意］蒂托·卢克蕾齐奥·里佐：《法律的缘由》，李斌全译，浙江大学出版社 2009 年版，第 4 页。

会根据与新郎和新娘的亲疏远近被安排到不同的桌席上，如果安排不当容易引发矛盾。当然，亲朋好友也会根据自己与新郎或新娘的关系远近送上不同的礼金或礼品。丧葬之事在不同的地区也有着不同的习俗。此外，小孩儿出生或者子女升学等在许多地区也有着一些人际往来，其间都存在相应的习俗或行为准则。

（4）民间商业或交易惯例。"成熟的商业规则或商业惯例构成经济领域的习惯法。"① 只要存在商品交换和商业活动的地方，便会存在相应的商事习惯法或商业惯例。商业或交易惯例也是一种常见的民间法的表现形式。魏治勋区分了习惯和惯例这两个概念，认为"习惯"（custom）和"惯例"（usage）是民间法研究中最为核心的概念，习惯是那种规则化的并且自身具有了规范性向度的民间规范类型，是可以表达为"应当"（或"应该"）的民间规则形态；而惯例则是指那种尚未规则化且自身不具有"规范性"向度的而为行为的重复性所造就的民间规范类型，惯例在社会生活中发挥作用的规范性前提不是基于其自身，而一般是人们在社会交往中自由选择某一惯例规范后基于社会道德准则外在地赋予其上。② 我们在此并不打算做这样的区分，使用民间商业或交易惯例这个术语只不过是用来指称存在于社区治理中的那一类与商业活动有关的民间法规范而已。

一般而言，社区生活具有非商业性。但在日常的社区交往和公共生活中，商业性因素也或多或少地存在。社区治理中物业公司是一个重要的参与管理的主体，物业公司与社区居民（业主）之间主要是一种商业上的合同关系。然而，"入乡随俗"不仅适用一般的社区居民，也适用于物业公司这类市场主体，尤其当一个物业公司与某个社区建立长期的管理和服务关系时，便会在社区居民与物业公司之间在某些事务上（如在物业费的缴纳方式和物业服务费的收取方面等）形成一些商业惯例。再如，许多社区都会有一些个体工商户或小微商业主体，如社区商店、理发店、洗衣店和快递服务店等，这些小型商户的存在很好地满足了社区居民的日常

① 杜恂诚：《近代中国经济发展中的成文法与习惯法》，《贵州社会科学》2017年第5期。

② 魏治勋：《民间法思维》，中国政法大学出版社2010年版，第204页。

生活需求。同样，在持续的交往过程中，商户的经营者与社区居民之间在服务方式、会员制及折扣等方面也会形成一些商业惯例。

（5）与民间信仰相关的一些仪式、禁忌或习俗。信仰是一种非常复杂的心理现象，但也会对应着相应的外部行为准则。美国学者伯尔曼指出："信仰不仅要求个人的德行，而且要求集体的德行，而体现在法律中的集体德行也和人可能做的其他任何事情一样具有终极价值（而非仅仅是次要价值）。"① 民间信仰是一个宽泛的概念，泛指存在于社会民众观念之中的，基于各种原因而形成的一种或强或弱的情感认可或心理寄托。这些原因既可能来自宗教、也可能来自传统文化，还可能来自民族习俗，是一种具有集体性的意识或文化心理，并由一些特定的仪式、禁忌或习俗所承载或展现。社区中居民并非完全生活在一个现代化的社会中，而且即使完全现代化的社会也并不排斥信仰。当然，不同内容的民间信仰在规范要求方面也有不同。在汉族居民当中，许多民间信仰具有较强的现实功利性，对应的一些行为规则也不像宗教信仰那般严格。

以在汉族居民中比较常见的许愿为例，许愿是一个多少带有民间信仰性质且仪式比较简单的民间活动。许愿的场合既可以是较为肃穆的寺庙，也可以在自己的家中，面对着特定的神明塑像，辅以特定的举止。不过，对于许多汉族民众的此类许愿行为，刘晓春并不认为那是多么虔诚的宗教般的信仰，而是带有很强的功利或互利之心。"许愿是人与神之间的个体性交易，人只须向神许诺一定的财物，便会得到相应的回报，……人们举行仪式的同时，神明的力量得到了认同和肯定，在人与神明的交易过程中，神明的灵验当成了可以用金钱衡量的商品，人与神明之间的交流越来越缺乏神圣意义，逐渐成为一种交换行为，而这种交换行为建立在互利的基础之上。"② 当然，无论建立在什么基础之上，无论民间信仰的内容及程度如何，都会设定有相应的仪式、禁忌或习俗，这些也都属于民间法的范畴。

需要指出的是，我们在列举民间法的存在形式时并没有刻意区分民间

---

① ［美］伯尔曼：《法律与宗教》，梁治平译，中国政法大学出版社 2003 年版，第 84 页。

② 刘晓春：《仪式与象征的秩序》，商务印书馆 2003 年版，第 192 页。

法、习惯法或者其他类似的概念，而是将所有可纳入民间场域的交往关系所牵涉的习惯、习俗、仪式、禁忌、习惯法等，统统纳入到民间法的范畴中，视为民间法的具体内容或形式。这在前文讨论习惯和惯例的区分时已经予以指出。当然，上述有关社区治理中民间法存在形式的概括与列举是不完整的。社区所在的地域不同以及社区居民的构成（如民族、职业或文化水平等）不同，相应的民间法的规范内容和作用方式也会呈现出很大的差异。

（三）民间法在社区治理中的作用

改革开放以来，人口流动加快，新型的社区逐渐涌现，这实际上是对传统生活空间和生活方式的一种突破。城市社区中人们大都是"恰巧"生活在了同一个社区中，但如前文所述，初级社区一旦形成，除非有特殊情况致使社区解散，初级社区会逐渐向高级社区发展。社区居民之间的交往或互动关系也将趋向活跃。不同发展阶段的社区，在社区治理方面也会呈现不同的特点与要求。国家制定法、民间法和软法等各类规范通过各自相应的作用机制和作用中介，对社区治理产生规范作用。作为一种基本的规范形式，民间法在社区治理中发挥着不可替代的作用。"从民间法与国家机关、民间组织、社会参与者三个主体之间的内在关系进行分析，民间法可以通过立法与司法互动规范化、以民间组织为载体实现规则再生成和激发社会参与者主体自觉三个途径介入社会治理。"① 概括而言，民间法在社区治理中发挥着"指南针""黏合剂"和"传输器"等作用。

其一，民间法与其他形式的规范相类似，也具有规范性功能，是社区治理中社区居民及相关主体的诸多"指南针"之一。规范性功能的核心是指引作用，也即民间法对于特定主体的行为具有相应的指导性，使行为主体在清楚自己如何行为才是合法或适当的基础上，选择相应的行为，既能实现自己行为的目的，也能与他人形成良好互动或至少不过分侵害他人的利益。社区治理虽然具有官方性和民间性双重属性，但总体而言属于一种非政治性或政治性很弱的民间治理。严存生在论及法律多元时，指出

---

① 李杰：《论民间法在社会治理中的作用及介入途径》，《甘肃政法学院学报》2015 年第 1 期。

"法律的多元还在于人类社会秩序的多层次性。所谓多层次性是指人类社会的秩序包含着许多领域，而这些领域并不是平行并列的，而是互相包容的。人的活动大的可分为政治领域和非政治领域。"① 社区显然不属于政治领域，而更多的是一种非政治领域或私人领域。私人领域所适用的规则主要就是风俗习惯，也即我们所称的民间法。民间法的规范性或"指南针"作用主要表现为：社区治理主导主体或参与主体在熟悉有关民间法基础上，在特定的社区治理工作或交往情景中懂得如何根据有关民间法的要求，选择最合适的行为方式或治理措施。

由此，民间法的"指南针"作用实质上包含两层内容，既包含指引社区治理或交往主体如何做的行为方式或治理措施，还包含如何做是正确的或适当的价值标准。从这个意义上讲，民间法的"指南针"作用是一种典型的实践理性，即它告诉行为主体在特定情境中如何做才是适当的。例如，如社区某一居民在举办婚礼过程中，迎亲时大都会燃放烟花爆竹，即使这种燃放对于环境产生一定污染或者噪音过大影响到休息等，此时社区物业管理者及其他居民一般情况下的行为选择是尽量不去干预指责，除非这种影响超出了一定的限度，否则会被认为是不适当的并可能引发矛盾。从法理上讲，规范性功能除了指引作用外，还包括预测、评价和教育等作用，这些也都包含在民间法"指南针"作用的范畴之内。民间法不仅为社区治理主体的行为方式或治理措施提供指引，也为各主体在治理或交往过程中行为所引发的后果提供预测，对他人所做出行为的效果据此加以评价等。可以说，"指南针"作用是民间法作为一类基本的社区治理规范，所具有的最基本的一种作用。无此种作用，民间法就难以称得上一种社区治理规范。

其二，民间法所包含的礼让互惠、容忍自律等要求，既是一种原则性的规范，也是一种重要的社会共生理念，对于增进社区治理所需要的信任、关爱等社会资本发挥着一种"黏合剂""润滑剂"乃至"催化剂"的作用。民间法之所以在一些学者的论述中被视为一种事实性存在，主要是因为民间法不像国家制定法那样能够以较为清晰的且结构化的条款展示

---

① 严存生：《法的"一体"和"多元"》，商务印书馆 2008 年版，第 164 页。

出来，而更多地体现在人们的具体行为之中。例如，"一个人如能依照社会认可的文化规则在适当的场合进行恰如其分的礼物馈赠，便是懂得自己在名分体系中的位置并能够完成义务的合格的社会成员，即'懂人情，通情达理'"。① 其实，"懂人情、通情达理"便是对行为主体有效践行了民间法的要求所给予的最好评价。民间法的确具有难以条款化的特点，而且往往与特定的交往或治理情景相关联。但是，我们大体还是可以把握民间法内在的一些原则性或理念性的东西，例如礼让互惠、容忍自律等。这些原则或理念性的要求既是一种规范，也是一种理念，而且这种理念对于营造一种生活共同体而言的社区治理与交往主体而言，是非常重要甚至珍贵的。这些原则或理念是维系社区共同体有序运转的基础性准则，因为它们背后所蕴含的是一种寻求或建立合作的理念，是一种社会共生的理念。正是依靠这些理念才能够有效地将社区中的各类主体有序地整合到一起，尽管看似毫不相干或少有往来，但民间法在其间所发挥的"黏合剂"作用是不可替代也是不可忽视的。

当然，民间法不仅依靠那些基础性的原则或理念将社区治理中的各类主体黏合到一起，还在很多场合中发挥着"润滑剂"的作用。这与民间法的规范性具有很大的弹性有关。民间法虽然提供给社区治理或交往主体以适当的行为方式或治理措施的指引，但这种指引并非一个简单而明确的"说一不二"的指令，而是给相关主体提供了较大的选择空间。例如，社区中有居民在举办婚礼，在此类喜庆的场合，其他居民既可以选择一种于己无关、自行其事的方式处理之，也可以选择前去道贺或者提供力所能及的协助的方式对待之。民间法本身并没有明确上述哪一种方式是最适当的，但显然后一种方式有助于加深社区居民之间的信任与关爱，对于增进社区居民的共同体观念有着良好的"润滑"或"催化"作用。同样，社区居民日常生活中礼让互惠基础上的往来，尤其当社区居民在职业、文化水平、宗教信仰和民族等方面存在差异时，民间法的这种"润滑"作用显得尤为重要。

---

① 阎云翔：《礼物的流动——一个村庄中的互惠原则和社会网络》，李放春、刘瑜译，上海人民出版社2000年版，第243页。

其三，民间法作为一种文化内生性规范，在社区治理中以社区居民的交往关系为作用中介，塑造着社区居民的观念与行为，实际上发挥着一种文化"传送器"作用。民间法是文化的一部分，这里的文化是在多个层面上来使用的，既包括整体意义上的中华文化，也包括与特定民族、地域、职业等相关联的文化亚种。民间法从外部看主要表现为一系列民间交往习惯、风俗或者惯例等，但内在的是一套复杂的价值体系或社会理念，两者共同构筑并维护着一种社会秩序。从法律人类学的视角看，"任何社会的秩序必须首先依赖于其成员之间存在的、针对应如何安排日常生活以及一个特定情境下，什么形式的行为可接受、什么不可接受的某种理解。"① 这种理解能力便是一种文化能力，或者在一种文化中生活逐渐具备的能力。无论是外部的表现还是内部的理念，民间法可以视为人们在一种特定文化中生活，所逐渐习得的一种交往规范与相处理念的综合体，而这种综合体显然是文化塑造的结果。这也是为何我们将民间法视为一种文化内生性规范的原因。

民间法调整着社区治理和交往中的各种关系，塑造着人们的行为与理念，但反过来看，社区治理中各类主体也通过治理或交往行为承载着民间法，甚至发展着民间法的外在形式和内在理念。从这个意义上讲，民间法在发挥规范作用的同时，也借助于所调整的主体和关系，传承其所包含的价值理念，即作为一种文化"传送器"而存在。正如英国著名学者哈耶克指出的那样，"在一特定的文化中成长起来的每一个人都会在自己的身上发现规则的影子，甚或会为发现他是依规则行事的——而且也能够以同样的方式辨识出他人的行为是否符合各种各样的规则。"② 社区也是个体社会化的重要空间之一，在个体社会化过程中，民间法是一种必须要习得并予以内化的规范形式。例如，一些重要的节日所包含的文化意义以及所要求的行为反应，以及日常交往中的基本礼仪规范等，都是个体社会化所

① ［英］西蒙·罗伯茨：《秩序与争议：法律人类学导论》，沈伟、张净译，上海交通大学出版社 2012 年版，第 17 页。

② ［英］弗里德利希·冯·哈耶克：《法律、立法和自由》（第 1 卷），邓正来译，中国大百科全书出版社 2000 年版，第 153 页。

必须掌握的。于是，在社区日常治理及反复的社区交往过程中，不仅民间法所要求的行为准则被接受，而且民间法所蕴含的价值理念也逐渐内化，文化由此得以传承。

三　规范合作视角下民间法在社区治理中作用的改进

（一）改进民间法与国家制定法在社区治理中的联结关系

民间法不是一种孤立存在的规范形式，它首先与国家制定法之间存在着千丝万缕的联系，古今中外皆是如此。"事实上，在西方法律传统中，尤其在其较早阶段，法律不仅而且主要不是来自国家的立法权，也是而且主要出自许多个人和群体在其日常的相互交往中创造的关系。人民、社会而不是国家、政府权威一直被认为是法律的主要渊源。……国家法的主要功能之一，便是执行出自习惯法的权利和责任。"① 阐述民间法与国家制定法的关系，是一个复杂的理论问题。可以肯定的是，民间法与国家法并不总是一致的，而两者的不一致或冲突也并不意味着民间法总是"不合理"的一方。我们在强调维护国家制定法的权威的同时，也不应忽略民间法对于增强国家制定法"正当性"的基础性功能。

就功能和属性而言，如果说国家制定法为社区治理提供一种较为刚性的"有形之网"，它界定了各社区治理主体的权利义务关系以及交往行为的底线，那么民间法便可以视为一种较为柔性的"无形之网"，它不似国家制定法那样相对明确地存在并有一套较为正式的实施机制，而是隐含在各社区治理主体日常交往行为之中并内化为一种集体意识形态。相比较于国家制定法可能存在的"立法空缺"或"立法漏洞"，民间法不存在空缺或漏洞问题，因为民间法的本质是一种习惯性规范，在逻辑上是先于国家制定法而存在和作用的一种规范形式。改进社区治理中民间法的作用，需要定位好民间法与国家法在社区治理中的关系，使两者的作用实现合理的联结，构建一种相互支撑与合作而非相互对立或取代的关系。

---

① ［美］伯尔曼：《法律与宗教》，梁治平译，中国政法大学出版社 2003 年版，第 178—179 页。

　　民间法与国家制定法在社区治理中的联结包括实践联结和制度联结。实践联结是指在社区治理实践中，民间法和国家制定法在具体的治理事务或交往关系的调整中，相互影响、互动衔接。例如，"在社区纠纷解决机制这个角度之下，我们似乎更能细致地看清民间法与国家法的互动过程，因为社区纠纷解决拥有中国传统社会的特征，这就使得例如人情、舆论、道德等因素在解决纠纷时发挥了很大的作用，这也是民间规范的优势所在，而它的其他特点，例如具有走向的双向性以及涉及财产较少等特征，就为其与国家法的衔接做了很好的铺垫，而且是处在一个动态的过程之下的选择过程，站在纠纷当事人的角度，也为其纠纷解决方式的选择多出了一个考虑的选项。"① 从中不难看出，正是由于民间法的存在与作用，助推了国家法所设定的权利义务内容在社区治理实践中的有机实现。这也是社区治理中之所以要重视民间调解机制的重要原因。在大多数社区纠纷的处理中，民间调解主要的规范依据不是国家制定法，而是民间法。因此，国家制定法在社区治理中应当保持足够的克制，为民间法的作用保留足够的空间，对民间法为主要规范依据的治理机制和交往模式给以足够的尊重。国家制定法主要为社区治理划定基本的刚性边界，在此边界之内，更多地由民间法等非国家制定法的规范加以调整。

　　如果实践联结主要是在消极意义上来定位社区治理中民间法与国家制定法的关系，那么制度联结则主要是在积极意义上，要求国家制定法应当主动通过相应立法技术的运用，为民间法在社区治理中发挥更大的作用预留一个"合法的位置"。高其才就主张，"从具体技术层面上看，官方在立法上可以设置一些具有较大弹性和解释空间的授权性条款、不确定性概念和概括性条款（一般条款），以吸纳各种习惯进入国法之静态规则体系。当然，立法者也可以设置一些具体条款直接采纳习惯。"② 对于这种制度上的联结，我们不应视为作为低级规范的民间法向作为高级规范的国

---

　　① 郭婧滢：《民间法与国家法的良性互动——以社区纠纷解决机制为视角》，《哈尔滨师范大学社会科学学报》2014 年第 5 期。
　　② 高其才等：《当代中国法律对习惯的认可研究》，法律出版社 2013 年版，第 42 页。

家制定法的进化。正如我们可以将民间法与国家制定法的实践联结视为国家制定法借助于民间法更好地嵌入社区治理一样，国家制定法为民间法预留位置的做法同样也是两者互动与合作的表现。基于这一认识，应当在立法上提升民间法在法源适用选择的次序，不能一概地将民间法置于国家制定法、公共政策和当事人约定等之后，尤其当社区治理事务进入司法环节需要确定基本的适用规范时，民间法应当得到法官足够的重视和充分的适用。

（二）促进民间法与其他规范形式的良好互动与衔接

除了国家制定法和民间法之外，社区治理中还存在大量的公共政策、软法等其他规范形式，而且用于调整社区党组织和党员行为及关系的党内法规也是一类基本的社区治理规范。民间法作用的发挥不能无视上述规范的存在。民间法在社区治理中作用的改进，也需要处理好民间法与公共政策、软法和党内法规等其他规范形式的关系，促进民间法与其他规范形式之间的良好互动与衔接。

从规范的属性和特征来看，公共政策是国家或官方意志色彩较为明显的一种原则性规范，它多是针对某一领域的公共事务来设定一种结果导向明显的行为或治理模式。很多公共政策的背后都有着国家制定法的影子，反之亦然。软法是一种兼具官方性和民间性的公共治理规范，它不以国家强制力保证实施但能对主体的行为产生指引和约束作用。公共政策很少设定具体的行为或交往规则，国家制定法和软法则往往会在不同的层面将公共政策所追求的目标或包含的价值予以规则化。总体而言，公共政策具有较强的官方意志性、软法具有一定的合意性、党内法规具有明确的政治性。无论何种形式的规范，都要嵌入到一定文化土壤中，民间法则是这种文化土壤的伴生物或构成物，由此也决定了民间法具有文化内生性的特点。文化属性是民间法与其他规范之间的联结点。然而，一定空间内的文化是具体的而且是可以在一定程度上予以营造或重构的，社区治理的文化属性不是一种"自然状态"，而是要受到传统的和现代的、拘束的和自由的等多种因素的综合作用。公共政策、软法和党内法规等都是营造或重构社区治理文化的内在精神和外部表现的重要因素，也会对民间法的内容和作用方式及效果产生或多或少的影响。

基于此，社区治理中民间法应该保持一种开放的而非封闭的姿态，接受其他形式的规范的改造，或者借助于其他形式的规范表述自己的规范要求。例如，春节燃放鞭炮和清明烧纸祭奠亲人是两项重要的民间习俗，但这两项习俗对于社区治理都有可能造成负面的影响——环境污染或制造险情等，对此，社区治理主体可以借助软法来规范这两种行为，即在社区文明规约等载明社区居民在春节燃放鞭炮或清明烧纸祭奠亲人时，应当在特定的时间、指定的场所并选择适宜的方式。这样既延续了习俗，也规制了潜在的负面影响，不同的规范的作用都得以有效发挥。

从规范所适用的主体角度来看，公共政策、软法和党内法规等规范的实施要依托社区治理中的基层政府或准政府机构、社区居委会、党的基层组织等，而且有一些规范是调整基层政府或准政府机构和社区居委会的工作人员、社区中党员的行为的。无论是作为规范的实施主体还是适用对象，基层政府或准政府机构和社区居委会工作人员以及社区中的党员都是社区治理的主导性主体，其行为同时也要受到民间法和国家制定法的调整。这些治理主体的行为汇聚了多元规范，并根据治理事务的具体特点和治理需要选择恰当的治理规范或规范组合。"法的基本目的和功能，是为人的相互性所准备的，即为人的交往关系所准备的，……尤其是初民社会、乡村地区、边远地区和民间社会的法，并不是为了某种意识形态的宣示而存在的，而是长期生活经验的总结和结晶，因此，被生活在其中的主体所接受，乃是法更有效地发挥作用的前提。"[①] 社区治理中的政府或准政府机构、社区居委会和党员等主导性主体对于民间法的了解和接受程度，直接影响到民间法在社区治理中的作用效果。

因此，应该加强这些治理主体的民间法意识，尤其要使他们从文化的视角来认可民间法在社区治理中的作用，并在制定或实施公共政策、软法和党内规范性文件时，处理好与民间法的互动与衔接关系。当然，除了社区治理的主导性主体，其他社区居民作为重要的参与主体，是民间法等各种形式规范的主要调整对象，他们对民间法和其他规范以及多元规范之间关系的理解，也在很大程度上制约着民间法和多元规范的作用效果。通过

---

① 谢晖：《民间法的视野》，法律出版社 2016 年版，第 48 页。

开展各种形式的文化活动，弘扬传统文化中优秀的价值观和交往规范，同时培养社区居民的现代法治意识，对于促进民间法与其他规范之间的良好互动与衔接，也是必要的。

（三）强化民间法作为一种文化现象在社区治理中的存在

作为一种习惯性规范，任何国家与社会中都会存在民间法这样的规范形式，但赋予民间法特定内涵与独特属性的却是特定国家与社会中的文化。就法治建设而言，"一国之法治，外显于制度规则体系，内生于社会文化土壤，文化对于法治及其发展具有不可估量的影响。缺少文化的法治没有灵魂，不具有可持续性，更无法促进社会法治信仰的形成。"① 民间法也正是由于其文化属性，而成为法治建设尤其是法治社会建设不可忽视的一类规范形式。从某种意义上讲，民间法对于法治中国建设主体性的形成或塑造有着不可替代的作用。因此，改进民间法在社区治理中的作用，应当从更为宏观的层面强化民间法作为一种文化现象在社区治理中的存在。

民间法落在传统文化的坐标系中，承载着中国传统文化的一切特质与内在逻辑。於兴中认为，可以用辩证实用理性来表述中国文化本身所具有的内在逻辑。所谓辩证指的是用二元对立的眼光来看待事物，诸如阴阳、分合、乾坤、动静、礼法等。并在二元对立之中求得一种和谐平衡。所谓实用指的是对现实生活的依赖性。而现实生活中最重要的是伦理关系。它反映了现实生活中以血缘关系为基础的人与人之间的关系和处理这些关系所需要的准则。它所关注的焦点是人事的融洽与和谐，而非求知与求真。它注重的是内容而非形式。② 可以说，辩证与实用同时也是民间法生成以及作用所遵循的内在机理。或许这种内在机理在很多方面与现代法治所设定的理念与准则多少存在着紧张关系，但我们不能因此而否定这种内在机理以及相应规范体系，正如我们无法否定我们的文化传统。社区治理所要处理的大都是社区居民或其他主体日常交往或公共生活的事务，这里很少

① 江必新：《法治社会的制度逻辑与理性构建》，中国法制出版社 2014 年版，第 176 页。

② 於兴中：《法治东西》，法律出版社 2015 年版，第 85 页。

存在"宏大叙事"而是真实真切的生活。民间法所蕴含的辩证和实用理念，而不是一条条刚性的规则，更适合于调整和规范社区治理中的各种事务和各类关系，是比国家制定法和公共政策更适合于社区治理的一种规范。

当然，强调民间法的文化性存在并不意味着否认民间法的规范缺陷，或者忽视与现代法治之间的内在紧张。昂格尔曾指出，"与成文法相比，习惯特别不准确。它们适用于狭窄限定的各类人和关系范畴而不是极其普遍的各阶级。它们不可能被归纳为一套规则，使之法典化则意味着令其面目全非。这主要是因为，习惯并不是实在的，它同规则性与标准、选择规则与适用规则之类的区别毫不相干。"① 不仅如此，民间法中有很多理念和规则不符合现代法治的公平正义或正当程序等要求的。强化民间法作为一种文化现象在社区治理中的存在，并非一种走向封闭的存在，而是一种开放的、不断自我更新的文化存在。民间法应当根据社区治理的需要，努力与现代法治建设的理念和原则进行融通。

通过与国家制定法、公共政策和软法等规范的良好互动与衔接，民间法既能够发挥自身的规范作用，也有助于为法治中国建设增添更为明显的文化属性，从而重构中国法治的现代性。刘晓春认为，"民间并不随着现代性的目的论叙事而停滞其自身的历史创造，现代性的总体叙事也无法包含多元的民间历史创造，传统文化、民间文化并不会随着现代性的诉求而丧失其历史的能动性，而总是以人们难以想象的方式重现出来。"② 法治国家和法治社会的建设不是脱离实践的一种单纯的理论建构，而是要回到真实的社会现实中，有效回应现实所存在的各种交往关系对于规则的真实需求。从这个意义上讲，法治国家和法治社会建设的根基在一个个真实的社会单元中，社区便是这样的一个个社会单元。显然，任何一个真实的社会单元中，任何一组真实的交往关系中，都是由已经被既有文化塑造了的个体的行为所构筑的，社区治理中的各参与主体都是带着已有的价值理

① ［美］R. M. 昂格尔：《现代社会中的法律》，吴玉章、周汉华译，译林出版社 2008 年版，第 41 页。

② 刘晓春：《仪式与象征的秩序》，商务印书馆 2003 年版，第 33—34 页。

念、思维模式和行为方式，来选择交往的策略以及交往准则。强化民间法作为一种文化现象在社区治理中的存在，就是要从根本上认可治理主体是被文化塑造过的主体，这样有助于我们更好地理解国家制定法等官方规则在社区治理乃至法治建设中的境遇，也有助于我们更好地定位和改进各类规范在社区治理中的作用，真正实现所谓的社区治理法治化以及法治社会建设这一宏伟的目标。

第五章　党内法规与社区治理

基层治理法治化是党的十八届四中全会提出的一个重要工作目标。《中共中央关于全面推进依法治国若干重大问题的决定》（2014 年）中明确指出："全面推进依法治国，基础在基层，工作重点在基层。发挥基层党组织在全面推进依法治国中的战斗堡垒作用，增强基层干部法治观念、法治为民的意识，提高依法办事能力。"社区治理是基层治理的基本单元，也是法治国家和法治社会建设的工作重点与基础所在。基层党组织及其成员显然要在社区治理法治化过程中发挥领导和战斗堡垒作用，这也是全面推进依法治国、加快建设中国特色法治国家和法治社会的根本要求和根本保障。如何更好地发挥基层党组织与党员在社区治理中的积极作用呢？健全社区治理中的党内法规，使基层党组织和党员在领导和参与社区治理中行为的制度化、规范化，应是正确的、必要的选择。与社区治理中的其他规范尤其是国家法律相比，党内法规有着独特的规范属性，这与执政党在社区治理中所扮演的特殊角色直接相关。总之，如何通过更好地发挥党内法规在社区治理中的作用，加强基层党内法治，是推进法治国家和法治社会建设的重要课题。

一　党内法规的规范属性及其在社区治理中的作用

（一）党内法规的规范属性分析
党内法规具有怎样的规范属性，这是研究党内法规及建构党内法规理论不可绕过的基础性问题。陈柳裕认为，与其他社会规范相比，党内法规具有以下四个特征：党内法规是调整党组织和党员行为的社会规范；党内法规是由党创立的社会规范；党内法规是规范党组织和党员的权利和义务的社会规范；党内法规是由党内约束力保证实施的社会规范。① 该论述很大程度上套用了有关国家法的界定框架，虽然指出了党内法规的部分特征，但这种简单套用的做法并没有真正揭示党内法规独特的规范属性，而且这种做法及其所得出的结论是否恰当本身也值得商榷。党内法规作为一类有着明确调整对象和调整方式的规范，受到其所调整的对象主体特殊性的影响，具有内部规范外涉性、行为规范道德性、法律规范政治性和规范实施非司法性等属性或特征。

内部规范外涉性是对党内法规效力特征的概括。一般而言，政党作为一类政治性的社团，为了维持其有序运转，都会制定相应的规范性文件——社团章程、活动纪律和工作准则等。由于政党所制定的规范性文件只能对其政党组织和成员的行为产生约束力，对于不属于该政党成员的外部主体不具有约束力，因此，政党所制定的规范性文件在规范效力方面具有较强的封闭性或内部性。中国共产党的党内法规则有所不同，虽然党内法规也以党的组织和党员行为作为其调整对象，但由于中国共产党是宪法所规定的国家治理和现代化建设的领导者，而且党的领导是实现国家治理体系和治理能力现代化的根本保障，也是实现中华民族伟大复兴中国梦的根本保障，因此，中国共产党的党内法规不同于一般政党所制定的党内规范性文件，其规范效力具有很强的外涉性。对此，姜明安指出："中国共产党依法领导国家，依法执政所依之'法'却不仅包括国家法律，而且包括党内法规。党内法规本来是规范中国共产党党内事务的，但是，由于中国共产党在中国的特殊地位，党内法规对党务的调整必然影响和涉及国务。从而，中国共产党的党内法规就不完全是社会法和软法，它也会同时

---

① 陈柳裕：《党内法规：内涵、外延及与法律之关系——学习贯彻党的十八届六中全会精神的思考》，《浙江学刊》2017 年第 1 期。

具有一定的国家法和硬法的因素。"① 其中，"党内法规对党务的调整必然影响和涉及国务"的表述，实际上指出了党内法规作为一种执政党的内部规范所具有的外涉效力或规范效力的外部性。这种外涉性表现为，党内法规通过对党的组织和党员行为的调整或约束，进而影响到国家治理和社会发展等公共事务，如《农村基层干部廉洁履行职责若干规定（试行）（2011 年）》和《党政机关公文处理工作条例（2012 年）》等。

行为规范道德性是对党内法规内容或约束标准特点的描述。党内法规在内容表述方面有着自己的特点。与国家法相比，有些党内法规在立规语言表述风格方面与国家法律非常相似，其内容也主要是作为一般性的规范用以调整党的组织或党员某一领域的事务或行为，如《中国共产党党校工作条例（2008 年）》《中国共产党党内法规制定条例（2019 年）》等。也有一些党内法规在其规范内容的表述和约束标准方面，不同于国家法律，尤其是在调整党员行为的规范设定方面，有着很强的道德性要求，典型的如 2015 年制定的《中国共产党廉洁自律准则》。这部自律准则共包括三个部分，其中第一部分中规定全体党员和各级党员领导干部"必须自觉培养高尚道德情操，努力弘扬中华民族传统美德"，接下来的"党员廉洁自律规范"和"党员领导干部廉洁自律规范"两个部分中也有着"尚俭戒奢""甘于奉献"和"自觉提升思想道德境界"等道德性色彩明显的规范表述。

法律规范政治性指的是党内法规是一种政治性色彩很强的规范类型。这一属性首先反映在《中国共产党章程（2017 年修订）》之中，其"总纲"开篇第一段话便是对中国共产党的人民属性、政治地位和政治使命的确认。中国共产党是一个政治性团体，"是中国特色社会主义事业的领导核心"，党内法规要服从并服务于党的政治属性和政治目标。从功能上来看，党内法规是改进和巩固党的领导，更好实现党的领导目标的内在制度保障。例如，《关于党内政治生活的若干准则（1980 年）》《中国共产党地方委员会工作条例（2015 年）》和《中国共产党统一战线工作条例（试

① 姜明安：《论中国共产党党内法规的性质与作用》，《北京大学学报》（哲学社会科学版）2012 年第 3 期。

行）（2015 年)》等都承担着明确的政治性规范功能。以《中国共产党地方委员会工作条例》为例，该条例第 1 条规定："为了落实全面从严治党要求，加强和改进党的地方委员会工作，提高党的执政能力和领导水平，促进党的执政目标的实现，根据《中国共产党章程》，制定本条例。"这条规定在某种意义上代表了党内法规制定和实施的宗旨或目的，即"提高党的执政能力和执政水平，促进党的执政目标的实现"。由此可见，虽然党内法规属于广义上的法律范畴，具有相应的法律属性，但是，由于党内法规要承载执政党的政治目标，因此不可避免地会带有相应的政治属性。

法律的生命在于实施，党内法规也不例外。党内法规的实施主要是通过自觉遵守和组织执行等方式，非司法性是党内法规的不同于国家法律的一个独特属性。党内法规的实施存在于国家和社会生活的各个领域，这是由于党既是国家和社会发展的领导力量，也是国家和社会生活主体的基本构成。

（二）党内法规在社区治理中的作用

1. 作用媒介：基层党组织和党员

党的基层组织是党内法规作用于社区治理的组织性媒介。根据《中国共产党章程》的规定，党的组织包括党的中央组织、党的地方组织和党的基层组织。与社区治理相关的党的组织主要是基层党组织。社区治理中的基层党组织一般包括社区党组织和街道党组织两类。《中国共产党章程》第 29 条第 1 款的规定，企业、农村、机关、学校、科研院所、街道社区、社会组织、人民解放军连队和其他基层单位，凡是有正式党员三人以上的，都应当成立党的基层组织。据此，任何一个社区只要有正式党员三人以上，就应该成立社区党组织，相应的街道也应该成立街道党组织，这是党的章程所要求的，也是党的基层工作和社区治理所需要的。社区党组织在实践中一般称为社区党支部，街道党组织称为街道党工委。"社区党组织作为基层组织的领导核心，主要发挥政治上的指导作用、思想上的引导作用和组织上的保证作用以及生活中的表率作用。"① 《中国共产党章程》第 31 条规定了基层党组织的基本任务，第 32 条第 1 款规定了基层

---

① 金捷：《加强社区党建的新要求》，《学习月刊》2009 年第 11 期（下）。

党组织的职能，即"领导本地区的工作，支持和保证行政组织、经济组织和群众自治组织充分行使职权"。这些都赋予了社区党组织和街道党组织以参与社区治理正式主体的地位。

党员是党内法规作用于社区治理的个体性媒介，也是最终的媒介。由于党内法规首先是一种针对具有党员资格的角色性规范，所有调整和约束中国共产党党员的党内法规，都当然地适用于参与社区治理的所有党员。不仅如此，根据党的章程的要求，社区中的党员要加入相应的基层党组织，那些调整基层党组织的党内法规对于社区中的党员也是有约束力的，而且最终都要作用于每位党员的具体行为。我国《宪法》序言中规定"中国各族人民将继续在中国共产党领导下"进行社会主义现代化建设，而且第 1 条又规定"中华人民共和国是工人阶级领导的、以工农联盟为基础的人民民主专政的社会主义国家"和"中国共产党领导是中国特色社会主义最本质的特征"。"中国共产党是中国工人阶级的先锋队，同时是中国人民和中华民族的先锋队"，这在《中国共产党章程》中也有着明确的规定。因此，党的章程中有关社区党组织任务和职能的规定，是《宪法》所规定的党的领导地位的具体呈现，而党的章程及其他党内法规中有关党员思想和行为等的规定，也是更好地保障和实现《宪法》所规定的党的领导地位和领导目标的具体要求。总之，党内法规通过调整基层党组织和党员的行为，对社区治理产生规范作用。

2. 党内法规的法律性功能

党内法规属于广义上的法律范畴，具有法律的一般规范功能。法律不仅仅是指国家意义上的制定法，还应包括不以国家为中心的各类社会规范，如党内法规、软法和民间法等。对于传统的国家主义法律观，罗豪才、宋功德在阐述软法原理时有过深入分析与评价，认为"伴随着改革开放的深入和社会转型的推进，国家主义法律观的片面性，导致其越来越不适应中国加速推进民主政治和市场经济建设的现实需要，已经明显落伍了"。[①] 当然，国家制定法的一些基本原理可以用来理解和分析其他社会

---

① 罗豪才、宋功德：《软法亦法——公共治理呼唤软法之治》，法律出版社
2009 年版，第 59 页。

规范。规范性功能是国家法的基础性功能，具体是指法律具有预测、指引、评价、教育和强制等作用。党内法规作为主要适用于党组织和党员的普遍性规范，也具有上述法律性功能，这些功能也存在并作用于社区治理。

党内法规中有大量的规范都与社区治理有关，或者能够对社区治理产生规范作用。这些党内法规可分为两类：一是指向基层党组织和社区党员行为的专门性党内法规。例如，《中国共产党基层组织选举工作暂行条例》（1990年）就是专门调整和规范党的基层组织的选举工作的，该部条例对于包括街道党工委和社区党支部在内的基层党组织代表的选举、委员会的选举、选举的实施，以及监督和处分等问题，作了具体而系统的规定。二是用以调整和规范所有党的组织和党员思想和行为的一般性党内法规。例如，《中国共产党章程》是党内法规体系的基石，是党内法规体系中的根本法，各级各类党组织和所有党员都应该首先依据党的章程来行事。其他一般性的党内法规如《中国共产党党员权利保障条例（2004年)》《中国共产党发展党员工作细则（2014年)》《中国共产党纪律处分条例（2015年)》和《十八届中央政治局关于改进工作作风、密切联系群众的八项规定（2012年)》等，都适用于社区治理中的党组织和党员。

无论是专门性还是一般性党内法规，在作用于社区治理中的党组织和党员时，首先发挥的是一种法律性的功能，能够对有关基层党组织和社区党员的思想与行为产生规范作用。这也是党内法规之所以被视为一种法律规范，不同于党的政策和其他制度的原因。党内法规在社区治理中的法律性功能具体表现为，能够指引社区治理相关的基层党组织和党员的行为如何选择才是合规的、适当的，在发生或处理一些事务时人们可以据此预测党组织和党员将做出怎样的举措或行为，以及当党组织或党员的行为违规或不当时，根据党的纪律处分条例等规定应施以怎样的惩戒等。尽管这些规范性作用是针对党组织和党员的，但内部规范外涉性是党内法规的一个基本属性，通过作用于基层党组织和社区党员，党内法规对社区治理产生法律性的规范作用。

3. 党内法规的道德性功能

党内法规不仅具有法律规范属性，也具有道德规范属性，即所谓的行为规范道德性，这是党内法规不同于国家法的独特之处。宋功德指出，"对于党规而言，人性假定是其制度安排的原点，要发挥党规的教育、引导、评价、制裁等规范和调整功能，抑其私、用其畏、促其衡，努力实现将党员塑造为'中国工人阶级的有共产主义觉悟的先锋战士'的目标，这个过程，就是以党规制度为'转化器'，实现党员从人性假定到道德要求的升华。"① 对于一个普通人而言，申请并被批准加入中国共产党，意味着要在思想和言行上以更高的标准要求自己和被要求。如果国家法被视为最低限度的道德的话，那么党内法规则由于党的性质和宗旨而具有更高的道德性要求。

党内法规的道德性功能要求主要是针对党员而言的，要求党员要在思想意识和言行举止两个层面都应当符合更严格的道德性标准。例如，《中国共产党纪律处分条例》设专章（第十一章）规定"对违反生活纪律行为的处分"，根据规定，"生活奢靡、贪图享乐、追求低级趣味""与他人发生不正当性关系""违背社会公序良俗，在公共场所有不当行为"和"有其他严重违反社会公德、家庭美德行为"等，都要给予相应的纪律处分。党内法规的这种道德性是建立在中国共产党是工人阶级和中国人民先锋队基础上的，是建立在党要全心全意为人民服务的宗旨基础上的。党内法规通过设定更为严格的准则，尤其是将一些道德性规则引入其中，作为对每位党员的要求，反映了党对保持自身先进性的严肃态度以及对实现党的宗旨的坚定决心。

社区属于最为基层的一个公共生活领域，党员通过基层党组织和个人的行为，领导或参与社区治理的方方面面，党员在社区公共生活领域乃至私人生活空间中的道德表现，是民众评价执政党整体能力与形象的直接样本。其实，社区治理所要处理的大都是一些非常具体、琐碎的日常事务，国家法律所设定的那种权利义务关系在社区治理中更多的是作为一种刚性边界而存在，在此界限之内则是大量的弹性空间或自治空间很大的公共事务，如环境卫生清理、基础设施修护、流动人口管理、孤寡老人照看和邻里矛盾解决等，这些公共事务处理或社会关系调整水平的高低，在很大程

---

① 宋功德：《党规之治》，法律出版社 2015 年版，第 327 页。

度上取决于负责或参与治理的人员的工作能力和道德水平。因此，党内法规中的道德性准则对于塑造先进的党员形象，提高基层党组织和党员的治理能力，是非常必要的，也是每一位社区党员所必须遵守的。社区治理中我们也经常能看到基层党组织和党员以更高的道德准则要求自己，在许多社区公共事务的处理中以身作则，发挥领导或示范作用。例如，为营造干净整洁的社区卫生环境，杭州市西湖某社区在社区副书记带领下，"冒雨对社区设置的大件垃圾堆放点进行了清理"。① 类似的事例不胜枚举，每天都在各地的社区治理中大量地发生着。

4. 党内法规的政策性功能

对于党内法规的政策属性与功能，屠凯认为："党内法规既有法律的一些特征，又有政策的一些特征，是具有法律与政策二重属性的规范性文件。基于它的法律特征，在广义的'法'与其他社会现象的对立中，党内法规可以纳入'法'的范畴，是事实上的行为规范，在某些重要领域发挥着骨干作用；基于它的政策特征，在国家法与党的政策的对立中，党内法规应当属于政策的范畴，反映新鲜经验且须具有较高的前瞻性。"② 这段论述虽然指出了党内法规的政策属性，但是党内法规具有政策属性不等于党内法规就属于党内政策，两者应是不同的规范类型。与一些国家法律承担着相应的政策功能类似，很多党内法规也具有相应的政策性功能。典型的如在《中国共产党章程》的"总纲"部分中系统地载明了党在社会主义初级阶段的路线、方针和内政外交等各个领域的政策。再如，为了落实党和国家的环境保护和可持续发展政策，中共中央办公厅、国务院办公厅联合制定印发了《党政领导干部生态环境损害责任追究办法（试行）（2015 年）》。为了厉行节约反对浪费和建设节约型机关，中共中央、国务院联合制定印发了《党政机关厉行节约反对浪费条例（2013 年）》。

党内法规的政策性功能是从属于党在社会主义初级阶段基本路线的，

---

① 《净寺社区：冒雨清理大件垃圾堆放点》，http://www.xhjd.gov.cn/intro/news/info_show.asp？id＝00014559，2017 年 3 月 5 日。

② 屠凯：《党内法规的二重属性：法律与政策》，《中共浙江省委党校学报》2015 年第 5 期。

要服务于中国共产党推进现代化建设、完成祖国统一、维护世界和平与促进共同发展这三大历史任务。自党的十八大以来，全面建成小康社会、全面深化改革、全面依法治国和全面从严治党，成为党在新时期和新形势下的战略布局和政策依据。"党内法规既是管党治党的重要依据，也是建设社会主义法治国家的有力保障"，"完善的党内法规体系，既是适应依法治国、建设法治国家的需要，也是加强党的建设、进一步提升党的执政能力的内在要求"。① 这段论述本身也指出了党内法规所具有的政策性功能，通过党内法规的完善和实施来更好地推进依法治国和加强党的建设，便是其政策性功能的体现。社区治理是党和国家治理的一个切面或部分，也是党组织和党员执行党和国家政策的真实场域。党内法规在其制定过程中便已融入了党的政策、方针和理念，其作用于社区治理的过程也是将这些政策、方针和理念切实作用于实践并转化为实效的过程。

5. 党内法规的政治性功能

中国共产党是执政党，是现代化建设和民族复兴的领导者，坚持党的领导是我国最大的政治，是党内法规制定和实施必须遵守的基本前提。这也决定了党内法规具有一些不同于国家法或其他社会规范的政治性功能。"党内法规的'内'决定了它所贯彻的，仍然是一套加强党的建设、巩固党的领导、维护党的团结、增强党的能力，促进党更好兑现其全心全意为人民服务的政治承诺，提升党更好团结人民共同进行中华民族伟大复兴事业力量的政治逻辑。"② 从某种意义上说，党内法规的道德性和政策性功能都是受这种政治逻辑的影响而产生，而且党内法规本身也具有相应的政治性功能。

那些一般性的党内法规如党的章程、党内政治生活准则和纪律处分条例等，本身具有很强的政治性，社区治理中的基层党组织和社区党员遵守和落实此类党内法规，便是在实现党内法规的政治性功能。例如，统一战线是中国共产党凝聚人心、汇聚力量的政治优势，为了加强和规范统一战

---

① 冯国权等：《引领民族复兴的战略布局——"四个全面"学习读本》，北京联合出版公司2015年版，第268页。

② 支振锋：《党内法规的政治逻辑》，《中国法律评论》2016年第3期。

线工作，巩固和发展爱国统一战线，中共中央制定印发了《中国共产党统一战线工作条例（试行）》。其中，第24条规定，"建立健全县（市、区、旗）、乡（镇、街道）、村（社区）三级宗教工作网络和乡（镇、街道）、村（社区）两级责任制。宗教工作任务重的乡（镇、街道），党委和政府应当有领导干部分管宗教工作，并明确专人负责。"显然，基层宗教工作是社区治理中的一项政治性色彩非常浓厚的工作，有关基层党组织和党员应当严格按照条例的规定，建立相应的责任制并明确专人负责，落实好党的宗教政策，巩固和发展好党同宗教界的爱国统一战线。那些专门性的党内法规如《中国共产党基层组织选举工作暂行条例》既是规范社区治理基层党组织选举工作的直接依据，也是加强基层党内民主和巩固党在基层政治领导的制度保障。无论何种类型的党内法规，其在作用于社区治理时都不可避免地要承担着更好地实现党的领导的政治性功能。

（三）规范合作视角下党内法规作用的改进

1. 规范合作与专门性党内法规数量的增加

社区治理多元规范至少包括国家制定法、党内法规、公共政策、民间法和各类协议等，而且每一种类型的规范内部又存在相应的差别。以往学者们研究较多的是国家法的内外部协调问题，其中内部协调主要是指法律体系内部以宪法为基础并遵循法制统一原则，避免或减少法律内部冲突，而外部协调则多是指法律与社会发展需要之间的适应程度问题。相比较而言，对于法律与其他社会规范之间的关系问题，关注和研究的较少。既然社区治理中存在多种类型的规范，那么规范之间的关系便值得认真研究。规范合作就是在这种背景下提出来的，指的是社区治理中党内法规与国家制定法、公共政策、软法和习惯等规范形式之间的协调与衔接。消极意义上的规范合作要求党内法规与其他形式的规范之间应当实现协调一致，不能存在冲突；积极意义上的规范合作不仅要求避免冲突，还要求党内法规与其他规范之间应积极进行有效衔接，发挥规范合力。

加强社区治理中党内法规与其他规范之间的合作，是改进党内法规作用必须给予重视的一项工作，也是容易被忽视的一个视角和问题。要做到这一点，一项前提性工作是增加社区治理中党内法规的数量，尤其是增加专门性党内法规的数量。虽然党内法规的重要性很早就被意识到并且也颁行了大量的党内法规，如毛泽东同志早在 1938 年党的六届六中全会（扩大）上所作的政治报告中就提出了应制定党内法规，而胡锦涛同志在 2006 年中纪委第六次全会上首次明确指出要加强以党章为核心的党内法规制度体系建设的重要任务，① 但党内立规的大规模开展是党的十八大以来的事情。2012 年党的十八大以来，新增的党内法规涵盖了党的组织、廉洁自律、厉行节约、纪律处分、选拔任用、教育培训和监督巡视等各个领域，力度之大前所未有，充分体现了执政党对加强党内法治的决心。尽管如此，党内法规的数量依然不够，许多领域和事务仍需要党内立规加以调整和规范，其中之一便是党的基层治理，而在《中央党内法规制定工作五年规划纲要（2013—2017 年)》中，党的基层组织、基层民主和基层事务被确定为实践亟须的党内法规，应及时出台。目前来看，虽然那些调整党的组织和党员的普遍性党内法规，是社区治理所应遵循的，但直接调整社区治理中党的组织和党员的专门性党内法规仍严重不足。

在今后的党内立规活动中，要改进和加强党内法规在社区治理中的作用，尤其是更好地实现规范合作。对此，应做好以下三个方面的工作：一是在制定一般性的党内法规时，应将基层治理的需要有意识地纳入论证内容之中。如果该部党内法规涉及基层治理事务，就应根据基层治理的特点和需要设置专门的条款；二是加大对基层治理尤其是社区治理的调研力度，掌握社区治理的一般规律及其对党内立规的需要，及时出台用于调整社区治理所涉及的党内综合事务或某一领域党内事务的专门性的党内法规；三是如果对于某领域的社区治理党内事务，不便在一般性党内法规中设置过多的专门条款，也没有必要制定专门性的党内法规，可以在针对一般性党内法规制定实施细则或配套法规时，根据情况和需要适当增加有关社区治理的专门条款或规则。

就党内立规主体而言，由于社区治理更多地需要一些实施性的细则，所以省、自治区、直辖市党委应当在增加社区治理党内法规数量方面，发挥更大的、更为主动的作用。根据《中国共产党党内法规制定条例》

---

① 操申斌：《"党内法规"概念证成与辨析》，《当代世界与社会主义》2008 年第 3 期。

(2019 年）的规定，享有党内立规权的主体为党的中央组织、中央纪律委员会、中央各部门和省、自治区、直辖市党委，而社区治理从事务内容和性质来看，更多地属于地方性事务，需要结合各地发展和治理的实际情况加以具体调整，国家立法如此，党内立规也应如此。只要基层党组织和党员在社区治理中不违反一般性党内法规之规定，应当允许其根据各自所在地的社区治理实际情况和需要，选择从事一些更为具体、更有利于实现社区治理目标的行为或举措。对此，省、自治区、直辖市的党委就应当在不违反党章和其他一般性党内法规基础上，及时并主动地制定一些与社区治理有关的规则、规定、办法或细则。尽量实现社区治理中基层党组织和社区党员各项活动有规可依、有章可循。社区治理中的规范合作也会因此而有更大的可能性与更多的保障。

2. 加强党内法规的内外部衔接与协调

由于社区治理中的规范是多元的，而且各类规范之间又是相互影响的，所以要改进社区治理中党内法规的作用，还应加强党内法规与其他社会规范之间的衔接与协调。同时，根据《中国共产党党内法规制定条例》的规定，党内法规是一个集合概念，具体包括党章、准则、条例、规则、规定、办法和细则七种类型，而且党内法规兼具法律性、道德性、政策性和政治性功能，不同类型或调整不同党内事务的党内法规的功能侧重又有差异。这意味着党内法规体系内部也是需要协调的。因此，如果以党内法规为出发点强化社区治理规范合作，就需要加强党内法规的内外部衔接与协调。

就内部衔接和协调而言，党内法规具体名称的不同代表着在所调整的事务和内容上有所差异。根据《中国共产党党内法规制定条例》第 5 条之规定，党章对党的性质和宗旨、路线和纲领、指导思想和奋斗目标、组织原则和组织机构、党员义务和权利以及党的纪律等作出根本规定。准则对全党政治生活、组织生活和全体党员行为作出基本规定。条例对党的某一领域重要关系或某一方面重要工作作出全面规定。规则、规定、办法、细则对党的某一方面重要工作或者事项作出具体规定。据此可知，党章是党内法规体系中的根本法，发挥着国家法律体系中"宪法"的功能，其他形式党内法规都不能与党章的规定相违背。准则是低于党章但高于其他形式的党内法规的一类规范，其地位类似于国家法律体系中由全国人大制定的基本法律或宪法性法律。其他五种类型的党内法规共同承担着落实党章和准则规定的功能，而且条例与规则、规定、办法和细则之间所存在的总分关系，也使得后面四种类型的党内法规在很多情形下是对条例的落实。显然，党内法规具体类型之间的这种衔接和协调，也会程度不同地反映在社区治理这一场域中。今后的社区治理中，一方面要通过审议审核、动态清理和备案审查等机制，来避免或消除党内法规之间的冲突，使各项党内法规之间实现协调统一，避免因党内法规之间的不协调而影响到社区治理中基层党组织和党员的行为选择；另一方面还要加大配套性和实施性党内法规的制定力度，通过统筹规划、解释评估等机制，使得不同领域、不同位阶和不同效力的党内法规相互衔接，增强党内法规尤其是高效力位阶或综合性党内法规之于社区治理的实践针对性与可操作性。

在外部衔接和协调方面，在有效增加党内法规数量基础上，更好地实现党内法规与国家法律、公共政策、社区软法、民间法和各类协议之间的衔接与协调。就党内法规和国家法律的关系而言，两者虽有差别也有内在的一致性，都要体现党的基本理论、基本路线和基本纲领。"可以预见的是，随着法治建设的不断推进，党内法规体系在逐渐完善和成熟的过程中，会有一部分党内法规'转化'为国家法律法规，改以国家法律法规的形式承载，因而党内法规的数量有所起伏，这是党内法规与国家法律衔接和协调的必然，并不代表党内法规不再有存在的必要。"① 党内法规可能基于不同的原因或需要转化为国家法律，例如这种转化是党内法规政策性的体现，借助于国家法律有助于更好地实现党内法规的这种政策性目标，或者这种转化是为了更好地在国家治理层面实现对某一领域事务的调整等。需要明确的是，党内法规和国家法律的衔接与协调需要遵循"宪法为上、党章为本"和"国法高于党规、党规严于国法"的基本原则。为实现上述原则，避免党内法规与国家法律在衔接过程中的冲突，可采取"合法性审查"的方式，即要求"党内法规应当在制定程序的各个环节都

---

① 秦前红：《论党内法规与国家法律的协调衔接》，《人民论坛·学术前沿》2016 年第 10 期。

要通过'合法性'审查，符合《宪法》和《党章》的有关规定。"① 除了国家法律之外，党内法规还应注重与社区软法的衔接与协调。社区软法的表现形式有很多，其中之一便是工作准则或守则等。在配套性和实施性党内法规的制定要受到党内立规体制的影响，难以由享有党内立规权的主体直接提供的情况下，借助社区党内工作准则或守则等软法形式来实现对有关党内法规的配套，不失为一个可行的办法。当然，无论是专门性党内法规的制定，还是配套性或实施性社区软法的输出，都应当尊重存在并作用于社区内的民间法和各类协议等，不能自行其是。此外，社区治理中党内法规与公共政策的衔接与协调也很重要。公共政策包括国家政策和党的政策。目前，对于党内法规和党的政策区分并不够，一个表现是在一些党内法规汇编中往往会将一些党的政策性文件编入其中，如将与社区治理直接相关的《关于加强和改进基层干部教育培训工作的意见》这一党的政策性文件也视为党内法规，这是不合适的。准确的做法应该是根据这一政策性文件，及时出台有关党内法规或党内规范性文件，并允许各地或各社区根据自己的实际情况制定相应的软法，加以衔接和保障。

总之，党内法规是社区治理必不可少的一类基本规范。由于党内法规具有多重规范属性和功能，并与其他类型的规范存在程度不同的衔接与协调的可能性与必要性，因此，从规范合作的视角积极推进社区治理多元规范之间的这种互动关系，有机地发挥党内法规的多重功能以及多元规范的规范合力，是一项重要的也是颇具挑战性的工作。

二　社区治理多元格局中的党内法规

（一）社区治理的多元格局与党的领导规范化

1. 党的领导与社区治理的多元格局

2017 年 6 月印发的《中共中央国务院关于加强和完善城乡社区治理的意见》（以下简称"《意见》"）中指出，"城乡社区治理事关党和国家

---

① 刘雪斌、蔡建芳：《论党内法规和国家法律的衔接和协调——以反腐败领域的法律法规为例》，《长白学刊》2015 年第 3 期。

大政方针贯彻落实，事关居民群众切身利益，事关城乡基层和谐稳定。"可见，加强社区治理对于推进社会治理和建设和谐社会具有基础性意义。然而，社区的有效治理并非政府一方主体之职责，也不是国家制定法一类规范所能单独调整，更不能仅靠一种治理机制来实现。对此，党的十九大报告明确指出："加强社会治理制度建设，完善党委领导、政府负责、社会协同、公众参与、法治保障的社会治理体制，提高社会治理社会化、法治化、智能化、专业化水平。"这一治理体制不仅规定在党的大会报告中，在《健全落实社会治安综合治理领导责任制规定（2016 年)》中也有着相应的规定，即"严格落实属地管理和谁主管谁负责原则，构建党委领导、政府主导、综治协调、各部门齐抓共管、社会力量积极参与的社会治安综合治理工作格局。(第 4 条)"因此，多元性是社区治理的一个基本属性。社区治理是由多元主体、多元规范和多元机制等共同构筑的一种多元治理模式或治理格局。

就治理主体而言，社区治理追求的是一种多元主体共建共治的格局。例如，有学者主张，党和政府应当作为社区建设的主导力量，居民自治是社区建设的主体，业主委员会是社区自治的重要组织形式，各类中介组织和非营利机构是社区建设的重要力量，以此合力构建社区治理的多元主体结构。① 《意见》中对于社区治理格局是这样描述的："基层党组织领导、基层政府主导的多方参与、共同治理的城乡社区治理体系"。据此，基层党组织、基层政府、基层群众自治组织及居民个体等皆是我国正式制度所认可的社区治理主体。当然，在多元治理主体中，不同主体在治理中所扮演的角色或发挥的作用存在差别。《意见》中所指明的"基层党组织领导"和"基层政府主导"即是此意。其中，尤其值得关注和研究的是党的领导地位及其实现等相关问题。根据《中国共产党章程（2017 年)》的规定，中国共产党是中国特色社会主义事业的领导核心。中国共产党将按照民主法治、公平正义、诚信友爱、充满活力、安定有序、人与自然和谐相处的总要求和共同建设、共同享有的原则，领导人民构建社会主义和谐社会。中国共产党的领导地位不仅规定在党的章程之中，也为宪法所确

---

①　王琳：《构建社区治理的多元主体结构》，《社会主义研究》2006 年第 4 期。

认。在 2018 年 3 月通过的《宪法修正案》中，明确将"中国共产党的领导是中国特色社会主义最本质的特征"写入宪法正文，这使得中国共产党获得了宪法规范意义上的法律主体地位，同时也为中国共产党领导、组织或参与具体的社会治理（包括社区治理）实践提供了正式的、根本法上的依据。

党对社区治理工作的领导除了政治、思想和组织领导之外，还包括积极组织或参与一些具体的治理工作，并在其间发挥骨干带头作用。例如，根据党章的规定，宣传和执行党的路线、方针、政策，宣传和执行党中央、上级组织和本组织的决议，是基层党组织的基本任务之一。2018 年 9 月 1 日大连《半岛晨报》报道："为创造更加和谐安定的社区环境，近日，李家街道绿景社区组织召开了'扫黑除恶'宣传动员会。在动员会上，社区书记汪春芳向居民详细讲解开展'扫黑除恶'专项行动的目的、意义和打击重点，鼓励群众踊跃提供线索，勇敢地维护自身利益，自觉参与到'扫黑除恶'专项斗争中来。同时，绿景社区党委为加大'扫黑除恶'宣传，在辖区主、次干道、楼院安装宣传板，制作'扫黑除恶'宣传卡片，向辖区 4000 余户居民发放。"[1] 类似报道场景在社区治理实践中并不鲜见，宣传工作只是基层党组织日常基本工作之一。有学者将基层党组织在多元化的社区治理结构中的功能归纳为政治领导、利益协调、服务凝聚和文化导向四个方面，并主张基层党组织通过扩大民主、推动自治与平等协作等方式，构建与其他社区治理主体的良性互动关系，以增加其他治理主体对党组织的信任度与认同度，提高社区党组织领导核心作用的合法性。[2] 的确如此，社区治理的多元格局应该是一个有机合作、协调一致的格局。社区党组织并非社区治理中的唯一主体，宣传并执行党和国家各项政策（如"扫黑除恶"专项活动政策），也是居民委员会和业主委员会等主体的职责或任务。只不过社区党组织在宣传和执行相关政策过程中发挥着领导作用，协调带动居民委员会、业主委员会和居民等其他治理主

---

① 张锡明：《绿景社区召开宣传动员会》，《半岛晨报》2018 年 9 月 1 日第 A05 版。

② 陈怡：《基层党组织在社区多元治理中的功能转型及实现路径》，《求实》2010 年第 11 期。

体，推进各自所在的社区有效地落实政策中的具体要求。

2. 党的领导规范化与党内法规

在多元治理主体格局中，无论是党领导社区治理还是政府主导社区治理，无论是何种治理机制主导或影响下的社区治理，都要遵守一个共同的原则——法治原则。正如国家治理和社会治理需要法治的保障一样，社区治理同样离不开法治的支撑。"当前，全面推进依法治国是贯穿于我国社会治理方方面面的主线，加强法治建设有助于增强基层社区的自治能力，顺利在基层落实全面依法治国的总体部署，形成政府、社会与广大人民群众共同维护社会秩序的良性互动局面，从而加速基层社区治理的现代化进程。"① 所谓社区治理的法治化，简单讲，就是要实现社区治理主体的行为有法可依、有法必依，使现代法治的基本理念与要求融合于社区治理的方方面面。

既然党是社区治理的领导主体，那么党的领导规范化对于社区治理法治化具有关键意义，而党的领导规范化又是以党的治理法治化为总目标。进言之，党的领导规范化、党的治理法治化和社区治理法治化三者是相互要求、相互设定的，内在地统一于中国特色社会主义法治建设实践之中。"从根本上讲，党的治理法治化意味着党接受规则之治，实现党的治理方式从'人治'到'法治'的根本转变。党的治理法治化，最根本的是要真正树立规则意识。"② 那么，规则从何而来呢？能够用来调整党的行为的基本规范除国家制定法和党内法规外，公共政策、软法和民间法等规范同样也会对党的行为产生不同的约束。其中，党内法规作为调整党组织和党员行为的专门规范，是实现党的领导与党的治理法治化主要的"规则"渊源。就其外延而言，狭义上的党内法规仅指依据《中国共产党党内法规制定条例》规定享有党内立规权的主体制定的党章、准则、条例、规则、规定、办法、细则这七种党内规章制度形式，而广义上的党内法规还包括那些不享有党内立规权的党组织所制定的且具有普遍约束力的党内规章制度。

---

① 马涛：《基层社区治理需注入法治化动能》，《人民法治》2018 年第 5 期（上）。

② 鞠成伟：《论中国共产党治理的法治化》，《当代世界与社会主义》2017 年第 1 期。

需要注意的是，根据《中国共产党党内法规制定条例（2019年）》第6条的规定，党内法规的内容在形式上应当以条款形式来表述。这不同于一般不用条款形式表述的决议、决定、意见、通知等规范性文件。

具体到社区治理，党内法规对于党的领导规范化的作用主要表现为两个方面：一是那些调整和规范所有党的组织和党员思想和行为的一般性党内法规，基于推进和加强党的自身建设之需要，而对所有党组织的工作、活动和党员行为进行调整，处于社区治理实践中的党组织和党员自然也应该遵循这些党内法规，从而对党领导社区治理产生规范效力。例如，《中国共产党章程（2017年）》中规定了党的民主集中制的基本原则，这是任何党组织和党员都要遵守的，而关于党的干部教育、培训、考核和监督等相关规定，也是所有党组织和党员所应遵循的制度规则。再如，《中国共产党廉洁自律准则（2016年）》有关党员和党员领导干部廉洁自律规范的规定，也是适用于所有党员。尽管这些一般性党内法规并不直接调整社区治理中的党组织和党员的行为，但是党组织和党员的特殊主体地位决定了其自身建设的外部效应，能够对党组织和党员领导或参与社区治理产生一般性作用。二是指向基层党组织和社区党员行为的专门性党内法规或者规定在有关党内法规中的专门性规范。社区党组织属于党的基层组织之一。针对基层党组织的工作、活动和党员的行为的党内法规，自然也适用于社区治理，而这些党内法规又可称之为专门性党内法规。例如，《中国共产党基层组织选举工作暂行条例（1990年）》详细规定了基层党组织党员代表和委员会的选举规则，以此完善基层党内选举制度。再如，为加强农村社区党风廉政建设，促进农村基层干部廉洁履行职责，由中共中央办公厅和国务院办公厅联合印发的《农村基层干部廉洁履行职责若干规定（试行）（2011年）》中，明确规定了乡镇领导班子成员和基层站所负责人、村党组织领导班子成员和村民委员会成员履行职责行为规范。除了这两部专门性党内法规外，还有一些规定于有关党内法规之中的专门性用于调整基层党组织和党员行为的规范，同样会对社区治理中党的领导产生直接规范作用。

党对社区治理的领导是多元治理格局中的领导，也即党的领导并不排斥其他治理主体发挥各自的作用。这一原理同样适用于社区治理中党内法规与其他规范，以及党的治理机制与其他治理机制之间的关系。党内法规对于党的领导规范化的作用，同样是在多元治理格局中与其他形式的规范的互动中实现的。反过来，党内法规与其他规范在互动中共同作用于党的领导规范化和社区治理法治化。

（二）党内法规的开放性及其对其他社区治理规范实施的促进

1. 社区治理多元规范中党内法规的开放性

国家制定法、公共政策、党内法规、软法和民间法等共同构成了社区治理的多元规范格局。在这一格局中，每种规范都在保持相对独立性的基础上与其他规范产生互动关系。相对独立性的表现是，每种规范都对应着特定角色的行为主体，并调整着主体相应的行为或交往关系。与其他规范的互动则是指基于同一主体的多重角色，在进行交往时会受到多重角色的影响，不同的角色规范之间会交互作用，从而对主体的行为产生一种综合性规范效力。由于中国共产党是宪法所规定的领导主体，领导整个法治建设和国家治理事务，其在社区治理中同样有着多重角色，也即不限于一个政治组织内部成员的角色，而是要广泛参与社区治理从政策制定到具体工作开展的各项事务，这就决定了党内法规在多元规范格局中的开放性特点，以及与其他规范进行互动的方式。

党内法规的开放性一方面用来描述党内法规效力所具有的外部效应属性，也即党内法规的规范力不限于党组织和党员的行为及相关党务关系，而是能够及于党组织和党员之外的社区治理主体及相关社会关系。尽管党内法规的直接调整对象是党组织和党员，但它不是一种特定政治组织或社会团体的内部规范，经由这两类调整对象的行为而将其规范效力及于党组织和党员之外的其他社会关系，从而对国家事务和社会公共事务的处理产生效力的规范，具有组织超出性效力或者规范效力外部性。"中国共产党的党内法规具有强烈的外部性效应，即通过加强各级党组织的制度化建设、党委和党组织权力配置的规范化建设以及党员活动的规范化等方式，在实现党内治理规范化的同时，会提升中国共产党在公共治理中的能力，增强人民群众对中国共产党执政合法性的认同。"① 因此，这种开放性实

---

① 冯浩：《中国共产党党内法规的功能与作用》，《河北法学》2017 年第 5 期。

际上也是党内法规在效力方面所具有的外部性效应。反映到法治建设领域，党内规范同样发挥着其他形式的规范所不具备的作用。姜明安曾将党内法规对于依法治国的作用总结为三个方面：一是规范执政党党组织和党员的行为，建设法治执政党，通过法治执政党领导依法治国，推进法治国家、法治政府和法治社会的建设；二是规范执政党行使相关公权力，为执政党的执政行为——党管干部、党管军队、党管意识形态等直接提供"法"的依据，保证执政党依法执政；三是为实现执政党领导国家的地位和作用，直接或以党政联合发文的形式就国家经济、政治、社会、文化、生态环境等事务作出规定，推动国家相应事业的改革、创新和发展。① 显然，党内法规对于法治建设的作用是独特的，而这也得益于党内法规本身所具有的开放性。从这个意义上讲，党内法规的开放性不仅是党自身治理法治化的重要保障，也为国家法治建设和治理现代化所需要。

党内法规的开放性另一方面还表现为在多元规范格局中，党内法规所具有的与其他规范相互关联与合作作用的功能，通过与其他规范的互动与合作，而使其规范内容及效力不限于文本所指向的主体及行为。党内法规是多元规范格局中的一类，无论在规范内容还是调整对象方面与其他形式的规范之间都具有程度不同的关联。许多党内法规来自于道德规范，而许多党内法规又是对公共政策或国家制定法的贯彻落实。例如，《中国共产党廉洁自律准则（2015 年）》关于中国共产党党员应当坚持尚俭戒奢、艰苦朴素和勤俭节约的规定，就具有很强的道德规范性。再如，《党政领导干部职务任期暂行规定（2006 年）》《党政领导干部交流工作规定（2006 年）》和《党政领导干部任职回避暂行规定（2006 年）》这三个党内法规文件中的很多规定都是在落实《中华人民共和国公务员法》的相关规定。对此，在上述三部党内法规各自第 1 条有关立规宗旨和立规依据的规定中，也都作了明确的陈述。这为学者们长期以来所关注的国家制定法与党内法规的关系问题，提供了一个很好的研究论据或研究视角。党内法规和国家制定法在很多领域所调整的对象是相同的，只不过各自的价值定位或

---

① 姜明安：《论党内法规在依法治国中的作用》，《中共中央党校学报》2017 年第 2 期。

目标追求有所差异，但这并不妨碍两者在一些领域进行规范合作，如上面提到的国家公务员的任职制度问题。这种规范互动与合作反映的是相关规范的开放性。

那么，党内法规在社区治理多元规范格局中是如何通过与其他规范的互动与合作，来实现其规范效力的外部效应的呢？接下来，我们将分别就党内法规是如何促进国家制定法、公共政策、软法和民间法这四类主要治理规范的实施进行分析，阐述党内法规与其他规范具体的互动方式或互动机制。

2. 党内法规对国家制定法和公共政策实施的促进

国家制定法和公共政策在制度经济学中一般被称为正式制度。这两类规范都由行使国家公权力的专门机关所制定，其中公共政策的制定主体还包括执政党，而且国家制定法和公共政策又都是由国家机关来负责实施并以国家强制力保障实施。在我国，党的领导地位决定了党内法规与国家制定法和公共政策在制定和实施主体上的交叉性，在内容上的融合性，也决定了党内法规在促进国家制定法和公共政策实施中的作用。如有学者认为，虽然从文本学和规范学意义上看，党内法规与国家法分属于不同的规范体系，两者存在显著的效力差异，但是从法社会学视阈来讲，党内法规与国家法同为"行动中的法"，并且党内法规体系自身所蕴含的法学逻辑，更是为党内法规与国家法在国家治理现代化进程中的协同与合作奠定了前提基础。① 的确如此，党内法规与国家制定法在很多方面都分享着相同或相似的原理或逻辑，这也是两者能够实现有效互动与合作的基础。对于党内法规在促进国家制定法和公共政策实施方面的具体作用，我们可从主体行为和文本内容两个方面加以阐述。

从主体行为来看，党内法规、国家制定和公共政策这三类规范都要通过对主体行为的调整来发挥效力。由于参与社区治理的主体是相对确定的，相应的交往行为及其所应适用的规范也可大致予以把握。国家制定法根据主体交往关系的属性，来确定各自的权利义务关系。至于在具体的交往关系或治理活动中，特定的主体如何行使其权利或怎样履行其义务，则

---

① 廉睿、卫跃宁：《党内法规的法学逻辑及其与国家法的契合路径》，《学习论坛》2017 年第 4 期。

不完全是一个国家制定法的问题，而是要受到多种因素的影响。组织式主体会受到其组织性质、活动宗旨、成员构成和该组织的软法规范等影响，而公民个体则受其职业、学历、阅历和偏好等因素影响。党内法规对于基层党组织和党员具有一般性调整功能，而且由于党内法规兼有道德性和规范性，其所设定的行为规范性标准往往要严于国家制定法，这就会使得基层党组织尤其是党员在从事非党务活动时，自觉或不自觉地以更高的规则标准约束自己的行为。不仅如此，《中国共产党章程（2017年）》中将"模范遵守国家的法律法规"作为党员必须履行的义务。这些都决定了党组织和党员在从事社区治理活动遇有国家制定法的调整时，会因潜在地受到党内法规的影响而更加有利于国家制定法的实施。社区治理中的公共政策既包括国家政策，也包括党的政策，还包括党政联合制定的政策。在我国政策制定实践中，国家政策也是在党的领导之下制定的，是党执政路线和方针的具体体现，与党的政策具有内在一致性。可以说，党内法规调整和规范党组织和党员的行为，目的在于更好地保障党的各项方针政策得到有效地实施。基于此，党章同样将"贯彻执行党的基本路线和各项方针、政策"作为党员必须履行的义务。

就文本内容而言，党内法规通过宗旨设定、原则遵循和规则表述等方式，建立起其与国家制定法和公共政策之间的关系，直接或间接地推动国家制定法和公共政策的实施。前文提到的党章关于党员必须模范遵守国家法法规和贯彻执行党的方针政策便是一例。再如，《中国共产党普通高等学校基层组织工作条例（2010年）》中明确将党章和有关法律法规作为条例制定的依据，并且在第3条规定高等学校党的委员会要"支持校长按照《中华人民共和国高等教育法》的规定积极主动、独立负责地开展工作"。显然，党内法规的这一规定对于《高等教育法》的实施具有重要的保障和促进作用。同样的情况或关系也存在于党内法规和公共政策之间。例如，《中国共产党农村基层组织工作条例（1999年）》的制定宗旨之一便是"推动农村经济发展和社会进步，保证党在农村改革和发展目标的实现"，而且还在第11条中以规则的形式要求"党的农村基层组织应当加强对经济工作的领导，坚持以经济建设为中心，深化农村改革，发展农村经济，增加农民收入，减轻农民负担，提高农民生活水平"。文本内容上的衔接反映的是两种形式的规范在价值或目标上的相通性，鉴于党内法规的特殊性，这种衔接与相通，对于国家制定法和公共政策的实施都是有益的，也是必要的。

3. 党内法规对软法和民间法实施的促进

由于社区治理与人们的日常生活密切相关，传统文化与现代伦理、政府管理与社会自治等因素综合作用于其间，对治理主体的行为与规范选择产生重要影响，这也使得社区治理不仅仅是国家制定法和公共政策作用的场域，软法和民间法同样是两类不可忽视的基础性规范。党内法规与软法和民间法在属性、价值和内容等方面有着诸多关联，这也为党内法规作用于这两类规范的实施提供了可能。

软法主要是由非国家立法机关制定的用于调整特定组织及其成员行为的一种规范。从作用方式来看，"软法的规范性主要不在于设定明确的行为模式，而是通过描述背景，宣示立场，确立指导思想，规定目标，明确方针、路线，确认原则，规定配套措施等各种方式，正面要求相关主体为或者不为某种行为，通过为其提供行为导向的方式来施加影响，促使其作出有利于公共目标实现的行为选择。"① 软法的这一作用方式与党内法规非常相似。在社区治理中，那些一般性党内法规也主要是通过描述背景、宣示立场、确立指导思想和规定目标等方式来对基层党组织和党员的思想与行为进行调整，而那些专门性党内法规则是通过确认原则、规定配套措施等方式来进行调整。如果说调整方式的相似性为党内法规和软法的相互结合与促进提供了可能，那么执政党在社区治理中的组织性与社区治理的公共性则为党内法规促进软法的实施创造了条件；反之亦然。执政党自身是社区治理中组织性非常强的一类主体，如果将软法仅定义为一类不宜国家强制力保证实施的特定组织之内的规范的话，党内法规也属于这样的一类规范。虽然我们将党内法规视为一类不同于软法的规范形式，但是在社区治理实践中大量的党内规范性文件实际上是具有软法属性或可以纳入软法范围的。党内法规有一套更为成熟有效的实施机制，这套机制不仅作用

---

① 　罗豪才、宋功德：《认真对待软法——公域软法的一般理论及其中国实践》，《中国法学》2006 年第 2 期。

于党内法规，还会通过党组织和党员的行为传导至社区治理中软法的实施。例如，社区治理实践中，居民委员会的主任一般由社区党组织的书记兼任，无论是居民委员会还是社区党组织制定的规范性文件，都可以借助党内法规的实施机制来更好地施行。

民间法是一种承载着传统文化价值的规范，具有明显的内生文化性和道德规范性。"民间法的治理从民间生发而成，对现代伦理与传统伦理反思性整合而形成新社会伦理的再生产，以此在现代社会治理中发挥作用。在民间法的运作中，社会参与者能够体验规则精神的同时延续集体伦理传统。"① 中国共产党成立并发展于中国传统文化之中，无论是党的宗旨还是治国理政的方针政策，都吸收了优秀的传统伦理或价值。例如，党章中提出要"实行依法治国和以德治国相结合"，要"加强社会主义核心价值体系建设"和"增强民族自尊、自信和自强精神"等，这些都体现了中国共产党对传统文化价值的承继与发扬。这也是民间法与党内法规之所以能够相互契合的原因所在。无论是在党的章程或其他党内法规中对传统文化价值的直接强调，还是在实践中通过党组织或党员的行为间接地予以体现，都有助于民间法在社区治理中得以更好地尊重和遵守。

需要指出的是，社区治理中党内法规对于软法和民间法实施的促进并非一种单向的作用，软法和民间法也会在其调整社区治理主体行为和关系时，对党内法规的实施产生反作用。这一关系原理同样存在于党内法规与国家制定法和公共政策之间。概言之，包括党内法规在内的社区治理中的每种规范都具有开放性，在相互衔接与互动中促进各自的实施，并共同塑造着社区治理多元格局。接下来的问题是，如何为党内法规等每一种规范找到最为合适的位置，优化社区治理多元格局，从而实现社区治理所承载的宏大使命。

（三）党内法规的新定位与社区治理多元格局的优化

1. 党内法规的新定位：作为一种"由内及外"的规范

中国共产党与党内法规是社区治理多元格局中的一对特殊组合。在理

---

① 李杰：《论民间法在社会治理中的作用及介入途径》，《甘肃政法学院学报》2015 年第 1 期。

想的社区多元治理格局中，党内法规该如何准确定位，不仅取决于自身的规范功能，还受到党的领导作用如何发挥以及如何处理与其他规范之间的关系等因素的影响。在各种影响因素中，党内法规所直接调整的对象——中国共产党在国家治理中的领导地位和治理目标的设定，从根本上决定着党内法规的属性与定位。鉴于党内法规的直接调整对象是中国共产党，后者又是国家治理的领导主体，我们可将党内法规视为一种"由内及外"的特殊规范，而党内法规的这一属性或定位同样适用于社区多元治理格局。

一方面，党内法规直接指向的是党组织和党员的行为，是存在并作用于一个具有特殊属性和功能的政治组织内部的一种规范。支振锋指出："党内法规的'内'决定了它所贯彻的，仍然是一套加强党的建设、巩固党的领导、维护党的团结、增强党的能力，促进党更好兑现其全心全意为人民服务的政治承诺，提升党更好团结人民共同进行中华民族伟大复兴事业力量的政治逻辑。"① 正是这样一种政治逻辑，决定了党内法规的效力主要是施于内部的。每部党内法规在表述其立规宗旨时，也会将加强党的自身建设和自我治理作为主要宗旨。例如，《中国共产党党内监督条例（2016年）》将"为坚持党的领导，加强党的建设，全面从严治党，强化党内监督，保持党的先进性和纯洁性"作为其立规宗旨。《中国共产党纪律处分条例（2017年）》则将其立规宗旨规定为"为了维护党章和其他党内法规，严肃党的纪律，纯洁党的组织，保障党员民主权利，教育党员遵纪守法，维护党的团结统一，保证党的路线、方针、政策、决议和国家法律法规的贯彻执行。"这些都表明党内法规首先是一种作用于组织内部的规范。

另一方面，中国共产党毕竟不同于一般的社会组织或政治团体，通过党内法规建设来加强党的自身建设，其目的主要在于通过实现党的领导的规范化，来更好地保障党领导国家各项治理事业的法治化，这也是党内法规的效力具有外部性的原因。需要指出的是，党内法规的外部效力建立在其内部效力基础之上，通过规范党组织和党员的行为来实现其对外部治理

---

① 支振锋：《党内法规的政治逻辑》，《中国法律评论》2016年第3期。

事务的调整。例如，《党政主要负责人履行推进法治建设第一责任人职责规定（2016年）》要求党政主要负责人"应当切实履行依法治国重要组织者、推动者和实践者的职责，……把本地区各项工作纳入法治化轨道。"这条规定乃至这部条例非常鲜明地体现了党内法规的"由内及外"的规范效力特点，即党领导法治建设，而具体的工作要分解到各级党政部门，党内法规将各级党政主要负责人设定为法治建设的第一责任人，规定了其具体的职责和任务。从主体上看，该部党内法规的相关规则是约束各级党政主要负责人的行为，但在效果上则是及于整个国家法治建设。

2. 党内法规与社区治理多元格局的优化

社区治理在我国实践的时间并不长，这也意味着社区治理各项机制体制仍处于完善之中，社区治理多元格局也有待进一步优化。社区是执政党权力运作的基本单位，也是基层党建工作社会化的重要场域。"在计划体制下，社会结构以纵向联结的条线体系为主，横向联结的纽带很弱，党的核心地位可以体现在单位组织的内部；市场体制下，社会结构将以平等交换、相互依赖等横向联结关系为主，党的核心地位就要在社会关系中体现。"① 横向联结的社会结构不仅对党的建设模式选择具有深刻影响，也将在根本上重塑党的领导地位的实现与保障机制。党对社区治理的领导是在多元治理主体格局中的领导，社区治理中的其他主体在政治上接受党的领导，并不意味着在具体事务处理上党可以代行一切。协商与合作原则是重塑和优化社区治理多元主体格局的基本理念。多元治理主体间的关系决定了多元规范格局的样态。在优化社区治理多元格局中，我们同样应该对党内法规的地位与作用，给予清晰而恰当的定位，尤其要承认党内法规的功能局限并协调好与其他规范之间的关系。

其一，优化社区治理多元格局，应当明确树立宪法至上的根本原则，协调好党内法规与国家制定法之间"高"与"严"的关系。"必须强调的是，尽管执政党具有毋庸置疑的领导地位和能力，但这并不意味着党内法规和制度建设就可以肆意而为，而是恰恰不应超过其应有的边界，为全社会树立法治标杆。事实上，党内法规固然要严于国家法律，但国家法律无

① 马西恒：《社区治理创新》，学林出版社2011年版，第64页。

疑要高于党内法规，需要禁止党内法规逾越国家法律。"① 遵循宪法法律原则是党内法规在制定和实施中必须明确的一个基本原则，也是优化社区治理多元规范格局需要遵循的一个基本原则。根据中国特色社会主义法治理论，党的领导、人民当家作主和依法治国是内在统一的，国家法律也是在党的领导下制定的，与党内法规一样都会反映党的意志。但是，宪法和法律是在党的领导下经过法定的立法程序所制定，是全体人民共同的意志的体现，具有最高意志性，即使是党内法规也不能与之相违背。

其二，提高党内法规的制定质量，注重党内法规的实际规范效力的发挥。无论是党内法规还是多元治理格局，最终都要服务于社区治理实践。优化社区治理多元格局的根本目的不在于构筑一个形式完美、内容完整和逻辑合理的治理体系，而是要确保这一治理格局或治理体系能够真正有效地提升社区治理成效，真正以实现善治为追求。有学者告诫道，党内法治建设应避免由于党内原有法规制度的失效和制度创新的时滞、党内法规制度建设中的形式主义与官僚主义、党内法规制度建设中的执行力问题等原因而导致的制度过剩的陷阱。② 这一告诫同样适用于社区治理中党内法规的体系构建。一个完整而合理的党内法规体系固然是必要的，但能够真正保证党领导社区治理法治化才是其最终归宿。党内法规制定质量的提升要借助于党内立规技术的提高和立规过程的科学化与民主化，而党内法规实施质量的加强则要依靠一套行之有效的实施机制。

其三，在国家法制统一基础上尊重不同规范之间的分工，然后在规范分工基础上推动党内法规与其他规范之间的互动协作，以更优的多元规范结构促进多元主体结构的优化。国家法制统一和规范分工是优化社区治理多元规范结构的前提，也是优化社区治理多元格局的前提。姜明安指出："软法与硬法应有适当的分工，该硬处即硬，该软处则软，硬法要给软法留下发挥作用的适当空间，防止国家法干预一切，防止机械法治主义。同时，软法也不能抵触硬法，不能违反硬法。如果允许软法在没有硬法授权

---

① 马长山：《全面从严治党的法治之维》，《当代世界与社会主义》2017 年第 1 期。

② 胡凯、杨克雄：《党内法治建设须规避制度供给过剩陷阱》，《领导科学》2015 年第 1 期（中）。

的情况下，可以作出与硬法不一致和相冲突的规定，国家法制的统一就会被破坏，整个法治大厦就会被动摇。"① 这一观点同样适用于处理党内法规和其他规范之间的关系。党内法规被定位为一种"由内及外"的规范，这本身就表明党内法规作用的局限性和规范分工的必要性。从积极意义上讲，党内法规作用的局限性也为社区治理多元格局中的规范合作提供了可能。因此，作为党内法规直接调整对象的执政党，应该主动推进党内法规与其他规范在社区治理实践中的协调与合作。

我们不应孤立地看待党内法规在社区治理多元格局中的地位和作用，而是要以一种结构化的思维，去系统化地审视和定位党内法规及其所直接调整的对象——中国共产党在社区治理中的功能。将党内法规定位为一种"由内及外"的规范，既不轻视其在社区治理中的作用，也不过分夸大其功能，其实质是更好地实现党对社区治理的领导，而后者又是构建"共建共治共享"社区治理新格局和实现社区善治的根本保障。

三　规范实施视角下的社区党务公开机制

2017 年《中国共产党党务公开条例（试行）》（以下简称"《党务公开条例》"）的颁行标志着"党务公开步入制度化规范化轨道"，而且"有利于推动党务公开全面走上制度化、规范化、程序化轨道"。② 近年来，加强党的基层组织建设已成为党的组织乃至执政能力建设的一项重要内容。党的十九大报告中指出："党的基层组织是确保党的路线方针政策和决策部署贯彻落实的基础。"社区党组织作为非常重要的一类基层党组织，是落实基层党务公开义务的基本主体。社区党务公开也是实现基层民主和社区治理规范化的重要机制。与国家制定法相同，作为党内法规的《党务公开条例》的生命力也在于实施。从理论上讲，规范实施至少包括规范操作和规范转接两个基本维度。其中，规范操作强调对《党务公开

---

① 姜明安：《软法的兴起与软法之治》，《中国法学》2006 年第 2 期。
② 江琳：《专家解读〈中国共产党党务公开条例（试行）〉——党务公开步入制度化规范化轨道》，《人民日报》2017 年 12 月 26 日第 002 版。

条例》及其他相关规范性文件中有关社区党务公开机制条款的实践性操作或适用，而规范转接则注重对党务公开条例中有关党务公开机制条款的规范转化与衔接。显然，要想做好社区党务公开，无论在规范操作还是规范转接维度，都有很多具体的工作要做。

（一）社区治理中的党组织与社区党务公开机制

国家治理体系和治理能力的现代化离不开基层治理的现代化，而基层治理现代化要求在广泛的民主参与基础上，改进基层治理结构或相应的体制机制，实现基层治理的科学化与法治化，并在基层政府管理与基层社会自治之间形成一种协调合作、良性互动的关系。在基层治理结构或模式的改进方面，以合作共治为理念内核的联动治理模式受到理论与实践的重视。社区党组织是社区治理的基本参与主体之一，也是这种合作共治的联动治理模式构建和运行中的关键性主体。刘建军指出，"政党是维系中国社会治理和社区治理的最为重要的行动者"，原因在于"中国现代国家的崛起乃是沿着组织化的轨道对既定空间的各种资源进行了重新梳理与整合。从一定意义上来说，中国社会治理的成败就取决于政党这一组织能量的发挥程度。所以，联动式治理的灵魂在于政党。政党所具有的政治优势、价值优势、组织优势、制度优势和能力优势是联动式治理得以展开和推行的终极前提。"① 基于此，在 2017 年 6 月发布的《中共中央 国务院关于加强和完善城乡社区治理的意见》中，将充分发挥基层党组织领导核心作用作为健全完善城乡社区治理体系的基本措施之一。该意见指出，"推动管理和服务力量下沉，引导基层党组织强化政治功能，聚焦主业主责，推动街道（乡镇）党（工）委把工作重心转移到基层党组织建设上来，转移到做好公共服务、公共管理、公共安全工作上来，转移到为经济社会发展提供良好公共环境上来。加强社区服务型党组织建设，着力提升服务能力和水平，更好地服务改革、服务发展、服务民生、服务群众、服务党员。"

就执政党在社区治理中的具体作用方式而言，近年来，"虽然随着权

---

① 刘建军：《联动式治理：社区治理和社会治理的中国模式》，《北京日报》2018 年 10 月 15 日第 18 版。

力分散、多元治理理念在基层社区治理中的兴起，党组织的职能更多地向制度建设、统筹规划、政治领导和利益协调等方面集中，较少涉及具体事务的决策，但居委会党支部和众多的党员小组这样的实体性组织在每个社区仍广泛存在，它们构成了中国共产党实现对基层社会的领导和进行社会动员的网络依托。"① 其实，在社区治理实践中，社区党组织已经同居民委员会、业主委员会和社区工作站等治理主体融合在一起。无论在宏观的政治组织领导还是在微观的社区事务处理方面，社区党组织都在扮演着不可或缺的角色。这对基层党组织领导和参与社区治理的能力建设提出了很高的要求。在这种情况下，社区党务公开机制作为提升社区党组织领导能力和增强基层民主实践的重要机制，就显得尤为重要。

根据《党务公开条例》第 2 条的规定，党务公开指的是"党的组织将其实施党的领导活动、加强党的建设工作的有关事务，按规定在党内或者向党外公开"。党务公开适用于党的各级各类组织，当然包括社区党组织。社区党务公开机制派生于《党务公开条例》的相关规定，是党务公开机制在社区层面上的具体展开。推进党务公开的重要意义，在《党务公开条例》印发通知中有着很好的阐述，即"推进党务公开，是贯彻落实党的十九大精神，坚定不移全面从严治党，提高党的执政能力和领导水平的重大举措。这既是我们党'四个自信'的重要体现，也是增强全党'四个意识'的重要途径，对于发展党内民主，加强党内监督，充分调动全党积极性、主动性、创造性，对于推进社会主义民主政治建设，动员组织人民群众形成最大的同心圆和凝聚力，更好贯彻落实党的理论和路线方针政策，具有重要意义。"这段论述已经清楚深刻地阐述了实施党务公开的重要性，并且上述内容也被作为立规宗旨规定在《党务公开条例》第 1 条之中。

党务公开适用于党的各级各类组织，当然包括社区党组织。因此，社区党务公开机制派生于《党务公开条例》所规定的党务公开机制，是党务公开机制在社区这一层面上的具体展开，其基本构成要素是一致的。需

---

① 吴莹：《社区何以可能：芳雅家园的邻里生活》，中国社会科学出版社 2015年版，第 85 页。

要注意的是，这里的社区党组织指的是按照《中国共产党章程》的规定，在社区之中成立的、以全体社区党员为组织对象并以直接领导和参与社区治理为定位的中国共产党的基层组织，不包括办公或经营地点在社区之内的其他国家机关或企事业单位的党组织。从内容上讲，根据《党务公开条例》的规定，社区党务公开机制包括以下四个方面的要素：

一是党务公开的主体，包括党务公开的义务主体和指向主体。其中，义务主体为各社区党组织及相关负责人员，他们负有按照《党务公开条例》及相关规范性文件中的规定将应当予以公开的事务选择适当的方式予以公开的义务。指向主体则是指党务公开所面向的对象，具体包括生活在社区内的全体党员和人民群众，也即包括党内和党外两类基本主体。之所以如此，"一方面，向党的组织和党员公开党内事务，这是保障党员知情权参与权监督权的必然要求；另一方面，我们党是执政党，对国家实行全面领导，有关党内事务和党的路线方针政策也必须向全社会公开，从而增强党内事务的公开性和透明度，也有利于彰显我们党的执政自觉和自信。"① 社区党务公开机制的有效实施，既需要义务主体的积极作为，依规及时公开应当公开的党务，也离不开指向主体的积极参与和监督。

二是党务公开的内容与范围。对于社区党务公开的范围，《党务公开条例》中设定了一条基本原则作为确认公开范围的标准，即"除涉及党和国家秘密不得公开或者依照有关规定不宜公开的事项外，一般应当公开"，同时也规定"党的组织应当根据党务与党员和群众的关联程度合理确定公开范围"。社区党务公开的内容则规定在该条例的第11条中，具体包括以下七个方面：（1）学习贯彻党中央和上级组织决策部署，坚决维护以习近平同志为核心的党中央权威和集中统一领导情况；（2）任期工作目标、阶段性工作部署、重点工作任务及落实情况；（3）加强思想政治工作、开展党内学习教育、组织党员教育培训、执行"三会一课"制度等情况；（4）换届选举、党组织设立、发展党员、民主评议、召开组织生活会、保障党员权利、党费收缴使用管理以及党组织自身建设等情

---

① 王士龙：《推进党务公开必须转变理念》，《中国纪检监察报》2018 年 1 月 18 日第 008 版。

况；（5）防止和纠正"四风"现象，联系服务党员和群众情况；（6）落实管党治党政治责任，加强党风廉政建设，对党员作出组织处理和纪律处分情况；（7）其他应当公开的党务。对比党务公开条例中关于党的中央组织和地方组织党务公开的内容与范围的规定，不难看出，基层党务公开的内容与范围更为具体，与党员和群众的日常生活关联也更为紧密和直接。

三是党务公开的程序与方式。这一要素规定在《党务公开条例》的第三章中。根据规定，凡是列入党务公开目录的事项，按照提出、审核、审批和实施四个基本步骤。对于公开的具体方式，该条例第 13 条规定要根据公开的具体内容与范围选择适当的方式，具体而言，"在党内公开的，一般采取召开会议、制发文件、编发简报、在局域网发布等方式。向社会公开的，一般采取发布公报、召开新闻发布会、接受采访，在报刊、广播、电视、互联网、新媒体、公开栏发布等方式，优先使用党报党刊、电台电视台、重点新闻网站等党的媒体进行发布。"党务公开的程序与方式是党务公开机制的核心要素，"党务公开的成效如何，很大程度上取决于公开的程序是否规范"。① 社区党务公开要结合社区党务公开的内容特点、设施条件、公开对象等选择合适的方式。

四是党务公开的保障与监督。这是确保社区党务公开机制有效性的一个不可缺少的要素。有义务就要有责任。关于党务公开的保障与监督主要规定在该条例第四章以及第一章的部分章节中，具体包括领导体制（第 5条）、工作机制（第 6 条）、监督考核机制（第 20、21、22 条）和责任机制（第 23 条）。根据规定，社区党务公开由社区党组织负责，建立健全党务公开的保密审查、风险评估、信息发布、政策解读、舆论引导、舆情分析、应急处置等工作机制。未能依照条例规定进行党务公开的，有关社区党组织、党员领导干部和工作人员要被依规依纪追究责任。

与党内法规的属性与功能相类似，社区党务公开机制的运行尽管直接指向的是社区党组织的内部，但执政党的领导地位决定了这一机制所具有

---

① 张晓歌、张虹：《党内民主建设的重大举措——关于党务公开问题的若干思考》，《湖北社会科学》2009 年第 6 期。

的外部效应。换言之，社区党务公开已经不仅是社区党组织内部民主化的一种机制，而且也是能够直接影响社区治理民主化和规范化的重要机制。例如，陈怡指出，"社区居民广泛有序的政治参与是基层民主自治的内在动力源泉，离开了居民的参与，就谈不上社区自治。而社区的自治组织是社区成员的自我组织，具有很强的公共性与自主性。所以，有效地动员社区居民参与社区建设和管理，调动社区自治组织发挥作用，培育居民的社区归属感、认同感和现代社区意识是社区党组织的主要职能之一。"① 可以说，居民对社区治理的认同及广泛参与要以治理事务的充分公开为前提。社区党务公开的意义在于不仅能够反映执政党领导和参与治理事务的透明性，有助于增进居民对于基层党组织的信任度，而且还可以为社区治理公共事务公开提供样板，规范和改进社区治理公共事务公开机制，有助于更好地保障居民的知情权和调动居民参与治理的积极性。从内容上来看，社区党务公开机制由一整套规定在《党务公开条例》等党规文件中的体系化规则所构筑，其实施就是这套组织或行为规则的具体操作或适用。并且，规范实施的过程便是将这套体系化规则的应然效力转化为实际效力的过程，国家制定法如此，党内法规也是如此。因此，从规范实施的角度关注和加强党务公开相关规则的操作实施，便是推进社区党务公开机制的落实。

（二）规范操作：社区党务公开机制的实践进路

规范操作是党务公开机制实施的动态维度，强调相关具体规范的实际遵守和执行，也即通过主体的具体行为来实现党务公开相关规范的应然效力。"徒法不足以自行"，社区党务公开规范的实践操作要通过一个个具体的主体及其行为来完成，并且会受到很多因素的影响。就国家制定法的实施而言，张骐认为，"影响法律实施的因素，概括起来，主要有个人、体制、环境、法律本身等四个方面。"② 与之相类似，党内法规的实施要

---

① 陈怡：《基层党组织在社区多元治理中的功能转型及实现路径》，《求实》2010 年第 11 期。

② 张骐：《法律实施的概念、评价标准及影响因素分析》，《法律科学》1999 年第 1 期。

受到主体、党务属性、外部环境和党内法规本身特征等因素的影响。推进社区党务公开相关规范的操作或实施，需要针对这些影响因素作出专门的举措，发挥其积极作用，避免其成为党务公开机制实施及规范操作的消极因素，而我们对于社区党务公开规范操作的分析要将以这些影响因素为依托。

主体因素主要指社区党务公开相关义务主体和指向主体的主观意识和客观行动问题，也即作为义务主体的社区党组织和相关负责人员，在多大程度上重视并意愿采取适宜的方式落实党务公开机制，以及作为指向主体或公开对象的社区内的党员和群众，是否意识到党务公开的重要意义并积极参与和推动相关党务的及时依规有效公开。主体因素从义务主体角度看，反映的是义务主体的规则意识，这种意识如同国家制定法的执行者的法律意识，能够对社区党务公开相关规范的实施产生直接的作用。主体因素从指向主体角度看，则能够反映社区中的党员和群众对于党的各项事务的参与意识，也能够在很大程度上反映社区居民（无论是否为党员）的之于社区这一共同体的公共责任意识，而这种意识对于社区治理和发展也是非常重要的。"在地域性社会生活共同体的意义上，社区是属于居民日常生活的范畴，与政府主掌的公共权力领域完全不同，从而社区共同体也就以居民在日常生活中的相互协调和相互服务为纽带，以居民基于这种协调和服务结成的社会组织为形式。因此，社区建设和社区发展的成效，实际上体现为居民有组织地作用于地域性社会的主体行动。"[①] 具体到社区党务公开，即使义务主体有效地履行了党务公开规范所设定的义务，如果相关指向主体或公开对象对此漠不关心或者参与有限，也会严重减损社区党务公开相关规范的实施效果。不仅如此，指向主体对于社区党务公开的参与，不是一种被动的信息接收，应该与义务主体建立一种双向互动关系，主动去查询、校验所公开信息的准确性和完整性，并就社区党务工作的更有效开展积极提出意见和建议。

党务属性是社区党务公开规范在实施时必须正确处理的一个兼具规范性和政治性双重属性的问题。所谓的党务属性指的是党组织或党员所实施

---

① 马西恒：《社区治理创新》，学林出版社 2011 年版，第 77 页。

的党的领导活动、加强党的建设工作的有关事务的性质。确定党务属性的主要目的是用以判断是否适合纳入党务公开的范畴以及在多大范围内或者以何种方式公开。党务属性的认定对于党务公开机制的实施具有关键性影响。对于党务属性与党务公开之间的关系，主要规定在《党务公开条例》第7条和第8条之中。根据第7条的规定，除涉及党和国家秘密不得公开或者依照有关规定不宜公开的事项，一般应当公开。这意味着不公开的党务包括两种类型：不得公开的和不宜公开的。其中，不得公开的属于涉及党和国家秘密的党务，对此有着专门的用于确定党和国家秘密范畴的规范，比较容易认定。不宜公开的则属于弹性较大的限定，对此的认定或者依照有关规定，或者由党组织以正当的方式加以确定。根据第8条的规定，党务属性还包括特定的党务与公开对象的关联程度，这属于一种关系属性，能够对党务公开的范围确定和方式选择等产生影响。据此，除涉及党和国家秘密的党务不得公开，其他两种情形中的党务——不宜公开和确定关联程度——要在专门的认定后加以确定。这就需要建立科学合理的认定标准和认定程序，由相关的社区党组织或负责人员严肃地加以认定。

外部环境对于社区党务公开的影响主要来自两个方面：一个是硬环境，即社区党组织办公设施、信息技术和资金投入等，这能够影响到党务公开方式的选择。例如，《党务公开条例》第17条第2款规定："有条件的党的组织可以建立统一的党务信息公开平台。"该规定表明立规者意识到了设施技术对党务公开机制实施的影响，并鼓励各级党组织积极利用先进的设施技术来更好地推行党务公开。另一个是软环境，即社区党员和群众的政治素养、知识和年龄结构、职业情况以及社区整体的人文环境等。社区党务公开不是一种单向度的工作，社区人文软环境反映到社区党务公开规范的实施中便是指向主体或公开对象的规则意识、公开需求和参与程度等，而这些意识和需求能够反作用于党务公开，对义务主体的相关行为产生压力，并且在规范操作技术和实施裁量空间的把握等方面也会更为恰当。

一般而言，社区内的党员人数越多并且组织程度越成熟有力，其对于社区党务公开的积极推动力也越大。夏建中指出："目前看来，国家政权力量更为合理的介入途径是通过社区党组织来实现这一目标。因为与行政权力外在于社区不同，社区党组织是内在于社区的，社区党员都是社区内的居民，党组织对社区公共事务的介入，同时也就意味着党员居民的政治参与。"① 社区内的党员之所以有着更大的动力去参与并推动社区党务公开，一方面，与他们的政治意识、公共参与意识和基层民主观念更强有关，而且他们本身就是社区党员组织生活的主要参与者、社区公共生活的重要组成部分。另一方面，社区党员居民积极参与并推动社区党务公开也是他们所享有的党员权利。根据《中国共产党党员权利保障条例（2020）》的规定，党员有权按照规定参加党的有关会议，有权阅读党的有关文件。为此，党组织应当按照规定召开有关会议，并创造条件保障党员参加其有权参加的各种会议。会议的组织、召集者要将会议的召开时间、议题等适时通知应到会党员。党组织还应当为党员提供阅读党内有关文件的必要条件。可见，党员居民对社区党务公开的参与也是其依照有关党内法规行使其权利的过程，而社区党员居民可以被视为社区党组织有机参与或领导社区治理的重要纽带。此外，外部环境还包括能够对社区党组织和党员的活动产生影响的上级党组织对社区党务公开规范实施的重视程度，上级党组织重视程度越高，便会对社区党组织的党务公开工作传导更大的压力，党务公开相关规范的实施力度也会随之增大。

党内法规本身的内容与体系特点也会影响到社区党务公开规范的实施效果。在调整社区党务公开事务上，《党务公开条例》是直接的也是最主要的党规依据，社区党务公开机制的实施主要是对该部党内法规有关规范的具体操作或实施。这部条例的文本质量会对党务公开相关规范的操作产生重要影响。判断一部党内法规文本的质量如何，可操作性是一项关键指标。"我们应当意识到，党内法规的切实可行才是保证党内法规生命力的必要前提条件，仅仅依靠党员的自觉和社会舆论的监督是远远不够的。不仅如此，党内法规是中国共产党制度的核心组成部分，若党内法规缺乏可操作性，更是难以使党的各项制度发挥真正的约束作用，也难以有效发挥

① 夏建中：《中国城市社区治理结构研究》，中国人民大学出版社 2012 年版，第 147 页。

利益驱动的作用。"① 总体而言,《党务公开条例》较为系统明确地规定了党务公开机制的相关规范,包括主体规范、公开范围的认定标准、保障和责任制度等,可操作性较强。当然,《党务公开条例》中也存在着公开范围认定标准弹性较大、公开时限规定不明等问题,而且该部条例并非专门用于调整社区党务公开,配套性制度和机制等尚未通过其他党内法规或规范性文件予以细化,这些都在一定程度上影响了社区党务公开相关规范的可操作性。因此,规范操作不仅仅是某一部党内法规的问题,除了准确性和科学性,完备性也是社区党务公开规范应当具备的一个基本特征。这就需要对社区党务公开机制在实施过程中加强规范的配套、衔接与转化。

(三)规范转接:社区党务公开机制的制度延展

从操作角度看,规范转接并不属于规范的直接实施,而是为了更好实现规范操作的一种规范创制或修正机制。但如果将规范实施理解为对规范的执行或使其具有实效,那么规范转接也可以视为规范实施的一种特殊形式。无论怎样,规范转接都是规范实施过程中不可或缺的一个环节或一项工作。在《党务公开条例》并未对社区党务公开机制的实施作出专门规定的情况下,规范转接对于社区党务公开机制的实施更是必要的,它既是对《党务公开条例》如何在社区党组织层面适用所做出的一种落实性工作,也是更好地保障和推进社区党务公开实践的重要举措。根据党务公开规范衔接是在党内法规体系内还是体系外进行转接,可将社区党务公开的规范转接分为体系内转接和体系外转接。

规范的体系内转接指的是在党内法规和党内政策体系内部,以保障社区党务公开机制及其实施的规范完善为目的,围绕《党务公开条例》的相关规定所开展的规范衔接与协调等活动。其实,近年来党中央非常重视党务公开,在《党务公开条例》印发实施之前,已经先后印发了《关于建立党委新闻发言人制度的意见(2010)》《关于党的基层组织实行党务公开的意见(2010)》和《关于建立健全信息发布和政策解读机制的意见(2014)》等党内政策性文件来推进这项工作。在已实施的党内法规中,关

---

① 汪全胜、黄兰松:《党内法规的可作性评估研究》,《中共浙江省委党校学报》2017 年第 3 期。

于党务公开的制度性规定在《中国共产党章程（2017年）》《中国共产党党内监督条例（2016）》和《中国共产党党员权利保障条例（2020）》等都有所体现。无论是政策性文件，还是党内法规文件，这些都体现了党务公开规范的体系内转接。然而，要想更好地落实党务公开机制，已有的体系内的规范转接是不够的。有学者提出，要加强党务公开配套制度体系建设。具体而言，"推进党务公开法规化体系建设，要在总体规划上，对党务所涉及的反映、通报、决策参与、民主选举、权益保障等党务制度框架不断完善，以确保党务公开条例的完整性、科学性和有效性。"① 具体到社区党务公开机制上，尽管党中央仍然可以对此制定专门的政策性文件或党内法规文件，但是由于中央层面的政策制定或党内立规要着眼全局，所制定的规范性文件往往会具有很强的原则性或概括性，在一些事务的具体操作方面难以也不宜作出统一规定。这不符合社区党务公开所需要的规范类型，即一些更为具体的且更具可操作性的细则性规范。

鉴于《党务公开条例》并非只是规定社区党务公开事宜，加之有些条款的表述使用的模糊语词（如"不宜公开""合理确定"等）较多，以及对于应当公开的党务内容认定标准和公开时限等未作明确规定等，这意味着社区党务公开机制的实施不能仅仅依据《党务公开条例》，还需要有其他的党内法规或党内规范性文件加以辅助。以党务公开的时限为例，《党务公开条例》规定的是从中央到地方再到基层各级各类党组织的党务公开事项，考虑到不同级别和类型的党组织在党务公开方面存在较大差异，难以设定一个统一的时限要求，所以并未在条例中对此做明确的规定。然而，时限是党务公开机制的应有内涵，"离开了时限规定，制度的完备性就值得怀疑"，具体到社区党务公开，时限的设定更为必要，原因在于，"对于广大基层党组织来说，直接和党员群众打交道，其党内事务决策和党员群众的利益息息相关，开展党务公开具有必要性和紧迫性，党务公开开展得好，就会极大地调动党员群众的积极性，……因此，从规范

---

① 靳安广：《党务公开法规化建设要与时俱进》，《人民论坛》2017年第11期（上）。

时限入手来加强改进基层党务公开工作，是党务公开制度构建的基本着眼点。"① 在《党务公开条例》未对党务公开时限作具体规定的情况下，为使社区党务公开各条具体规范得以及时有效地操作实施，有必要通过其他形式的党内规范性文件来对社区党务公开的时限这一关键性的制度问题加以明确规定。

规范的体系内转接不能局限于社区党务公开这一具体事务之上，还应该将社区党务公开纳入党的基层民主建设这一更大的制度与实践体系中，使之与党的基层民主建设相关制度或规范实现有机协调与衔接。对此，杜彬伟认为，党务公开制度体系建设不仅要在其体系内部形成一个有机联系、自我循环的独立系统，而且要和党内民主制度体系的其他子系统建立有机联系，形成具有同一逻辑的党内民主制度整体系统。除了党务公开制度外，党内民主制度体系还包括党的民主集中制、党的代表大会制度、集体领导制度、民主决策制度、党员权利制度、党内民主监督制度等制度子体系。……因此，在进行党务公开制度体系建设时，要遵循党内民主制度系统建设的统一逻辑规律，使其与其他子体系相互补充、相互支持，共同组成有序运转的党内民主制度大系统。② 这一观点对于我们在更大体系或更全视野中去定位社区党务公开，以及去完善社区党务公开机制的实施规范，具有很大的助益。

规范的体系外转接指的是社区党务公开的有关规范与党内政策或法规体系之外的其他规范形式，如国家制定法、软法或民间法等，所建立起的相互协调、相互转化、相互衔接的关联关系。宋功德曾指出："影响党的建设和党的工作实践的规则，还有一些良善之规，比如公序良俗、道德、国法、村规民约、社会自律规范等，它们与党规并存，共同发挥作用。要保证党规与此类规范并行不悖，就得注意做好在标准上的衔接，……以免各类规范标准相左让人无所适从，顾此失彼会引发实践混乱。"③ 的确如

① 韩强：《党的建设制度改革研究》，知识产权出版社 2015 年版，第 181—184 页。

② 杜彬伟：《党务公开的本体性认识与制度建设》，《中共福建省委党校学报》2010 年第 8 期。

③ 宋功德：《党规之治》，法律出版社 2015 年版，第 383 页。

此，社区党务公开既是社区党组织自我改进、自我治理的重要举措，也是社区党组织更好地领导和参与社区治理的重要保障，社区党务公开机制实施过程中将不可避免地与其他形式的规范和机制相互作用。

例如，社区党务公开与社区政务公开有着不可分割的关联，袁忠甚至认为："作为执政党，中国共产党是我国一切公共事务的重要管理主体，其对国家和社会事务肩负着领导责任、决策责任，从这个意义上来说，党的事务就是公共事务，与我国每个公民的切身利益密切相关，因此党务公开本质上就是政务公开，不论其是属于内部事务还是属于外部事务。"①在这种情况下，社区党务公开已经不完全是党组织的内部事务，而是涉及社区治理全局的事务。基于此，《党务公开条例》第17条规定："党务公开可以与政务公开、厂务公开、村（居）务公开、公共事业单位办事公开等方面的载体和平台实现资源共享的，应当统筹使用。"社区党务公开相关规范难以对社区党务公开中所涉及的政务公开进行调整，就需要与社区政务公开的相关规范加以协调与衔接。从社区政务公开来看，目前能够用于指导和调整社区政务公开的直接法律依据是《中华人民共和国政府信息公开条例（2007）》，此外还有一些政策性文件、工作惯例和软法等。这也意味着从规范实施角度看，社区政务公开的推行也需要借助社区党务公开的相关规范。对此，上海南京东路社区的做法可供借鉴。在推进社区党务公开进程中，南京东路社区加强党务公开与政务公开的工作协调、党务公开与居务公开的联动建设，并且更加注重过程公开，制定《推行党务公开工作的实施办法》《党务、政务、居务公开监督员聘任管理办法》《党务公开栏信息公开制度》《党务公开监督检查实施细则》等，将党务公开工作统一纳入制度框架体系内。②显然，南京东路社区所制定的规范性文件便是社区党务公开制度延展的具体体现，而且这些规范性文件既包括规范的体系内转接，也包括规范的体系外转接。

中国共产党在加强自身建设过程中，一直非常重视发挥基层党组织的

---

① 袁忠：《论政务公开的困境及其突破战略》，《岭南学刊》2016年第6期。
② 陈海燕：《基层党务公开运行机制的实践探索——以南京东路社区（街道）基层党组织建设为例》，《上海党史与党建》2014年第12期。

战斗堡垒作用，而推进社区党务公开有助于增强基层党组织的凝聚力、公信力和执行力。社区党务公开作为党推进基层民主和加强自身建设的重要举措，对于社区治理的规范化或法治化具有重大的推动意义。俞可平指出："中国的国家治理状况直接反映着中共自身的治理能力。中共是中国目前唯一的执政党，中共的各级党组织是最重要的国家公共权力机关，掌握着国家的核心政治权力，是国家治理的决定性因素。中共自身的治理能力和治理水平，直接决定着中国国家治理能力的强弱和治理状况的优劣。"① 在依规治党和依法治国统筹推进的今天，社区党务公开机制的实施为此提供了真实的实践场域，也是党自身治理和国家治理水平的内在需要。加强社区党务公开规范的实施力度和成效，有助于更好地发挥党务公开机制的实效，也是满足党在社区中自身治理和国家治理水平提升需要的治本之策。

---

① 俞可平：《走向善治——国家治理现代化的中国方案》，中国文史出版社2016年版，第119页。

第六章 社区治理中的公共政策、民事协议与道德规范

除了国家制定法、软法和民间法这三类基本规范以及党内法规这类特殊规范之外，社区治理实践中还存在着大量的公共政策和各类协议，它们同样对于保障社区治理规范化发挥着重要的作用。此外，社区生活的日常性和民间性，也注定了这一场域中道德和价值观等具有强烈文化传统内涵的潜在规范的存在。本章将分别对公共政策、民事协议、道德与价值观这三类规范进行阐述，分析每种规范在社区治理中的规范功能，以及对于实现社区治理规范化或法治化的重要意义。

一 法治化视角下社区治理"政策围城"之走出

2000年11月，中共中央办公厅、国务院办公厅转发了《民政部关于在全国推进城市社区建设的意见》（中办发〔2000〕23号），这是我国政府出台的第一个关于社区治理的政策性文件。该政策性文件界定了社区的含义，并提出了社区建设的目标，从此城市社区建设在全国铺开。自2000年以来，中央和地方陆续发布了若干部关于社区治理的综合性和专门性的政策性文件，有力推动了我国社区治理的制度建构和实践发展，也逐步推动了社区治理迈向规范化或法治化的轨道。诚然，公共政策在推进社区治理中有着不可替代的特殊作用，但也存在相应的功能局限甚至缺陷。如何在多元规范的结构中准确定位公共政策，使其更好地发挥规范作

用，是政策制定者与社区治理各参与者应当认真解决的问题。

（一）社区治理的发展与公共政策驱动的内在机理

我国的社区治理经历了一个从制度建构到实践推进、从社区建设到社区治理的发展过程。从 1986 年民政部开展社区服务，到 2000 年出台第一个有关社区建设的政策性文件，再到 2017 年党的十九大提出加强社区治理体系和机制建设，这一过程伴随着改革开放的全过程，也真切地反映了执政党对于重塑国家与社会关系的认知历程。有学者总结了改革开放 40 年来我国社区治理取得的成绩，认为经过近 40 年的探索和实践，中国城乡社区治理取得了积极的成效，具体包括方便了居民生活、美化了社区环境、丰富了社区文化、维护了社区秩序和奠定了治理基础等。对于为何能够取得这些成效，该学者进一步指出："社区治理实践取得的成就，得益于各地干部群众在国家政策推动下，结合实际改革创新。"[①] 这段论述不仅很好地总结了改革开放以来我国社区治理取得的成效，也准确地指出了公共政策在社区治理中所发挥的重要作用。

根据公共管理学理论，公共政策是政府或社会公权力组织为了解决公共问题或处理公共事务，而制定实施的行动方案或策略选择。据此，社区治理中的公共政策指的是那些用以处理社区公共管理和服务中各类事务或解决相关问题的举措或方案。对于公共政策在社区治理中的基本功能，韩志明指出，"作为具有政治权威性的规范体系，政策是社会中最为重要的公共信息。国家治理不仅通过政治传播系统来表达国家的意志和要求，更依靠政策来体现和落实国家的意志和要求。"[②] 实际上，公共政策对于社区治理的作用不限于此。无论从最初的制度构造，还是到实践推进，直至今日已形成较为成熟的社区治理体系，都离不开公共政策的宏观指引和微观规范的作用。甚至可以说，我国社区治理发展至今首要驱动力来自于各类公共政策。自 2000 年 11 月《民政部关于在全国推进城市社区建设的意

---

① 龚维斌：《改革开放 40 年中国社区治理的回顾与反思》，《社会治理》2018 年第 8 期。

② 韩志明：《政策执行的模糊性及其治理效应》，《湘潭大学学报》（哲学社会科学版）2018 年第 4 期。

见》发布以来，中央和地方各级党委和政府陆续出台了大量的公共政策，用于推动和保障社区建设和治理各项工作，出现了对社区治理的"政策围城"之势。

实践中，社区治理公共政策的制定主体包括中央和地方各级党委和政府，在内容方面既包括对社区治理体制或机制进行全面建构的综合性政策，也包括对社区治理某一领域或某项工作进行规定的专门性政策。下面的表格中不完全统计和列举了2000年以来，中央层面所出台的各类有关社区治理的公共政策。

表6-1   中央层面有关社区治理的公共政策

序号	制定时间	制定主体	政策名称	发文号	政策类型
1	2000年	民政部	关于在全国推进城市社区建设的意见	中办发〔2000〕23号	综合性
2	2002年	公安部、民政部	关于加强社区警务建设的意见	公通字〔2002〕42号	专门性
3	2006年	国务院	关于发展城市社区卫生服务的指导意见	国发〔2006〕10号	专门性
4	2008年	民政部	关于进一步推进廉政文化进社区工作的指导意见	民发〔2008〕25号	专门性
5	2009年	民政部	关于进一步推进和谐社区建设工作的意见	民发〔2009〕165号	综合性
6	2010年	中共中央办公厅国务院办公厅	关于加强和改进城市社区居民委员会建设工作的意见	中办发〔2010〕27号	专门性
7	2015年	中共中央办公厅 国务院办公厅	关于加强城乡社区协商的意见	中办发〔2015〕41号	专门性
8	2017年	中共中央国务院	关于加强和完善城乡社区治理的意见	中发〔2017〕13号	综合性
9	2017年	民政部	关于大力培育发展社区社会组织的意见	民发〔2017〕191号	专门性

从上面的表中可知，中央层面除了中共中央和国务院之外，民政部是制定社区治理政策性文件最多的部门，这主要是因为社区治理工作主要属于民政部门的职权范围。其实，除民政部外，很多其他国务院工作部门也在各自职权范围内出台过相应的社区治理政策性文件。在地方层面，各省市地方党委和政府也大都根据中央有关政策精神或规定，并结合本地方的特点和需要，出台了相应的政策性文件。例如，2016 年 7 月，中共辽宁省委办公厅辽宁省人民政府办公厅制定了《关于加强城乡社区协商的实施意见》，用以贯彻落实 2015 年中共中央国务院发布的政策性文件。2017年 12 月，中共湖北省委、湖北省人民政府印发了《关于加强和完善城乡社区治理的实施意见》，用以贯彻落实 2017 年中共中央国务院发布的政策性文件。鉴于地方层面的相关政策性文件数量过多，难以一一列出，在此仅以大连市为例，列举和介绍部分地方性社区治理政策性文件。

表6-2　　　　　地方层面有关社区治理的公共政策（以大连市为例）

序号	制定时间	制定主体	政策名称	发文号	政策类型
1	2002 年	市政府	大连市社区建设发展规划（2001—2005 年）	大政发〔2002〕36 号	综合性
2	2003 年	市劳动和社会保障局、市民政局、市财政局	关于加快街道、社区社会保障机构建设的通知	大劳发〔2003〕34 号	专门性
3	2004 年	市商业局	关于加快发展我市社区商业服务业的指导意见	大商发〔2004〕5 号	专门性
4	2008 年	市政府	关于加快发展城市社区卫生服务的实施意见	未查到	专门性
5	2010 年	市政府办公厅	大连市城乡社区养老服务中心建设发展三年规划（2010—2012 年）	大政办发〔2010〕67 号	专门性
6	2011 年	市公安局、市国土资源和房屋局	关于规范全市物业服务企业保安管理工作的通知	大公发〔2011〕144 号	专门性

序号	制定时间	制定主体	政策名称	发文号	政策类型
7	2013 年	市政府办公厅	关于进一步规范城市社区工作人员生活补贴的通知	大政办发〔2013〕65 号	专门性
8	2017 年	中共大连市委办公厅 市政府办公厅	关于加强城乡社区协商的实施意见	未查到	专门性

从上表中不难看出，地方层面有关社区治理的公共政策主要是专门性的，也即主要为落实中央层面有关政策而颁布的实施性政策。从数量上来看，上表中仅不完全列举了 2000 年以来大连市这一个地方所制定的有关社区治理的政策性文件，依此推算，全国各省市所制定的社区治理政策性文件何止百千件。如果将中央与地方两个层面有关社区治理的政策性文件合并统计，其数量之多可想而知。因此，称社区治理存在"政策围城"并不为过。之所以如此，一个可能的解释是，与国家制定法相比，公共政策能够更为快速地应对特定公共领域中所出现的公共事务，能够更为直接地反映该国家或者政府在某个领域或对某项事务的立场，也能够更为明确地反映该国执政党的态度或执政理念。

在我国，中国共产党作为国家治理事业的领导者，往往会领导和参与社区治理公共政策的制定。党领导和参与的方式一般为：首先在党的报告中提出有关社区治理的基本方针和理念，然后或者由各级政府出台实施性的治理政策。2006 年国务院制定的《关于发展城市社区卫生服务的指导意见》和 2017 年民政部制定的《民政部关于大力培育发展社区社会组织的意见》，便属于此种方式，或者由各级党委与政府联合制定有关具体的治理政策，如 2017 年出台的《中共中央国务院关于加强和完善城乡社区治理的意见》和中共大连市委市政府 2017 年出台的《关于加强城乡社区协商的实施意见》则属于这种方式。当然，党领导和参与政策制定的方式并不影响公共政策在社区治理的具体作用，主要目的在于保证党的执政理念和方针在社区治理领域的贯彻。这一点对于社区治理公共政策所设定的理念目标及其规范效力的实现，对于社区治理体制机制完善以及实践发展，都是至关重要的。社区治理实践的发展也证明了这一点。

例如，有学者从政策—实践的关系视角，指出党的十八大以来我国社区治理所呈现的新图景，认为新时代城乡社区治理"在时代取向上，以社区治理'体系、格局、能力、水平'现代化为发展目标；在实践脉向上，以多元主体'党委、政府、居民、社会'联动化为发展特征；在未来走向上，以治理要素'主体、机制、服务、技术'科学化为发展方向。推进新时代基层社区治理现代化，以加强城乡社区'互动、互联、互惠、互助'的协同治理为创新进路，推动社区'善治'、'慧治'、'共治'、'良治'耦合发展。"① 这种所谓新图景的出现并非一日之功，而是社区治理在党和国家政策驱动下不断探索发展的结果。早在 1987 年党的十三大报告中就指出要进一步下放权力，并提出了"凡是适宜于下面办的事情，都应由下面决定和执行"这样一个总的原则。报告中还载明"在党和政府同群众组织的关系上，要充分发挥群众团体和基层群众性自治组织的作用，逐步做到群众的事情由群众自己依法去办。地方、部门和单位，都要树立全局观念，严格依照法规和政策办事。"② 这应该是改革开放以来在党的全国代表大会报告中最早提及基层自治的问题，这也为后来的社区治理自治与合作理念的确立奠定了政治基础。至 2017 年党的十九大，报告中明确提出要"打造共建共治共享的社会治理格局"，在加强社区治理体系和机制建设方面，提出要"推动社会治理重心向基层下移，发挥社会组织作用，实现政府治理和社会调节、居民自治良性互动。"③

当然，政策驱动的背后实际上是政府或国家公权力。由政府掌控社区治理发展的主导权，是我国社区治理乃至国家治理所遵循的一个基本进路，也是今后社区治理体制和机制改革必须面对的一个"路径依赖"。对

---

① 王木森、唐鸣：《社区治理现代化：时代取向、实践脉向与未来走向——十八大以来社区治理"政策-实践"图景分析》，《江淮论坛》2018 年第 5 期。

② 《沿着有中国特色的社会主义道路前进》（中国共产党第十三次全国代表大会报告），http://cpc.people.com.cn/GB/64162/64168/64566/65447/4526369.html，2018 年 12 月 23 日。

③ 《决胜全面建成小康社会　夺取新时代中国特色社会主义伟大胜利》，《人民日报》2017 年 10 月 28 日第 4 版。

此，有学者认为，"社会治理方式深受一国历史传统、政治体制、文化背景等多种因素的影响和制约，中国社会治理方式的改进和创新同样离不开中国语境。在当代中国，建立政府主导下的社会治理共同体是中国经济、政治、社会和文化深刻变迁的产物，具有高度的适应性和迫切性"。诚然，政府主导的社区治理有其必然性与合理性，但也面临着不少问题或困境，包括治理模式上的政府中心主义、社会组织自治能力不足、公民参与精神和参与理性不足，以及行政文化建设落后等。① 概言之，"政策围城"下的社区治理面临着一个尴尬的"两难困境"：一方面社区治理在公共政策驱动下取得了突出的成效，显示了公共政策的功能特点与优势，另一方面社区治理又不得不应对和解决公共政策主导下的体制与机制问题。若要破解这一"两难困境"，首先就要走出"政策围城"而迈向治理规范化或法治化，真正按照党的十九大报告中所要求的去"打造共建共治共享的社会治理格局"，并遵循这一格局内含的理念来更好地发挥公共政策在社区治理中的功能，实现社区治理的法治化与现代化。

（二）社区治理规范化中公共政策的功能及作用局限

1. 公共政策在社区治理规范化中的功能

既然公共政策驱动了我国改革开放以来社区建设与治理的发展，那么在推动和实现社区治理法治化或规范化过程中，就需要重新认识并定位公共政策在其间的功能。在公共管理学中，学者们对于公共政策的功能有着诸多归纳。例如，刘昌雄认为公共政策具有三种基本功能：替代功能、规范功能和推动功能。其中，替代功能是指公共政策通过自我否定或"扬弃"，实现公共政策更新的作用，具体表现为政策调整和政策终结两个方面。规范功能是指公共政策在社会实际生活中为保证社会的正常运转，而针对目标群体的行为所起的规范作用。推动功能是指公共政策对社会经济发展的方向和速度所具有的促进作用。② 本章主要分析的公共政策在社区

---

① 公维友、刘云：《当代中国政府主导下的社会治理共同体建构理路探析》，《山东大学学报》（哲学社会科学版）2014 年第 3 期。

② 刘昌雄：《公共政策：涵义、特征和功能》，《探索》2003 年第 4 期。

治理规范化中的功能，也即公共政策作为一种特殊的规范形式，其所具有的规范功能对于推进和实现社区治理规范化的意义。因此，公共政策所具有的推动经济社会发展的宏观功能并不在讨论之列。还需指出的是，社区治理的规范化与法治化的内在理念是一致的，两者在多数情况下可以等同使用，但规范化的外延较法治化要宽些，后者主要立足于规则而且主要是国家制定法的视角，包含着更为强烈的法治原则或理念要求，而前者不仅在规则渊源方面不限于国家制定法，而且还强调体制和机制等规则实施载体的建构与运用。据此，参照国家制定法的规范功能，并结合公共政策自身所具有的属性以及社区治理实践中的政策性文件，我们可将公共政策在社区治理规范化中的功能概括为如下五个方面。

其一，明确社区治理的理念与目标定位功能。与国家制定法相似，任何公共政策都是包含对特定理念和目标的追求，并围绕该理念和目标来设定相应的规则或举措。不同的是，公共政策对于理念与目标的表述更为直接与具体，并且一般会作为公共政策内容的一部分加以载明。例如，在《民政部关于进一步推进和谐社区建设工作的意见》中，社区和谐是该部政策性文件追求的首要价值，实现社区和谐则是其目标。为此，该部政策性文件分别在其前两部分中阐述了推进和谐社区建设工作的重要性和紧迫性、总体思路和目标要求。其中，关于目标要求的一个表述是"力争用五年的时间，把全国80%以上的城乡社区建设成为管理有序、服务完善、文明祥和的社会生活共同体；到建党100周年时，把所有城乡社区全面建设成为管理有序、服务完善、文明祥和的社会生活共同体。"尽管这样的目标要求在表述上具有一定的开放性，但已经能够对在全国范围内开展和谐社区建设工作形成指导性的压力，同时表述中的"管理有序""服务完善"和"文明祥和"的目标本身也包含着对社区治理规范化的要求与指引。

其二，建构社区治理的宏观体制与微观机制。社区规范化治理要依托于一套科学合理的治理体制与机制体系，也即实现社区治理的制度化。尽管大部分社区治理公共政策也会为治理主体的行为设定相应的规则，但更多的作用方式是建构和完善相应的体制机制。例如，为了培育发展社区社会组织，推动社会治理重心向基层下移，打造共建共治共享的社会治理格局,《民政部关于大力培育发展社区社会组织的意见》就如何培育和支持社区社会组织发展,使其在社区治理中更好地发挥提供社区服务、扩大居民参与和培育社区文化等方面的积极作用,提出了较为系统的政策性意见。这对于改进我国社区治理体制显然具有重要意义。该部政策性文件中也规定了支持和培育社区社会组织的具体机制,如实行分类管理,建立多元化、制度化的资金保障机制等。社区体制机制的建构与完善有助于优化社区治理结构,使社区治理各主体之间形成一种相互协调、相互制约、相互合作的关系,而这种关系与治理结构又是更好地实现社区治理规范化所需要的。

其三,为社区治理主体的行为提供直接的规则依据。社区治理公共政策是治理主体行为规则的渊源之一,其中很多内容是要求相关治理主体要从事某种行为或履行某种职责。例如,大连市商业局印发的《关于加快发展我市社区商业服务业的指导意见》中要求各区县经贸局等主体要积极建设具有较高标准和丰富内涵的社区商业,而且"社区商业建筑面积的总量应与社区住宅面积总量、公共设施数量、居住人口的规模相适应,并充分考虑周边商业环境对其产生的影响。"再如,在大连市《关于加强城乡社区协商的实施意见》中就如何开展形式多样的基层协商,推进城乡社区协商制度化、规范化和程序化,设置了较为系统的原则和规则。如规定"开展协商一般按照广泛收集意见、研究确定议题、制定协商方案、发布协商公告、开展议事协商、通报协商情况 6 个步骤进行"。尽管与国家制定法相比,公共政策所设定的行为规则在表述上有所不同,后者具有更强的概括性与灵活性,而且主要是一些组织性规则和程序性规则,很少有权利性规则和禁止性规则,在调整方式上也主要采取鼓励、倡导或建议等手段,但这并不意味着这些规则就因此失去了对行为的调整或约束效力。即使公共政策所设定的行为规则在实施保障方面主要依靠软性约束,但仍然具有相应的规范效力,可以作为治理主体行为的规则依据。

其四,为社区治理中国家制定法的创制与实施提供依据与经验。对于政策与法律的关系,李步云在 1984 年有过精辟的阐述,认为"国家法律必须以党的政策为指导,但党的政策只是在原则上指导法律,而不能取代法律。"① 这一观点或结论至今仍是成立的。公共政策与国家制定法属于两种不同类型的规范，而且在以法治国家建设为追求的国家中，政策对法律制定的指导是在符合法治精神或理念上的指导。具体到社区治理，一方面公共政策能够为国家制定法的创制提供依据，政策中的很多内容或要求都可以作为制定法律的依据，或者通过国家制定法来落实政策中所设定的要求与目标。例如，《中共中央国务院关于加强和完善城乡社区治理的意见》中提出要增强社区依法办事能力，"有立法权的地方要结合当地实际，出台城乡社区治理地方性法规和地方政府规章。"这一内容显然可以作为相关国家制定法创制和修改的依据。另一方面公共政策还能够为国家制定法的实施提供经验，政策的灵活性使得其能够及时应对社区治理中的一些新出现的交往关系或公共事务，从而为有关国家制定法介入调整提供经验参考。

其五，明晰社区治理规范化中的一些基本概念和基本理念。由于公共政策在内容表述上具有更大的灵活性，使得其能够对一些问题进行展开阐释，比如政策中涉及的一些基本概念或基本理念，这是国家制定法难以做到的。例如，对于"社区"这一核心概念的基本阐释，就是首先由《民政部关于在全国推进城市社区建设的意见》这一政策性文件做出的，即"社区是指聚居在一定地域范围内的人们所组成的社会生活共同体。"这一界定也为之后所有社区治理规范性文件所采纳，这明确了社区治理规范化的一个最大的前提——统一了对"社区"的理解。很多政策性文件中通过对有关工作或机制建立意义的阐述，来对社区治理规范化中的一些基本理念加以阐释。例如，《民政部关于在全国推进城市社区建设的意见》中对推进城市社区建设重大意义的阐述和《民政部关于进一步推进和谐社区建设工作的意见》中对进一步推进和谐社区建设工作的重要性和紧迫性的阐述，都包含了对社区治理相关理念的阐释，有助于强化社区治理各主体对有关政策理念的理解，从而通过更好地落实政策来推进社区治理规范化工作。

---

① 李步云：《政策与法律关系的几个问题》，《法学季刊》1984 年第 3 期。

2. 公共政策在社区治理规范化中作用的局限

或许正是由于公共政策在社区治理规范化中发挥了如此重要的功能，才使得社区治理对于公共政策产生了过度依赖，也由此导致"政策围城"局面的出现。然而，公共政策受其自身属性所限在社区治理规范化中的作用也会存在局限。并且，如果以严格的法治化视角来审视，社区治理中这种"政策围城"的现象对于社区治理法治化或规范化还会产生负面的影响。显然，这已经不是作用局限而是作用缺陷或消极作用的问题了。对于社区治理规范化中公共政策作用的局限与缺陷，我们可将其归纳为三个方面。

第一，公共政策数量多少与其实际发挥作用的大小并不成正比关系，而且公共政策本身存在的时效性差、模糊性强、强制性不足等缺陷，使得"政策失灵"多有发生。"政策围城"意味着在社区治理中存在着数量众多的公共政策，这一点从前文关于中央和地方两个层面政策的不完全列举可以确认。尽管公共政策在社区建设与治理的发展历程中发挥着开疆拓土的中流砥柱作用，但大量的政策纷纷出台也带来了社区治理中"政策堆积"现象。与"政策堆积"现象相关的则是公共政策本身所具有的时效性差、模糊性强和强制性不足等缺陷。由此，政策受其自身属性缺陷的影响，即使在社区治理中不断堆积政策，也难以实现预期的作用效果。

具体而言，公共政策时效性差是指包括社区治理政策在内的所有公共政策，要受到所调整对象的发展、政策制定者注意力的转移和政策所设定的内容本身等因素的影响，而只能在一段时间内发挥其有效功能，并不像国家制定法那样具有较强的时效稳定性。这就意味着一个政策性文件制定出台后，在初期会得到社区治理有关主体的重视并得到实施，经过一段时间后可能会由于政策制定者或治理主体注意力的转移，或者政策内容与发展了的治理需要不相适应等原因，而使得该部政策性文件无法继续发挥其应有的效力。政策模糊性强的原因有很多，其中用来表述政策的语言本身具有模糊性，加之政策制定者考虑到信息不完备不对称等因素及为今后及时调整留有余地而有意保持政策的高模糊性等，都使得公共政策的模糊性一般而言要强于国家制定法，尽管保持一定的模糊性有其积极意义且模糊性很难从根本上避免，但高度的模糊性会严重影响政策的实施及其作用效力。强制性不足是公共政策一个非常明显的特点，在很多情况下也是一个缺点。这也是公共政策有时被称为"软法"的一个原因。显然，由于责任机制的缺失往往会使得政策在执行过程中出现了偏差、错误或者遭遇无视，都缺乏直接而严厉的惩罚机制加以保障。社区治理中的公共政策同样存在上述问题，其负面影响是越来越多的政策堆积其中，非但未能有效地发挥其规范或促进功能，反而会损及政策本身的权威性。"政策失灵"便也不可避免。

第二，"政策围城"反映了社区治理中政府主导的治理体制，其体制弊端将随着我国市场经济和社会治理的不断发展而愈发显现。有学者指出，"市场经济催生的利益多元化，表现在社区公共管理上，就是社区公共管理主体的增多和对管理需求领域的增多。但我国在社区层面所推行的管理体制，是一种以街道办事处为依托的行政单一型的组织管理模式。……虽然，从理论上说这同社区治理并不存在根本性的矛盾，但在实际操作中，这种管理模式难以给社区内的各利益主体提供必要的、满意的服务。"① 换言之，社区治理实践中的这种管理体制不仅很难满足社区治理中多元利益主体的需求，也难以适应市场经济发展所带来的对社会治理多元化的需求，从而引发"政策失灵"现象的出现。也正是基于此原因，为了改变社区治理中政府主导的单一型的管理体制或模式，党的十九大报告中将"共建共治共享"作为创新社区治理体制的目标。然而，在这一目标实现之前，社区治理将始终处于政府主导的体制之下。值得注意的是，试图去改变这种体制而去构建"共建共治共享"新体制的方式，恰恰又是通过公共政策的手段也即政府主导的方式。这显然又形成了一种新的"两难困境"。受到这一"两难困境"的影响，公共政策在推动社区治理规范化中的作用会大打折扣，政策中所设定的目标就难以有效实现。

第三，"政策围城"不仅对应着政府主导甚至控制社区治理这一体制，而且还包含着对国家公权力不加约束的过分信任。这同样是一种具有危险性的思维或认知，而且这一思维或认知与真正意义上的法治化治理理

---

① 金家厚、吴新叶：《社区治理：对"社区失灵"的理论与实践的思考》，《安徽农业大学学报》（社会科学版）2002 年第 3 期。

念是相悖的，甚至会对我国的法治建设形成阻滞力，影响法治社会和法治国家建设目标的实现。社区治理规范化最终指向的是治理的法治化，而社区治理法治化又是实现社会治理乃至国家治理现代化的必然要求。唐皇凤指出，"法治作为人类社会所追求的基本政治价值，既是现代社会治理体系的重要基石，也是现代社会秩序的基础性保障力量。法治建设有利于社会规范体系的价值内化，降低社会治理的成本，提升社会治理的有效性与合法性，社会治理的法治化水平是决定其现代化水平的关键变量。在中国当下的社会治理格局中，法治中国建设既是撬动社会治理创新最有力的杠杆，也是实现社会治理能力现代化的愿景目标和战略路径。"① 自从党的十五大提出"依法治国，建设社会主义法治国家"的目标以来，执政党便将法治国家建设作为一个基本的治国方略或纲领。党的十八届四中全会更是提出要"全面依法治国"。这就意味着从执政党到社会公众都应该对法治保持敬畏，对于法治理念和法治建设的具体要求有着基本的共识。无论怎样解释法治的含义，规范约束公权力与尊重保障私权利，是法治的精髓，也是最为核心的法治理念。社区治理规范化同样要以实现法治化为目标，要以更好地尊重与保障私权利为终极追求，这也是实现社会治理和国家治理现代化的正当性所在。显然，"政策围城"的现象及其内在逻辑反映的仍是对政府乃至国家公权力的过分信任与依赖，这种过分信任与依赖可能导致治理主体放松对公权力的规范与约束，而自古以来对公民私权利伤害最大的恰恰也是缺乏有效约束的公权力。

（三）走出"政策围城"：社区治理中公共政策的规范定位与品质提升

尽管存在作用的局限甚至缺陷，公共政策在社区治理中的功能是独特的、不可缺少的。问题在于，公共政策承担了过多甚至过度的使命，由此形成的政策依赖现象及内在政治逻辑，可能会背离政策所预设的目标。因此，如何为公共政策在社区治理中找到合理的位置，破解"政策围城"所带来的"两难困境"，是今后社区治理各参与主体必须认真予以解决的问题。党的十九大报告中提出的要构建"共建共治共享"的治理格局，

---

① 唐皇凤：《法治建设：转型中国社会治理现代化的战略路径》，《江汉论坛》2014 年第 9 期。

包含着参与、合作的基本理念。这一基本理念反映在主体层面，就是要求各种治理主体都要积极参与社区治理实践之中，共享良好治理所带来的红利。反映在规范层面，就是要求充分发挥每一种规范的积极功能，在"各美其美"的基础上实现"美美与共"。因此，走出社区治理中的"政策围城"，就应该积极实现公共政策与其他形式规范之间的衔接、转化与合作，构筑一种适合"共建共治共享"新体制的多元治理规范格局，并在这种规范格局中重新定位包括公共政策在内的每一种规范的功能。当然，以实现法治化为追求的社区治理，要求作用于其中的每一种规范无论是创制还是实施都应当符合法治的原则或理念。基于上述认识，我们就如何推进公共政策与其他规范之间的转化与合作，在法治化社区治理实践中更好地发挥公共政策的积极功能，提出如下三点建议。

首先，将法治原则融入社区治理公共政策创制与实施全过程，增强公共政策的法治化水平，同时注重公共政策与国家制定法之间的衔接与转化。对于政策法治化的必要性，肖金明指出，"政策贯彻法治思维，法律规范政策过程，有助于政策的民主性和科学性，这是公共政策法治化的课题。让政策更加规范，让法律更富活力。……将政策纳入法治的框架，视政策为法治的基本构成要素和新的'家庭成员'，而不是法治以外的事物或现象。"① 当然，公共政策法治化并不意味着将公共政策进行法律化处理，也即不意味着将所有的公共政策都要转化为法律的形式或都具有与国家制定法相同的效力，而是要求公共政策的内容与活动要符合法治的原则或理念。众所周知，在一个实行法治化治理的国家中，没有任何一项公权力行为是不受法律约束的。公共政策的制定与实施行为都属于国家公权力行为，无论是政策的制定与实施活动还是政策内容本身，都要符合法治原则或理念。

所谓法治原则或理念是指对国家制定法规则及内在价值的尊重，并通过对公权力的约束和引导来更好地保障私权利。树立并保障宪法至上是最重要的法治原则或理念。例如，关于社区治理的宪法依据主要是第 111条，即规定了城市的居民委员会和农村的村民委员会的基本属性是基层群

---

① 肖金明：《为全面法治重构政策与法律关系》，《中国行政管理》2013 年第 5 期。

众性自治组织，并规定了居民委员会和村民委员会可以设立的组织与职责。该条规定是任何社区治理公共政策都必须尊重和坚持的宪法基础。在《民政部关于在全国推进城市社区建设的意见》中对城市社区居委会的属性做了进一步的阐述，即"社区居民委员会的根本性质是党领导下的社区居民实行自我管理、自我教育、自我服务、自我监督的群众性自治组织。"对于这一政策性表述应该进行合宪性审查，以判断这一表述与宪法第111条及其他相关条款的符合程度。显然，这一表述在综合了党的领导和基层群众自治这两个基本的宪法原则或理念前提下，对"自治"的涵义做了进一步阐释，具有合宪性。

公共政策法治化并不排斥公共政策自身的规范特性，更加强调政策作为创制国家制定法的依据功能。公共政策是一种有着自身独特属性并能发挥独特功能的规范形式，其中的一个表现是内容或规则表述的模糊性要强于国家制定法。这种属性恰恰是公共政策对新领域或新事物发挥"开疆拓土"式的规范功能所需要的。对于公共政策的模糊性问题，有学者论述道，"为了克服模糊性带来的限制，政策执行者应该积极发展有效的信息机制，以解决信息不足或信息不准确的问题，从而建立清晰可见的政策地图，以保证政策得到忠实准确的执行，而同样是为了保证政策执行的效果，也需要策略性地根据现实需要进行模糊化的处理，不同程度地回应多样化和差异化的社会事实，精心掌握好政策执行的节奏和力度，避免带给社会不必要的冲击和震荡，不断提升达成政策目标的技巧和能力。"[①] 不仅如此，公共政策的模糊属性也为法律或其他规范发挥作用提供了空间。社区治理法治化要求国家制定法在社区治理中发挥首要的但恰当的功能。社区治理参与者通过对政策模糊性的利用，在政策内容中增加适当时候可以创制有关国家制定法的表述，这样不仅为国家制定法的适时创制提供了明确的政策依据，也增强了公共政策自身的法治化品质。

其次，重视公共政策与软法、民间法等其他形式规范之间的衔接与合作，借助软法等其他形式规范来细化公共政策所设定的规则与目标。法治

---

① 韩志明：《政策执行的模糊性及其治理效应》，《湘潭大学学报》（哲学社会科学版）2018年第4期。

化治理的实质是符合法治原则或理念的规则化治理。由于公共政策更侧重于对体制机制的规定，对行为规则设定的表述多具有倡导性和模糊性，这就需要借助其他形式的规范加以衔接或细化。对此，在《中共中央国务院关于加强和完善城乡社区治理的意见》中明确规定："建立健全居务监督委员会，推进居务公开和民主管理。充分发挥自治章程、村规民约、居民公约在城乡社区治理中的积极作用，弘扬公序良俗，促进法治、德治、自治有机融合。"这段政策性色彩鲜明的表述，很好地展现了公共政策的语言特点，也表明政策制定者已经意识到公共政策的更好实施需要其他形式规范的协助。这段表述中的"自治章程、村规民约和居民公约"在规范类型上属于软法的三种具体表现形式。对于公共治理中的软法问题，有学者从政府在公共管理中角色的转变或公共管理体制与理念的沿革的角度出发，讨论了当今社会公共治理的规范问题，认为公共治理主要是软法治理，其原因在于"公共治理主要是私域的自我治理及国家和私域的合作治理。自我治理与合作治理的基础主要是自愿的行动。从规范依据看，政府管制时代主要是国家法的时代；公共治理时代主要是'软法'时代。"① 尽管该学者的这一结论有待进一步探讨，却也指出了软法在社区治理中的重要作用。公共政策会为社区治理规定很多机制，如社区协商机制、居务公开与监督机制、社区党务公开机制和社区心理疏导机制等，这些机制的具体操作规程与细则可以通过软法的方式加以规定，从而落实社区治理中公共政策所设定的机制及其目标。

民间法作为与文化传统和风俗习惯有着密切联系的非成文规范，同样也是公共政策在创制和实施过程中应当注重衔接与合作的对象。社区治理中公共政策的目标或者为了拓展某个领域的工作，或者为了维护或改善某类群体的权益或某种事物的状况。无论基于何种目标都可能会遭遇民间法及其所承载的文化传统或民间价值观念。前几年学者们对国家制定法与民间法关系的讨论较多，如有学者在大小传统的框架中分析了两者的关系，认为"改革开放以来，我国政府大力推行法治化，大量蕴涵西方传统的

---

① 翟小波：《"软法"及其概念证成——以公共治理为背景》，《法律科学》2007 年第 2 期。

国家法律势必与中国的民间规范在互动中产生冲突。从小传统看，我国法治化的目的是实现从政府权威向法律权威的转换，从大传统看是实现从民间规范到国家法律的转换。"① 尽管这一观点本身值得商榷，但其关于国家制定法与民间法关系的阐述，在某种意义上也适用于公共政策与民间法的关系。毕竟，公共政策与国家制定法都主要是国家意志的体现，都是由国家公权力机关创制并保障实施的规范。由于民间法及其所承载的价值观具有更为深厚的文化基础，因此公共政策在制定和实施过程中应当谨慎地处理好与民间法的关系。社区治理实践中的"自治章程、村规民约和居民公约"等软法，本身也吸收了很多民间法的内容。与处理同软法的关系相类似，对于那些与法治化治理不存在根本冲突的民间法，社区治理中的公共政策也应当予以尊重甚至加以借助。

再次，通过政策评估机制提升社区治理中公共政策的品质，将公共政策的合法性、可操作性和实效性作为核心的评估内容，建立公共政策退出或失效机制。政策评估是良好政策创制与实施的保障，这已成为公共政策学的一个基本共识。对于政策评估机制的功能，有学者将其归纳为三点：获得与政策相关信息的手段、检测政策结果的必要途径、构建良好公共关系的有效策略。② 其实，除此之外，政策评估还是及时更新公共政策以提升公共政策自身品质及体系质量的重要手段。政策评估是建立公共政策退出或失效机制的重要前提。实践中，导致社区治理中低效率的"政策堆积"的一个重要原因是政策评估机制的缺失。也即政策制定者过于注重社区治理中公共政策的输入，而忽略了及时评估政策的实施效果，并不断梳理和更新公共政策体系的必要性。

评估主体、评估内容和评估方法是政策评估机制的三个基本要素。其中，政策评估方法已经非常成熟，在此不再讨论。评估主体的确定和评估内容的选取，对于政策评估结论都会产生直接影响。一般而言，政策制定者与执行者不宜作为政策评估的实施主体。由相对独立的第三方评估组织

① 郭星华、王平：《国家法律与民间规范的冲突和互动——关于社会转型过程中的一项法社会学实证研究》，《江海学刊》2003 年第 1 期。
② 于立生：《公共政策评估理论研究及其困境分析》，《发展研究》2011 年第 5 期。

作为评估主体，对社区治理中的公共政策进行评估，其结论相对而言更为客观准确。在评估内容选取方面，除了传统的可操作性和实效性评估，评估主体还应该按照法治化治理的要求，将合法性评估作为一项基本的或核心的评估内容，并围绕合法性评估构建一套科学的评估标准和评估指标体系。通过科学政策评估机制来定期对社区治理中存在的公共政策进行评估，及时废止那些低效的、无效的或者不适应治理需要的公共政策，并将法治化治理的原则与理念融入政策评估，有助于从根本上保证和提升社区治理公共政策体系品质。

"政策围城"除了形容社区治理中存在的公共政策数量之大，还借用了"围城"一词的文学隐喻，用来描述社区治理规范化或法治化中政策功能在理想与现实之间的差别或矛盾。现代化的社区治理固然离不开公共政策的作用，无论这种作用是宏观引导性的还是微观规范性的，但是以法治化为现代化治理内核的社区治理同样要警惕与消解政策本身的作用局限乃至缺陷，准确定位和发挥好公共政策在社区治理法治化中的功能。

二　民事协议：社区治理中的约定规范

除了国家制定法、公共政策和软法等规范之外，社区治理主体之间还经常会通过订立协议或契约的方式来设定相互之间的权利义务，并以此作为相互交往或处理特定事务的准则或依据。社区治理中协议的类型有很多，而参与订立协议的主体与目的不同，协议的内容、效力与法理意义也会有差异。例如，物业服务合同就是一种较为典型的民事协议。《物业管理条例（2016年）》第2条规定："本条例所称物业管理，是指业主通过选聘物业服务企业，由业主和物业服务企业按照物业服务合同约定，对房屋及配套的设施设备和相关场地进行维修、养护、管理，维护物业管理区域内的环境卫生和相关秩序的活动。"该条规定明确了物业服务合同在社区治理中的规范意义。此外，有学者研究了社区戒毒协议的法律性质，认为"当下社区戒毒发展主要呈现出单一型和复合型两种模式的态势，两种不同发展模式之下的社区戒毒协议也因此具备了行政命令、行政合同和民事格式合同等不同的性质，而对协议法律性质的清晰界定是研究社区戒毒和完善社区戒毒制度的重要基础。"① 这表明社区治理中很多协议的属性具有复合性。在法理上，国家制定法和软法也都有相应的契约理念或因素包含其中，而契约治理问题不仅为公共管理研究者所热衷，也日益引起法学尤其是行政法学研究者的关注。这些都是存在于社区治理实践之中并能产生重要调整或约束作用的协议性或契约性规范。笔者在此主要关注的是社区治理中存在的各类民事协议，分析其对促进社区治理规范化以及加强基层群众自治的意义。

（一）规范的生成方式与社区治理中的协议

1. 公共治理中的协议与规范的生成方式

协议是公共治理中一类特殊的规范形式。协议或称契约，是指主体之间通过协商而达成的一种书面的或口头的合意，并据此来确定各自所应当从事的行为。作为一种不同于国家制定法的规范形式，协议对人们而言并不是一种陌生的事物或制度现象。我国《民法典》第 465 条规定：依法成立的合同，受法律保护。"依法成立的合同，仅对当事人具有法律约束力，但是法律另有规定的除外。"这实际上也确立了合同或协议的规范属性或规范地位。当然，协议这一概念涵义之广，也非一二言能说清楚，因为人类社会中的协议或契约种类或现象实在太多了。基督教中的《旧约》和《新约》是一种宗教性契约，婚姻在某种意义上也是一种具有身份属性的契约，更不用说各国《民法典·合同编》所调整的诸多类型的合同。不仅如此，在国家起源学说上，西方启蒙运动思想家还提出了社会契约的理论，将国家的产生视为一种契约的产物。例如，卢梭在其《社会契约论》中论述道："'要寻找出一种结合的形式，使他能以全部共同的力量来卫护和保障每个结合者的人身和财富，并且由于这一结合而使每一个与全体相联合的个人又只不过在服从自己本人，并且仍然像以往一样地自由。'这就是社会契约所要解决的根本问题。"② 虽然协议的类型很多、内容各异、法理基础也不同，但合意性与规范性是各种协议或契约的共同

---

① 宋龙飞：《社区戒毒协议的法律性质探析》，《云南警官学院学报》2013 年第 6 期。

② ［法］卢梭：《社会契约论》，何兆武译，商务印书馆 1997 年版，第 24 页。

属性，而协议生成的合意性也决定了协议效力的内部性特点。

就生成方式而言，协议是由治理主体以直接协商合意的方式创制的一种规范，其效力直接及于参与订立协议的主体双方或各方。这显然不同于由专门的国家机构以法定程序创制的国家制定法，也不同于根植于传统文化或民族习俗的民间法。尽管国家制定法的创制也具有一定的合意性，但其生成的程序及其效力范围等与协议都有着根本的不同。民间法则被视为一种"行动中的法"，是一种长期演进而成的规范。因此，根据生成方式不同，我们可将公共治理中的规范分为创制而成的规范、演进而成的规范和约定而成的规范三种类型。

创制而成的规范主要指国家制定法，是立法者针对特定领域的社会关系制定而成的一套规则体系。尽管这套规则体系中的很多内容并非凭空产生，而是或者借鉴其他国家或地区的已有成文法，或者对已有的交往习惯或惯例的成文化，但是无论何种来源，最终都离不开法律起草者的加工与设计，离不开立法机关的审议与改进。故这里的"创制"不仅仅指由无到有的设计，还包括对已有规则的重新加工，尤其是要通过重新设计或加工而使诸多规则之间形成科学的逻辑体系。演进而成的规范主要指民间法，是根植于文化传统或民族习俗中的一种规范形式。民间法并非特定时期由特定主体设计而成，而是特定民族或某一地区的人们长期活动历史形成的一些风俗习惯或交往惯例。约定而成的规范主要指各类协议或契约，是由相关主体根据共同的意向经过协商而达成的一种合意性规范。当然，这三种规范生成方式并不是绝对的，而是存在一定的交叉性。例如，国家制定法中也有协商与演进的成分，而软法在很多情况下都是建立在协商合意基础上而创制出来的。

之所以区分规范的生成方式，是因为经由不同方式生成的规范，其规范的生成主体不同，效力也不同，进而影响规范在公共治理中的作用方式。创制而成的规范效力及于创制主体所享有的公权力的作用范围，演进而成的规范效力及于特定地区受特定文化或风俗影响的群体，而约定而成的规范效力仅及于参与约定并达成合意的主体。相应地，不同规范在公共治理中的作用方式以及效力保障方式也不同。创制而成的规范以国家或社会公权力所包含的强制力来保障实施，而约定而成的规范则多通过相互监督机制或借助国家制定法、民间法的相关机制保障实施。这表明不同类型的规范之间并非毫无关系，无论在内容、生成方式还是实施机制方面，都存在程度不同的关联。不仅如此，各种类型的规范都要符合并实现现代法治原则或理念，共同为公共治理目标的实现来发挥规范作用。

2. 社区治理中存在的三个层面的协议

社区治理中存在着大量的协议或契约，包括属于民事法律关系范畴的财产性协议和人身性协议等，也包括一些市场主体之间订立的商业性的协议，还包括一些（准）行政性的协议，即有关（准）行政机关与民事或市场主体订立的、以实现特定公共治理目标的协议。对此，有学者分析了社区治理中的契约现象，认为"单位制瓦解之后，传统的社会结构发生剧烈变化，个人向'社会人'转换的过程中，社会交往关系日益扩大，人们的选择逐渐多元化，利益也进一步分化"，于是，具有多元化、契约化、扁平化等特性的城市社区契约治理在这种市场交易关系不断强化的现实背景下产生了。"所谓社区契约治理，即是指包括居委会、业委会、地方政府、物业公司在内的多个社区治理主体，遵循契约规则来实现相应的社区治理目标。"① 的确如此，社区治理中协议的大量出现和广泛作用，从宏观上反映了我国社会结构的变化，而在微观上则反映了人们生活方式以及思想观念的改变。据此，社区治理中实际上包含着三个层面的协议或契约。

一是理念层面的协议。协议内在包含着契约治理的理念，或称为协议理念或契约意识。这一层面的协议强调的是治理主体所具有的对于通过相互间协商合意的方式，来解决属于私人领域或公共领域的事务的观念或意识。理念层面的协议反映的是社区治理主体对于是否愿意采用协议或契约的方式来处理社区公共事务或解决社区公共问题的态度，以及在协议或契约成立后是否愿意按照协议约定去从事相应行为的心理。进一步讲，社区治理主体在理念层面如何认知或定位协议，还能直接影响并且反映社区治理中各类治理主体对待社区自治的态度。一般而言，缺乏协议理念或契约

① 杨先保、郭平：《契约治理与协商治理：城市社区治理互嵌模式研究》，《理论观察》2018 年第 4 期。

意识的主体，很难对社区自治有深刻的理解与认同。由于我国社区建设与治理是伴随着改革开放的进程而发展起来的，政府在这一过程中一直发挥着主导作用，市场主体和社会组织的力量及其作用机制建设较为薄弱，公民个体的契约意识和自治理念虽有培育但仍属稀缺。受这些因素的综合影响，社区治理中协议或契约在理念层面尚未获得足够的重视甚或尊重，这也在很大程度上影响了制度层面协议的完善性和实践层面协议的实效性。

二是制度层面的协议。这是指协议作为一种规范或制度现象存在于社区治理实践中，制度层面的协议侧重于对协议形成过程及协议内容的描述。从主体来看，社区居委会、业主委员会、物业服务企业、业主或其他主体都可能会成为参与订立协议的主体。就协议的内容而言，可能会涉及物业管理或服务、劳动关系、不动产租赁和纠纷解决等多个方面。故从类型上来看，社区治理中的协议多为民事或商事合同，也会存在（准）行政性协议。需要注意的是，这里所称的社区治理中的协议指的是那些与社区治理有关或者能够对社区治理产生影响的协议，也即那些具有一定公共性的协议。至于那些虽然发生或存在于社区之中，但主要用于实现特定主体之间特定目的的民商事协议，并不属于本章所要讨论的协议的范畴。当然，无论何种内容或者类型的协议，其订立过程也即内容确定的过程都要遵循平等自愿的基本原则，协议最终的达成也是参与订约的各方协商合意的结果。从这个意义上讲，协议的订立与达成反映了社区治理中主体的意思自治，因此我们也可以将协议或契约称为社区治理中的自治性规范。

三是实践层面的协议。正如国家制定法被创制出来后要付诸实施，社区治理主体之间订立协议的目的是为了实现共同的治理利益，或达到某种治理目标，故任何协议订立之后都要通过订约主体的行为加以履行。实践层面的协议便是指订约各方按照协议所确定的各方权利义务，将协议所确定的各项工作或任务加以落实，从而使协议处于被实施或实践的状态之中。订约方对协议的实施或实践行为，应当符合法律法规并且不违反社会公德等。订约各方也可以根据需要，调整协议的内容及履行的方式。如果协议在履行过程中发生了争议或违约行为，订约方可以按照协议约定的解决方式进行处理。如果协议在履行过程中存在违法现象，有关国家机关也将介入处置。重视实践层面的协议，也就是重视协议对于社区治理的实际作用情况。如果说法律的生命在于实施，那么作为规范的协议的生命同样在于实施。一般而言，协议的实践状态或实践效果与协议的内容以及订约方的契约意识有着直接的关系。如果订约方有着良好的契约意识，协议是在平等自愿、协商一致基础上订立的，而且协议的内容合理合法，那么协议便会处于良好的实践状态，订约方所设定的协议目的或治理目标也会得到很好的实现。

（二）民事协议在社区治理中的规范作用

民事协议是社区治理协议中最为重要的一种，在社区治理规范化过程中发挥着重要的作用。这里的民事协议包括具有一定商业属性的各类合同或契约，其内容涉及社区治理日常事务的方方面面。具体而言，大致有以下几种主要的民事协议：一是物业服务合同，主要指物业服务企业与业主委员会或其他有权主体签订的，有关社区物业服务与管理事务的协议；二是生活服务合同，主要指为维护日常生活的需要而签订的各类供水、供暖、供气等服务合同，也包括车位或车库租赁合同等；三是公建房屋租赁合同，这是由业主委员会或其他有权主体签订的有关公建房屋出租或出卖的相关合同；四是代管代收服务协议，这是指社区内有关业主或治理主体之间关于代为管理或者收取物品的协议；五是纠纷和解协议，是指为调处或化解社区日常治理中的有关民商事纠纷而签订的协议。此外，社区治理中还存在一些与社区公共服务提供或公共事务管理有关的民商事协议，如居家养老服务合同和社区输液协议等。其中，居家养老合同是"居家老人（或家属）和社区养老服务机构之间订立的，由社区养老服务机构提供居家养老服务、居家老人（或家属）支付相应报酬的协议。"① 总之，社区治理中民事协议的种类与数量是多样的。那么，这些民事协议在促进和实现社区治理规范化过程中究竟发挥着怎样的规范作用呢？

首先，民事协议作为治理主体自行约定的规范，在很大程度上支撑起了主体社区自治的规范空间，从而保证社区治理中自治事务的处理有章可循。有学者认为，"社区治理在根本上是以自治与服务为核心的社区自

---

① 苗绘、徐文、邓昊：《居家养老服务合同探析》，《理论观察》2014年第10期。

治，由此，各种社区组织如居民委员会、业主委员会、物业管理公司、志愿组织等，都有责任、有权力参与解决社区公共事务，并形成相互支持与合作的自治网络，最终完全自主管理社区内的公共事务。"① 这段论述指出了社区治理的根本的或核心的追求，但只是从治理主体及其结构的层面做的论述，而未涉及治理或自治的规范问题。也有学者区分了社区自治的两种形式：居民自治和业主自治。"前者以居民委员会的产生和运作为标志，后者以业主委员会的产生和运作为标志。居民自治以居住地域（社区）为基础，居民委员会的自治职责体现在整个社区范围内；而业主自治是以财产权（建筑物区分所有权）为基础，业主委员会的自治职责体现在住宅小区内。"② 在此并不刻意区分居民自治与业主自治，因为居民与业主只不过是同种主体依据不同的法律而被赋予的两种不同的法律角色而已，社区自治是建立在以个体（无论是被称为"居民"还是"业主"）的自治意识与自治活动基础之上的。

就治理规范而言，如果说国家制定法是社区治理中"他治"的基本依据，那么民事协议便可以视为社区治理中"自治"的主要凭借。诚然，国家制定法作为社区治理的"定义者"和"架构者"，为主体自治提供了相应的空间，但存在自治空间并不意味着不需要规范来调整。民事协议恰恰是存在于自治空间之内、由治理主体自行决定如何适用的一种规范形式。即使在治理主体的观念中，政府或国家公权力的介入而非通过协议的方式来处理社区公共事务仍然是首要的选择，但随着社区治理的发展与公民自主意识的增强，不断拓展的社区自治空间与民事协议的作用会逐渐形成一种良性互动。如有学者以全国首家职业化、专业化、透明化的业主自治社会组织——深圳市透明和谐社区促进中心的有关活动为例，介绍了该组织在支持社区业主自治、共建透明和谐社区方面的一些成功经验。其中有一例便是为解决业主或业主委员会与物业服务企业等相关主体之间在商

① 汤玉枢：《自治与服务：社区组织权责的扩张与异化》，《福建论坛》（人文社会科学版）2015 年第 4 期。

② 徐以民、朱伟：《业主自治及其实践困境的消解——基于多中心治理的阐释》，《北京理工大学学报》（社会科学版）2013 年第 5 期。

业广告收益分配上的争议，该组织探索建立商业广告公共收益增值机制，即"通过专业平台帮助社区筛选广告和谈判价格，并对业主和物业收益分成提出建议"，"从而用社会服务中的盈利性项目弥补亏损项目，使得社区公共经济市场能够有效运转。"① 尽管这里并未直接提到有关合同或协议，但该平台的一个重要功能是促成有关商业广告合同的签订，并就如何分配广告收益协调业主委员会和物业服务企业等相关利益主体之间达成分配协议。这也从一个侧面反映了民事协议对于实现社区自治的重要意义。

其次，民事协议可以作为国家制定法和公共政策等的实施性规范，促使国家制定法和公共政策能够更好地融入社区治理实践，从而发挥综合的规范效力。国家制定法和公共政策这两类规范反映的都是国家或政府对于社区治理的意向，决定着社区治理的大政方针、体制机制和基本规则。虽然这两类规范都有着相应的嵌入机制和作用方式，但并不能做到对社区治理中各种事务或关系的全方位调整。无论是由于国家制定法与公共政策自身所具有的缺陷，还是出于维护或拓展社区自治的考虑，这两类规范都会通过一些原则性或政策性的条款表述，来表达对社区治理实践中特定事务处理或特定关系调整的态度。这种情况下，国家制定法和公共政策也往往会对软法、民间法和各类协议等保持一定的开放性和容纳性，为这些形式的规范的作用提供制度与实践空间。

例如，《民法典》第 283 条规定："建筑物及其附属设施的费用分摊、收益分配等事项，有约定的，按照约定；没有约定或者约定不明确的，按照业主专有部分占建筑物总面积的比例确定。"该条规定为治理主体就建筑物及其附属设施的费用分摊和收益分配等事项签订协议或加以约定，提供了明确的法律依据。尽管我们可以将这条规定所确定的机制视为国家制定法嵌入社区治理的一种方式，但其直接的法律效果是优先认可并保障了治理主体就相关事项的处理所达成的约定或协议。从另外一个角度看，相关约定或协议也是在实施或落实该条规定。再如，《中共中央国务院关于

---

① 胡颖廉：《精细、协同、法治：城市社区治理的深透社个案》，《理论探讨》2017 年第 2 期。

加强和完善城乡社区治理的意见》中这样描述其政策宗旨："为实现党领导下的政府治理和社会调节、居民自治良性互动，全面提升城乡社区治理法治化、科学化、精细化水平和组织化程度，促进城乡社区治理体系和治理能力现代化。"那么，该如何具体地实现这一政策宗旨呢？有些社区为了提升医疗服务水平并减少有关医疗纠纷还会同医疗机构签订所谓的社区输液协议，"签订输液协议书，让病人及家属在知情的情况下进行治疗，这样更有利于明确双方的责任和义务以及应当承担的风险，也可以预防和减少医疗纠纷的发生"。① 这种做法便可以被视为对上述政策性文件所确定的宗旨的一种具体实践。无论是对国家制定法相关规定的具体实施，还是对公共政策宗旨的具体实践，民事协议都与国家制定法或公共政策实现了有机组合或融合，共同来实现对有关社区治理事务的处理或社会关系的调整。这也是社区治理中多元规范协作与综合作用的表现。

最后，民事协议的创制与实施还有助于培育和增强治理主体的协议理念或契约意识，这是社区治理规范化乃至法治化所需要的观念基础。协议理念对于社区治理乃至整个国家治理或公共治理而言，是一种非常重要的社会资本。当大量的协议存在并对社区治理的正常运转发挥不可替代的作用时，已经能够表明社区治理主体作为一个整体已经具备了很强的协议理念或契约意识，这种理念或意识会逐渐影响或感染到社区治理中每一个人或主体。协议理念或契约意识既对公民规则意识的养成能够产生重要影响，也是市场经济环境中公民所应具备的基本道德素养之一，对于实现社区治理规范化有着基础性意义。如有学者指出的那样："在具体的生活中，让民众明白，遵守契约是一个公民的基本道德素养。否则，正常的市场秩序难以形成。而过去熟人社会下的人情意识，需要渐渐被市场经济条件下，陌生人环境下的规则意识所替代。"② 这段论述不仅阐明了遵守契约的重要性，也指出了契约意识与规则意识之间的内在关联。当然，人们

---

① 唐晓灵：《社区输液协议中存在的法律问题探讨》，《当代医学》2011年第20期。

② 何群、储怀植：《论中国法治的实现路径：契约意识的养成》，《学习与实践》2015年第12期。

之间订立了协议并不意味着就必然具备了现代国家治理或法治建设所需要的规则意识或契约意识，因为协议或契约还有可能被用来从事违法损益的事情。例如，有学者在对北京市某个小区进行调研时得知，"物业服务企业私自将6号楼地下车库以8万元一个的价格倒卖7个车位。同样，物业服务企业寻求房屋中介公司协助以签订长期租赁合同形式，将该小区12号楼半地下室（共计800m²）以每平方米1.5万元转卖，非法获利1200多万。"① 该案例表明，协议的订立与履行离不开相应的监督与约束机制，同时也需要借助相应的纠纷解决机制来化解协议履行中发生的争议，来维护或矫正协议或契约应有的公正性。2009年10月1日起实施的《最高人民法院关于审理物业服务纠纷案件具体应用法律若干问题的解释》是专门审理物业服务纠纷案件的法律依据，同时对于社区治理中保障物业服务合同的有效履行和治理协议理念的培育也有着积极的意义。

（三）民事协议作用的拓展与基层群众自治的加强

民事协议在社区治理实践中的广泛运用和有效作用，既有助于维系和推进社区自治，也符合社区治理规范化或法治化的要求。不可否认，社区治理实践中很多协议的属性或类型较为复杂或模糊，特定领域或针对特定治理事务的各种协议，在类别属性上很难讲是单一的民事协议，这在一定程度上影响了协议履行中可能的法律适用。例如，有学者以社区警务契约治理为例，认为街道办事处、公安派出所及其社区民警、物业管理公司、企事业单位及其他警务辅助力量等，是社区警务契约治理的基本主体。然而，"社区警务契约治理主体的多样性决定了契约关系的多样性与复杂性。如在公安机关与治安服务企业、组织之间是公共治安服务特许经营的行政契约关系，在社区居民（社区公共安全消费者）与治安服务企业、组织之间是民事契约关系，在公安机关与社区居民（社区公共安全消费者）之间是社会契约关系。"② 类似的情形还存在于社区法律顾问合同、

---

① 李晓壮：《城市社区治理体制改革创新研究——基于北京市中关村街道东升园社区的调查》，《城市发展研究》2015年第1期。

② 谢生华、安福强：《社区警务契约治理的基础要素与实现机制》，《西部法学评论》2016年第4期。

社区矫正合同等协议之中，这似乎会影响到这些协议的作用效果。其实不然，协议属性的复杂性或模糊性也有其积极意义。社区治理以解决实际问题和追求实际效果为根本追求，理论和制度的设计也要符合这一根本追求而非相反。协议的复合性表明社区治理实践中主体已经突破了民事的或者行政的这样单一属性的协议类型，而是以追求实效作为订立和履行协议的目的，表明协议在社区治理中正发挥着越来越重要的作用。这为拓展民事协议在社区治理中的作用提供了更多的可能性与选择机制。

我国《宪法》第111条将居民委员会和村民委员会定位为基层群众性自治组织，这是社区治理规范化与社区自治直接的宪法依据。从这个意义上讲，无论是居民自治还是业主自治，都从属于宪法所规定的基层群众自治的范畴，也是我们推进社区自治的合法性基础。当然，强调社区自治或者基层群众自治，都不否认执政党的领导地位和国家制定法尤其是宪法的至上地位。在此政治和制度框架内开展的社区自治，软法和协议是两类基本的自治性规范。将以民事协议为核心的复合性协议置于基层群众自治的场域内，发挥并拓展其自治性规范的功能，是推动基层群众自治一种有益的选择。根据《宪法》第111条的规定，居民委员会和村民委员会设人民调解、治安保卫、公共卫生等委员会，办理本居住地区的公共事务和公益事业，调解民间纠纷，协助维护社会治安。这也明确了基层群众自治所涉及的基本公共事务。在这些事务的处理中，以民事协议为核心的复合性协议可以发挥更大的作用。

例如，人民调解是解决社区民间纠纷非常重要的一种机制，而人民调解协议的核心属性就是民事协议。为了提高人民调解协议的法律效力和提升人民调解的法律地位，《人民调解法》第33条规定了人民调解协议司法确认程序。但正如有学者提出的那样，"人民调解的制度实效应更多地依赖于人民调解协议的自动履行，而不应过多地寄希望于司法确认程序、强制执行程序"，其中一个重要原因在于"司法确认程序的适用比率与社会诚信度存在反比例关系。司法确认程序的适用比率越高，说明社会诚信度越低，有利于促进人民调解协议自动履行的条件就越是不具备，此时若一味依赖司法确认程序，则人民调解的制度优势将丧失殆尽并最终被诉讼机制所取代。"① 的确如此，司法确认程序固然有助于强化人民调解协议的法律效力，但是协议效力的根本提升还是要依赖主体协议理念或契约意识的增强。因此，在拓展民事协议作用空间时，国家制定法以及国家公权力机制应该保持适当的克制，更多地以"定义者"和"架构者"的角色介入社区治理，而将更为具体的行为调整的规范任务，交由民事协议和软法等自治性规范来完成。这才更符合宪法设定基层群众自治这一制度的初衷。

需要注意的是，基层群众自治制度根据宪法的规定主要依托居民委员会和村民委员会这样的自治组织，这意味着宪法制定者意识到基层群众自治主要是一种组织型的自治，其内在包含着对公民自组织能力的期待与培育这层含义。公民在社区中自组织能力的提升与协议理念的培育存在着相互促进与提升的关系，两者都是良好的社区自治所需要的。有学者认为，"社区居民自治与社区自组织都强调非外部强制，但社区自组织更强调自我组织起来实现有序化。换句话说，社区自组织不仅强调社区相对于政府的自主性，还要实现公共生活的有序化。"② 然而，当前"社区自组织能力建设正面临着工作人员整体素质偏低、社区自我管理任务繁重、居民民主参与不足、集体决策能力虚弱、资源协调能力较差等诸多方面的难题"，③ 这些难题的存在也是不争的事实。由于民事协议既能体现自主性，又能实现有序化。因此，通过拓展民事协议在社区治理中的作用，一方面将更多的民事协议用于社区治理公共事务的处理之中，更为便捷地解决社区治理中的一些问题，另一方面将民事协议更多地用于承接或实现基层群众自治的相关国家制定法与公共政策，在培养居民协议理念和参与意识的同时，也有助于提升公民社区的自组织能力，从而破解社区自组织的难题。

---

① 刘加良：《论人民调解制度的实效化》，《法商研究》2013 年第 4 期。

② 杨贵华：《社区自组织能力建设的体制、政策法律路径》，《城市发展研究》2009 年第 3 期。

③ 王瑞华：《社区自组织能力建设面临的难题及其成因》，《城市问题》2007 年第 4 期。

　　近年来，很多地方都在探索采用协议的方式来实现社区公共管理或提供社区公共服务，如社区法律顾问制度、社区矫正制度和社区养老模式等都建立在协议或合同基础上。以社区法律顾问制度为例，根据《法制日报》报道，早在 2003 年深圳市司法局就开始试点"律师进社区"工作，2015 年 10 月，深圳市委市政府办公厅印发《关于进一步推进一社区一法律顾问工作的意见》。在该意见的推动下，"全市大部分律师事务所组织了律师服务团队，各社区还依据实际情况创造出了别具特色的法律顾问参与模式。比如，去年以来，福田区福保街道引入广东广和、国晖等 5 家律师事务所，与辖区 5 个社区工作站分别签订服务协议，为辖区群众提供法律咨询、普法活动、法律援助、人民调解等多项法律服务，成功打造福保街道'一公里法律服务圈'，受到辖区群众好评。"① 从这段报道中，我们至少可以得到这样三条信息：一是社区法律顾问制度是政策驱动的结果，但法律顾问协议是实施这项制度的直接依据，这体现了协议对于公共政策的落实功能；二是社区法律顾问所提供的相关法律服务事项都在协议中载明，并按照协议约定的方式来实施，这大大提升了社区治理的规范化或法治化水平；三是社区治理实践中，协议具有复合性，如社区法律顾问协议就是在政策驱动下和政府推动下签订的，具有一定的行政色彩，但其核心理念应该是平等自愿、协商一致的民事活动的原则，可以视为以民事协议为核心属性的复合性协议。

　　总之，虽然由宪法所确立的基层群众自治制度看似非常宏大，但在实践中最终都要落脚于人们在社区中的日常生活。无论是纯粹私人领域的生活，还是公共领域的生活，抑或介于两者之间兼有私人和公共属性的生活，都是基层群众自治实际所指向的内容。也正是这些生活，构成了学者们所称的基础社会。有学者指出，"在现代化条件下，随着生产与生活的分离，人们的日常生活实际上是相当纯粹的日常，它所构成的基础社会，与人们基于市场平台而形成的经济社会、基于政治参与和政治体制运作所形成的政治社会以及人们在虚拟空间交往和互动所形成的网络社会，既相

----

　　① 惠珍珍、游春亮、马灼兵：《深圳市司法局着力打造一社区一法律顾问升级版》，《法制日报》2016 年 4 月 14 日第 012 版。

区别，又相联系。……从理论上讲，社区是基础社会自我运行的必然产物，社区维护基础社会。……社区要承担起基础社会建设的使命，就必须把社区作为百姓的日常生活空间来经营、来建设使社区成为有机的生活共同体。"① 从法律的视角看，人们的日常生活主要是一些民事活动或民事交往，大都属于意思自治的范畴。因此，尊重人们的意思自治以及在意思自治基础上达成的各类民事协议，便是对基础社会最好的尊重与培育，也是社区自治或基层群众自治制度真正所应维护的价值。

三　道德与价值观：社区治理中的潜在规范

有学者研究指出，马克思主义哲学将人与他人的相互依存关系作为一切价值理解和分析的基本出发点。② 这与中国传统儒家哲学从人与他人相互依存关系中理解人的真实存在，并据此来设定相应的伦理道德和行为规范，具有内在的一致性。道德是相互依存的个体之间进行交往不可缺少的基础性规范。道德作为一种行为规范，其内在地包含着某种群体价值观。无论是道德还是价值观，都印有特定文化的痕迹，具有文化内生性。与国家制定法或公共政策相比，道德与价值观的规范作用是潜在的、深层的，故可将道德与价值观称之为"潜在规范"。社区治理是一种有关相互关系的公共治理，因为社区中的每个个体都是共同体的一部分，都要在这个共同体中与他人相互交往乃至相互依存。虽然国家制定法、公共政策和软法等具有外显可视性的规范在社区治理中发挥着重要的规范功能，但是道德与价值观这类潜在规范相比较而言对于社区治理的规范作用可能更为深刻或更具决定性。推进社区治理规范化乃至法治化，不能无视道德与价值观的规范属性与规范功能。况且，包括社区治理法治化在内的国家治理现代化本身也包含着对新型的公共道德与价值观重塑的要求。

（一）道德与价值观的规范潜在性与文化内生性

就道德与价值观这两个概念而言，道德具有一定的社会客观性，而价

---

① 赵宇峰：《重构基础社会：日常生活、共同体与社区建设》，《社会科学》2017 年第 4 期。

② 贺来：《伦理信任与价值规范基础的转换》，《中国社会科学》2018 年第 3 期。

值观则是对个体或群体对于特定事务价值立场的主观反映，具有明显的主观意识性。在类别上，道德可以分为私德与公德。私德主要指的是个体的内在修为和精神品质，而公德则是指公民在共同体之中所具有的或应当遵循的品质要求。其实，这种划分只是相对的，所谓的私德也只能在特定共同体之中才获得其意义。在某种意义上，一切的道德都具有公共性，都是共同体之于个体在精神品质层面的要求，并对其外在的行为产生约束。价值观也可以区分为个体价值观和群体价值观。个体价值观反映的是个体对于自身与社会的关系或者特定事物价值意义的认知，是个体处理特定交往关系时做出何种行为或策略选择的最终决定因素。群体价值观反映的是特定群体的价值偏好。由于任何个体都是处于一定的共同体之中，所以任何个体的价值观都不可避免地会受到群体价值观的影响或塑造。

就道德与价值观两者的关系而言，道德是一种包含特定价值评价标准的思想与行为规范。个体是否或者在多大程度上遵从某种道德规范的约束，从根本上受其价值观的影响。具体到规范层面，尽管在理论上可以将价值与规则分开研究，但在社会实践中价值从未与规则相分离。法律中的价值良善与否，是衡量规则尤其是国家制定法良善与否的根本标准。良善的法律也被认为是有德性的法律。虽然道德与价值观在多数情况下都是融合于国家制定法等规范之中，作为各种规范的灵魂或内在支撑，但道德与价值观在一些场合能够发挥规范补充或规范替代作用，从而具有独立的规范属性或规范意义。与国家制定法等规范不同，道德与价值观作为规范具有明显的潜在性。一方面，道德与价值观相对于国家制定法、公共政策和软法，具有不成文性，没有可以表征其存在的文字的或器物的符号，是一种隐性的规范。就其作用方式而言，道德与价值观对于主体行为的规范具有内嵌性，是作为主体意识观念的一部分来指导或约束主体的行为。另一方面，道德与价值观包含于特定国家或民族的文化传统之中，具有历史延续性，并作为一个国家或民族的精神内核，程度不同地作用于该国家或民族的成员，成为其成员的一种品质或追求的精神境界。

对于道德的规范属性及其与民族文化的关系，权麟春认为，"德性是一种内在的稳定的品质，而品质要通过行为体现出来，德性转化为德行的媒介是道德规范，只有通过一定的道德规范才能显现德性并体现在道德行为中。道德规范不只是对人们行为的约束，实质上是对主体德性的塑造和养成。……道德规范的精神价值是对一个民族德性精神的提炼和概括，带有该民族生活价值取向和行为方式的特质。"① 的确如此，与民间法相类似，道德与价值观作为一种规范时，有着强烈的文化内生性，甚至也可以将道德与价值观视为文化的精神内核。对于文化、精神价值及其社会规范功能之间的关系，戴圣鹏做过这样的论述："一种文化表征着一种或某几种精神价值，一种或某几种精神价值支撑着一种文化。对于一种文化而言，其文化的灵魂与灵性就体现在其所培育与实践的精神价值上。精神价值是文化的生命之魂，是文化的生命灵性。作为以思想、观念与精神等形式存在的文化，它不仅对社会的物质生产与物质生活等物质实践活动具有社会规范功能，同样，它对社会的精神生产与精神生活也具有社会规范功能。"② 或许正是意识到道德与价值观的重要性，国家制定法中也对道德与价值观做出了规定。例如，我国《宪法》提出国家倡导社会主义核心价值观，并将尊重社会公德作为公民的基本义务。《民法典》第 7 条和第 8 条分别规定了民事主体从事民事活动，应当遵循诚信原则，秉持诚实，恪守承诺，不得违反法律和公序良俗。

除了在国家制定法中有所体现外，在执政党的报告或决议中也对道德与价值观的规范意义做过精辟的阐述。例如，在 2014 年《中共中央关于全面推进依法治国若干重大问题的决定》中将坚持依法治国与以德治国相结合作为全面推进依法治国的重要方针之一。该决定中指出，"国家和社会治理需要法律和道德共同发挥作用。必须坚持一手抓法治、一手抓德治，大力弘扬社会主义核心价值观，弘扬中华传统美德，培育社会公德、职业道德、家庭美德、个人品德，既重视发挥法律的规范作用，又重视发挥道德的教化作用，以法治体现道德理念、强化法律对道德建设的促进作用，以道德滋养法治精神、强化道德对法治文化的支撑作用，实现法律和

---

① 权麟春：《道德规范的精神价值考量》，《江汉大学学报》（社会科学版）2016 年第 1 期。

② 戴圣鹏：《论文化的社会规范功能》，《华中师范大学学报》（人文社会科学版）2016 年第 4 期。

道德相辅相成、法治和德治相得益彰。"的确如此，道德对于法治的滋养作用是潜在的，因为这种作用可以看作是文化或意识形态对于制度建设及其实践所具有的深层次影响或作用。执政党提出要实现国家治理体系和治理能力现代化，在文化层面就不能忽视道德与价值观的存在及其作用。"现代政治文明建设是一项系统工程，需要从多个维度加以思考。伦理维度是政治文明建设的基本价值维度，需要引起我们的重视，从这一维度上看，德治无疑具有其自身的理论合理性。"[①] 基于此，如何认识和发挥道德与价值观在我国公共治理中的规范作用，便成为一项重要的课题。

（二）道德与价值观对社区治理的规范作用

社区在一定意义上也具有文化内生性，这与道德与价值观具有一定的相通性。原因在于，社区既可以在地理空间意义上使用，也可以在文化传统意义上使用。生活在社区中的个体必然是承继特定文化传统的人，他们共享着传统文化中一些基本的道德准则和价值规范。例如，"传统道德中的诚信是人们所追求终生的崇高道德境界，是人们立身和做事的准则和目标。"[②] 这些道德准则和价值规范都会对人们在社区公共交往中的行为产生直接或间接的规范作用。对于道德与价值观对社区治理的规范作用，我们可从以下三个方面来把握。

一是道德与价值观能够对治理主体的行为产生直接的调整或约束作用。虽然国家制定法具有正式性并且有着体系性的规则，但在社区日常交往过程中，国家制定法在多数情况下并非主体首选的行为规则。一个可能的原因是，国家制定法在很多人那里是一种陌生的事物，或者即使对国家制定法的有关规定或原则有所了解，那也是一知半解或者非常模糊的理解。相比较而言，民间法或者道德与价值准则是主体在长期的生活中习得的，他们对于特定情境中该如何行为才是适当的，有着较为准确的直觉。因此，治理主体尤其是个体之间更多地会根据民间法或者道德规范等来确

---

① 郭广银：《德治：政治文明的伦理维度》，《苏州大学学报》（哲学社会科学版）2009 年第 6 期。

② 文东升、张成文：《传统道德中的诚信规范及其价值》，《人民论坛》2016 年第 11 期（上）。

定相互间的"权利义务",处于交往关系中的主体及其他相关主体往往也会以道德或价值标准来衡量交往关系的适当性。与国家制定法作用方式不同,道德与价值观主要是以一种由意识到行为或由内及外的自我约束的方式来影响主体的行为。这意味着道德与价值观对主体行为的调整本身包含着主体对自己行为的价值评价,也即道德与价值观作为规范建立在价值评价基础之上。这里的价值评价无非就是人们朴素的是非善恶的观念及标准。

对于道德与价值观中的评价因素,韩东屏认为:"从对存在者的着眼点出发,一般性的价值评价可以区分为三种特殊形式,即审美评价、功利评价和人事评价。……在价值评价的三种形式中,道德评价属于人事评价,它是指人根据一定道德标准判断人事之是善是恶、善恶大小和应承担何种道德责任的意识活动。"[1] 尤其随着社区建设不断推进,社区之中的主体之间的熟悉程度或联结程度不断加深,意味着共同体的意识不断增强,这是道德与价值观发挥更大作用的一个重要因素。因为联结程度越深的社区,各成员或主体之间的交往越紧密,相互之间的利益关系或情感关系越复杂,由此也会强化一种相互之间的约束机制——基于道德与价值观共识的公共评价机制。这种评价机制的外观表现主要是社区公共舆论。当道德与价值观所实施的主体自我约束失效时,社区公共舆论便会发挥其评价规范功能。例如,"诚信"作为一种价值观,它并不仅仅存在于观念层面,从实践来看,它更主要地是存在于规范层面,并转化为人们最基本的行为准则,这也是人们倡导诚信价值观最基本的理由。然而,"道德诚信的践行主要靠人们的自律。一个社会,当人们面临巨大的利益诱惑使得自律不能发挥应有的作用,致使做出不诚信的行为时,就会触发道德规范的强制机制,社会舆论就会对其不道德行为施压,迫使其恢复已被破坏的道德秩序。"[2] 因此,自律与舆论评价压力是道德与价值观发挥其直接规范作用的两种重要机制。

---

① 韩东屏:《论社会性道德评价及其现代效用》,《中州学刊》2018年第6期。

② 杨福忠:《诚信价值观法律化视野下社会信用立法研究》,《首都师范大学学报》(社会科学版)2018年第5期。

二是道德与价值观能够对治理主体选择何种行为规范以及如何理解或解释行为规范产生影响，这可以视为道德与价值观的间接规范作用。强调道德与价值观的直接规范作用，并不意味着否认国家制定法等显性规范的作用。在社区治理中，主体之间的交往选择何种规范，在很大程度上取决于交往主体之间的价值共识，也包括能够对各主体产生约束效力的基本道德规范。此时，道德与价值观已经作为治理主体的规范心理，影响或决定着主体交往或纠纷解决的规范选择。例如，社区纠纷产生后，很多人更愿意通过调解的方式，按照一般的情理原则来化解矛盾，而不是选择诉诸诉讼，依据国家制定法来厘定双方的权利义务或者利害得失。这其中很大一部分原因是主体的规范心理，以及道德与价值观的影响。在这一过程中，道德与价值观既发挥了指引规范选择的规范作用，本身也被用于纠纷解决方案确定的重要规范依据。不仅如此，道德与价值观还会影响到治理主体对于所选择适用的规范涵义的理解。以国家制定法为例，道德是国家制定法创制和实施过程中必须兼顾的因素。价值观对主体理解和解释法律的涵义更是有着直接影响。治理主体会自觉或不自觉地将道德规范及其所认可的价值融入其对法律规则的理解和运用之中。尽管并非所有主体所接受的道德或价值观在社区公共事务处理中都具有积极意义，但道德与价值观对于主体规范选择及其解释的影响是客观存在的。基于此，要想从根本上改进或增强社区治理的规范化与法治化，就需要在重塑人们道德意识和价值观方面做出更多努力。

三是国家制定法和公共政策等显性规范中所包含的道德与价值因素，是这些规范的精神内核，可以被称之为"规范之规范"，这从根本上决定了社区治理规范化与法治化的意义。社区治理中存在着多元规范，国家制定法无疑居于主导地位，具有最高的规范效力。然而，对于国家制定法的最高规范效力，我们至少可以做两个层面的理解：国家公权力为基础和保障的层面、道德与价值层面。那些真正具有最高规范效力的国家制定法从来也不是单纯建立在国家公权力的强制基础之上的，而是必然要有机地容纳或吸收其所作用的共同体所公认的一些基本的道德规范与价值准则。这些基本的道德规范与价值准则便是国家制定法和公共政策等显性规范的理念根基。2018 年我国宪法修改时将"国家倡导社会主义核心价值观"载入其中，这意味着执政者和立法者更加意识到价值观在调整社会关系和增强社会凝聚力等方面的重要性。"在现实层面总会存在如下事实，在众多价值事件中，有一种价值事实最为重要、优先，能够决定、生发其他价值事实，对这种价值事实的主观反映就会生成核心价值观。最为核心的价值事实就是一个时代的'核心问题'，只有解决了核心问题，其他问题才有解决的基础或前提，才能实现各种价值。"① 其实，无论是强化国家制定法等显性规范的价值正当性，还是增强国家和社会的内部凝聚力，道德和价值观都发挥着不可替代的作用。虽然社区治理在实践层面以进行公共管理和提供公共服务为目的，但在理念层面则以营造一种价值共同体为追求。

（三）社区善治与公共道德与价值观的重塑

社区治理规范化与法治化不仅是对社区治理秩序的要求，更包含着对社区治理价值的追求。从伦理价值的层面讲，社区治理的目标是要实现社区善治。赵孟营、王思斌认为，中国城市社区建设的第一个目标模式就是"善治"。其本质特征是要有一个具有实现城市居民社会生活公共利益最大化的决策、实施、动员能力的社会管理制度体系。第二个目标是重建社会资本，其内容包括重建信任关系、重建社会协调的共识性规范，重建市民的社会网络三大相互关联的部分。② 道德与价值观不仅是社会管理制度体系重构中意识形态层面的内容，也是社会资本的一部分，是重建信任关系与共识性规范的一部分。然而，对于何为道德与价值观，以及如何理解道德与价值观的内容及其规范意义，本身也是一件复杂的事情。其中一个原因是，经济社会的发展推动着文化的变迁，而道德与价值观又是文化最重要的内容，也会随着文化的变迁而改变其内容。

当前，我国正处于现代化建设与转型的大时代中，市场经济在鼓励并激发人们的竞争及逐利热情的同时，也在潜移默化中改变着人们的部分道

① 崔昆：《论核心价值现象的内在结构与机理及其实践启示》，《太原理工大学学报》（社会科学版）2018 年第 6 期。

② 赵孟营、王思斌：《走向善治与重建社会资本——中国城市社区建议目标模式的理论分析》，《江苏社会科学》2001 年第 4 期。

德与价值观。尽管一些深层次的道德规范与群体价值观依然基础坚实，但利益多元化驱动了价值多元化也是一个不争的事实。"由于市场经济的逐利原则，人们对于利益的认识发生了重要改变，也导致社会的道德底线一再被突破，利己主义、拜金主义、消费主义、享乐主义成为一些利益主体的价值观念。"① 这种变化对于社区治理规范化或法治化会带来很大的挑战，也是以实现善治为目标的社区治理需要积极应对的。为此，重塑公民的道德与价值观，无论对于社区治理规范化，还是对于实现社区善治都是非常重要的。重塑的目标是要使每一个公民具备符合新时代要求的公共道德与价值观，即他们既要形成现代政治与法律所追求和保障的自由意识，也应具备对于共同体良好治理与发展的责任意识。

其实，在 2017 年实施的《中共中央国务院关于加强和完善城乡社区治理的意见》中就明确将"强化社区文化引领能力"作为加强和完善社区治理的一项重要内容。具体而言，"以培育和践行社会主义核心价值观为根本，大力弘扬中华优秀传统文化，培育心口相传的城乡社区精神，增强居民群众的社区认同感、归属感、责任感和荣誉感。将社会主义核心价值观融入居民公约、村规民约，内化为居民群众的道德情感，外化为服务社会的自觉行动。重视发挥道德教化作用，建立健全社区道德评议机制，发现和宣传社区道德模范、好人好事，大力褒奖善行义举，用身边事教育身边人，引导社区居民崇德向善。"这段表述不仅指出了道德与价值观在法治建设中的重要意义，还就如何培育和践行核心价值观设计了具体机制，具有很强的可操作性。

然而，公共道德与价值观的重塑过程中需要平衡好公域与私域的关系，尤其要协调好国家公权力介入和社区自治之间的关系。诚然，我国改革开放以来各个领域治理成绩的取得，都是在国家公权力推动下实现的，国家公权力也是社区实现善治需要谨慎对待的。权力具有天然的扩张性和易腐性，如果缺乏对公权力的有效约束，不仅难以实现社区治理规范化和法治化的直接目标，还会伤害到市场经济环境下公共道德与价值观的重塑

---

① 于瑶、李红权：《社会转型期利益分化对政府治理的挑战及应对》，《东北师大学报》（哲学社会科学版）2018 年第 6 期。

进程。因此，尊重社区治理中公民个体的自由与尊严，是重塑公共道德与价值观的基本前提。正如李腊生指出的那样，"社区是具有较大自由的私人空间，个人人格得到充分尊重。……在社区里，每个公民都是自由平等的公民，没有职位、级别、高低、贵贱之分，充分凸现了公民的自由、平等意识，从而为社区居民遵守公共道德奠定了坚实的人格基础。"① 概言之，没有对个人人格的充分尊重就不会有独立自主的个体，而没有独立自主的个体，就谈不上与现代化治理相适应的公共道德与价值观的重塑，也就难以实现真正的社区善治。

总之，法治是实现善治的保障，或者善治本身就应该是一种法治状态。社区治理规范化与法治化以实现社区善治为追求。如果说良善的规范是实现社区善治的制度基础，那么道德与价值观重塑就是良善规范创制与实施的内在要求。作为社区治理潜在规范的道德与价值观，其重塑的过程既是强化独立个体实现更好地相互依存的过程，也是实现社区从地理空间到真正的生活共同体转变的过程。

---

① 李腊生：《社区公共道德建设的思考》，《湖北日报》2011 年 12 月 29 日第 013 版。

第七章　法治社会视角下社区
多元共治格局的构建

自 2014 年党的十八届四中全会以来，法治社会建设作为全面依法治国的重要组成部分，便被提上了执政党的治国议程。2017 年，中国共产党第十九次全国代表大会上明确宣布中国特色社会主义进入新时代，法治仍然是新时代的关键词之一。这显示了执政党追求法治的决心与定力。张文显将保持法治定力作为新时代全面依法治国思想与战略的基本内容之一，并且指出"在当代中国，保持法治定力有其历史逻辑、实践逻辑、理论逻辑。正是这三种逻辑所形成的合力，构建了法治定力"。① 其实，法治建设的定力不仅仅来自执政党，也来自社会或来自人民。只有全社会或者全体人民真正确立了法治意识、具备了法治思维，才能从根本上确保全面依法治国目标的实现。法治社会的建设才能真正取得实效。法治社会建设不仅仅是制度或规范层面的问题，更是实践与意识层面的问题。社区治理法治化是法治社会建设在微观层面或具体实践层面的一个重要面向。社区治理从属于社会治理，也是国家治理的一部分。无论在"治理"之前加上怎样的限定词，治理理念既内在地包含着对规则和机制的需求，也包含着对特定价值的追求，因此有了"善治"一说。在某种意义上，实现社区善治可以视为法治社会建设的一部分。无论法治社会的建设还是社

---

① 张文显：《新时代全面依法治国的思想、方略和实践》，《中国法学》2017 年第 6 期。

区善治的实现，都内在地包含着一种结构性的要求，而且构建一种合作共治的格局应是题中应有之义。那么，我们该如何认识法治社会建设视角下的社区治理，又该怎样构建社区合作共治格局呢？这既是社区治理规范化研究的一项基本内容，也是法治社会建设研究的一个基本课题。

一　法治社会建设、社区治理法治化与多元格局的样态

（一）以实现善治为追求的法治

党的十九大报告中指出："全面依法治国是中国特色社会主义的本质要求和重要保障。……坚持依法治国、依法执政、依法行政共同推进，坚持法治国家、法治政府、法治社会一体建设，坚持依法治国和以德治国相结合，依法治国和依规治党有机统一，深化司法体制改革，提高全民族法治素养和道德素质。"① 可以说，从1978年底党的十一届三中全会决定改革开放那一刻起，法治便成为这个时代的基因。从依法治国到全面依法治国，反映的不仅仅是执政党保持法治定力的态度与决心，更反映了执政党对于法治建设理论认识的加深和实践方案的成熟。在内容上，"依法治国、依法执政和依法行政共同推进"和"法治国家、法治政府、法治社会一体建设"的表述，更是准确而深刻地阐释了"全面"的含义。其中，法治社会建设目标的提出不仅具有新意，更具深意。一方面，建设法治社会意味着执政党意识到了社会相对独立于国家存在的意义，以及在法治建设过程中重塑政府与社会的关系的必要性，另一方面，尽管我国的法治建设从一开始遵循的是自上而下的政府推动型模式，但是法治社会建设目标的提出反映了执政党意识到法治建设的根基在于社会而非政府，法治中国的建设要以法治社会为基石。在阐释法治社会之前，我们仍有必要在新的视角下对法治做新的理解。

对于法治的含义，大多数学者接受的是对英文"rule of law"的直接

---

① 习近平：《决胜全面建成小康社会　夺取新时代中国特色社会主义伟大胜利——在中国共产党第十九次全国代表大会上的报告》，《人民日报》2017年10月28日第3版。

翻译，即"法律的统治"。这种理解或阐述固然反映了学者们对于法律之治的良好愿望，以及对根植于我们文化的"权力之治"从根本上加以矫正的期待。然而，这种理解的不足在于过于偏重对法治的价值呼唤，而缺乏对实现法治的方法谋划。其实，"法治作为治国方略肇始于资本主义市场经济对社会治理方式的变革要求。商品经济与市场经济改变了旧的社会交往准则。商品经济等价交换的核心原则成为人们社会交往行为的基本准则，从而使无偿占有和剥削的一般性禁止、遵守交换规则、诚实信用等规范大众日常交换与行为的习惯逐步得以形成。而随着社会交往的扩大，这些维系资本主义商品经济的习惯和惯例不再仅仅靠习惯本身来维持，必须要得到国家强制的保障"。① 可见，法治与治理从一开始就有着密切的关联。将法治与治理相结合，强调法治对国家治理和公共治理的规范意义，不仅能够更好地揭示法治的含义，而且能够将法治真正融入实践之中，这也是实现法治目标的必然选择。党的十八届三中全会将推进国家治理体系和治理能力现代化作为全面深化改革的总目标，十八届四中全会就如何全面依法治国做出了整体而细致的规划，并在《中共中央关于全面推进依法治国若干重大问题的决定》中明确指出："依法治国，是坚持和发展中国特色社会主义的本质要求和重要保障，是实现国家治理体系和治理能力现代化的必然要求，事关我们党执政兴国，事关人民幸福安康，事关党和国家长治久安。"这再次印证了执政党关于法治建设思想的成熟，也为今后全面依法治国的推进明确了思路与进路——将法治建设与国家治理进行有机结合。

国家治理体系与治理能力现代化目标的提出，标志着执政党治道理念之变革，"善治"也便成为题中之义，或者作为治理体系与治理能力现代化的另一种表述。原因在于，国家治理体系和治理能力现代化同样是一个既包含机制也包含价值的目标设定，这与善治无论在价值还是策略上都具有内在的一致性。善治之"善"至少包括两层含义：一是在伦理或价值层面对治理所设定的终极要求，即无论何种意义上的治理都应该追求正义

———————

① 肖北庚：《法治社会：法治演进的逻辑必然》，《法制与社会发展》2013年第5期。

与良善；二是在模式与机制层面对治理所设定的技术性要求，即为达善治而应采取行之有效的策略与措施。善治之"治"同样包含两层含义：一是在动词意义上使用"治"，即有关主体借助行之有效的策略与措施，去处理公共事务或提供公共服务；二是在形容词意义上使用"治"，即通过治理之策与治理之举而实现良善治理的状态，亦可称为"治理得好"。显然，无论是"善"还是"治"都既包含着价值层面的设定，也包含了策略与机制等操作层面的追求。然而，无论是价值层面还是机制层面，法治都是不可缺少的一个要素。法治同样是希望通过"法律之治"实现国家与社会的良善治理之状态。由此，法治之善与治理之善、法治之策与治理之策，具有同构性，都已经融合于改革开放以来执政党所构筑的中国特色社会主义建设的理念、制度与实践之中。

（二）法治社会建设与社区治理法治化

法治社会建设是全面依法治国或法治中国建设的重要组成部分，同样要落脚于国家治理实践之中。相比较而言，法治社会建设与公共治理尤其是社会治理有着直接而密切的关联。江必新、王红霞认为，"法治社会就是要改变以人情为核心的人治社会，改变主要用权力命令、长官意志治理社会、管理国家和控制人；改变'人情'、'关系'、权力、门第、情感和意志等非制度因素对社会生活的全面支配；改变认'人'不认制度、重感情不顾规则的法治权威虚无状态"。① 这段论述不仅指出了法治社会建设与社会治理之间的关系，更指出了长期以来中国社会治理所面对的生态与结构问题。后者也恰恰是我国法治建设最终所要改变的，而直接承接这项使命的便是法治社会的建设。

莫于川认为，"法治社会有两个含义：其一，是指某个地方在社会自治层面、社会发展方面、基层民主进步、公民社会建设方面达到了高度法治水平，也可称之为社会法治；其二，是指某个地方实现了人们期盼的法治状态，也可称之为法治地方（法治湖南、法治江苏等等）"。② 这一界

---

① 江必新、王红霞：《法治社会建设论纲》，《中国社会科学》2014 年第 1 期。
② 莫于川：《法治国家、法治政府、法治社会一体建设的标准问题研究》，《法学杂志》2013 年第 6 期。

定阐释了法治社会所具有的动态和静态两个层面的含义，并且将法治社会建设定位于某个地方，显然这是相对于国家整体而言的。其实，法治社会并不限于某个地方，也可以用来描述相对于国家或政府而言的整个社会的法治状态，只不过法治社会的着眼点或关注点有所不同。法治社会建设着眼于社会生活各个领域的规范化，关注社会生活中个体之间以及组织之间交往的规范状态与规范意识等。概言之，法治社会建设要深入具体的社会生活与真实的个体。

社区正是真实个体存在与具体社会生活的呈现空间。社区治理也是公共治理或社会治理的基本内容。社区治理对善治的追求是国家治理体系和治理能力现代化在社区这一具体层面的追求，而社区治理法治化也是法治社会建设的一部分。对于社区治理法治化，马涛认为，加强基层社区治理的法治化是全面依法治国的保障性措施，"法治化是新时代推进社区治理现代化的重要着力点，其关键在于用法治精神与法律制度影响和约束社区治理的思想与模式。"① 这一理解指出了社区治理法治化的关键是将法治精神与法律制度用于影响和约束社区治理，准确地揭示了社区治理法治化的两个着力点——法治精神与法律制度。当然，社区治理法治化还是一个实践的过程，并且在这一过程中要借助于治理主体的行为及其关系来推进各项具体的工作。

与社区治理法治化相关的一个概念是社区治理规范化。一般认为，规范化的外延要大于法治化，因为规范化在实现机制和规范依据方面要广于法治化。法治化强调的是国家制定法的主导性乃至唯一性，主要借助司法和执法等法律实施机制来推进法治化。规范化的实现机制既包括国家制定法的那套实施机制，也包括民间法、软法和公共政策等其他规范的实施机制。广义上的规范化还可以指制度化，这里的制度不仅包括各种形式的规范，还包括一些行政措施、工作机制或策略方案等。当然，法治化与规范化在很多情形中可以通用，都是指经由一套规范体系及实施机制而达致的有序状态。无论是社区治理规范化还是法治化，都是由多种要素所构成，

---

① 马涛：《基层社区治理需注入法治化动能》，《人民论坛》2018 年第 5 期（上）。

规范只是其中之一。研究社区治理法治化，需要将规范的实施置于社区治理这一场域中，既要分析规范实施的主体类型及相互关系，还要分析影响规范实施的社区环境与体制因素，既要关注主体的外在行为，还要探析主体的规范意识。这是因为社区治理法治化属于法治社会建设的内容之一，而法治社会建设本身就是一项涉及主体、规范、环境、体制和意识等诸多因素的系统性或结构性工程。

（三）社区治理法治化与多元格局的样态

习近平总书记在 2019 年 1 月召开的中央政法工作会议上强调，"要善于把党的领导和我国社会主义制度优势转化为社会治理效能，完善党委领导、政府负责、社会协同、公众参与、法治保障的社会治理体制，打造共建共治共享的社会治理格局。……要深入推进社区治理创新，构建富有活力和效率的新型基层社会治理体系。"[①] 这不仅提出了今后社会治理体制创新的方向与目标，也深刻揭示了社会治理的体系化或结构化特点。推进社区治理法治化是一项系统性工作，需要体系化和结构化的思维。不仅如此，社区治理法治化应当置于实践之中而非仅停留在理论探讨层面，以治理实践中主体之间具体的交往行为作为基本的联结点，将主体、规范、行为和意识等有机地联系到一起。正如德国学者卢曼指出的那样："结构只有通过被应用于连接交往事件才具有现实价值；规范只有通过直接或间接被引用才具有现实价值；期望只有通过在交往中表达出来才具有现实价值。"[②] 因此，现实性与实践性应该是推进社区治理法治化的一个基本立足点。

社区治理法治化的结构性特点由法治社会和社区治理共同塑造，是社会公共治理法治化在社区层面的延展，也以实现社区善治为追求。就治理模式与机制而言，社区善治强调多元主体的合作，而合作的前提是主体的多元和规范的多元。从这个意义上讲，追求社区善治就必然要求一个多元治理格局的形成，主体、规范和意识则是这个多元治理格局的基本要素。

---

① 习近平：《全面深入做好新时代政法各项工作促进社会公平正义保障人民安居乐业》，《中国纪检监察报》2019 年 1 月 17 日第 1 版。

② ［德］卢曼：《社会的法律》，郑伊倩译，人民出版社 2009 年版，第 21 页。

实践中，社区治理主体的种类、行为的类型和交往关系的性质大体是确定的，也即社区治理是一个相对确定的结构性治理。然而，相对确定并不意味着这是一个稳定的治理结构，更不意味着这是一个理想的治理结构。换言之，善治目标所要求的社区治理多元格局应该是一个结构合理、规范有序、运行有效的稳定格局。那么，理想的社区治理多元格局应该是一种怎样的样态呢？

从理论上讲，社区治理多元格局是一个由多种组合共同形成的有机系统，主体、规范和意识可以视为一个基本的组合，而这三者中的每一个又是一个独立的组合，每种组合都遵循着其各自的原则，而决定这个系统中各种组合方式的是合作与共享的理念。例如，不同的治理主体基于对社区治理良善目标的追求，共同参与社区治理的各项工作，并且根据自己的角色定位协调好相互间的关系，从而形成所谓的多元主体合作共治的格局。"治理主体多元化是社区合作共治的必然要求，社区治理的主体除了政府外，社区居民、社区自治组织（志愿者组织）、物业公司、专业化并市场化的社区服务机构（如养老机构）、社区内单位等都应该参与到社区的服务与建设中来，不能被排斥在治理过程和决策过程之外。社区不同主体各司其职、各负其责，能够有效避免政府权力和责任高度集中，对社区事务无所不包的'越位'问题。"① 不仅如此，主体间行为的协调也会影响到不同规范之间的协调。正是在这样的协调与合作中共享社区治理的成果。

因此，理想的社区治理多元格局在价值定位上应该秉持合作和共享理念，在治理模式和机制上应该在坚持党的领导下选择政府、社会、市场和个体多元治理模式，尊重多元主体的内在活动机理，以法治化、智能化和专业化作为社区治理的手段保障。在这一结构性治理中，多元规范之间在相互分工协调基础上实现良好合作，特定情境中主体的何种行为是恰当的，也已在治理结构中设定好。同样，何种类型的规范会被需要到或者说在特定情境下适用何种规范是恰当的，基本上已经由该治理结构所设定好。该描述既符合党的十九大报告之要求，也是近年来党和政府在社会治

① 朱仁显、邬文英：《从网格管理到合作共治——转型期我国社区治理模式路径演进分析》，《厦门大学学报》（哲学社会科学版）2014年第1期。

理领域一直追求的。为了实现这一治理格局，就需要我们重新认识社区治理中的每一类主体和每一种规范，包括重新定位多元治理主体和多元治理规范之间的结构关系。

二 主体—规范—意识：社区合作共治格局的三维解析

（一）社区合作共治格局的内容与意义

社区善治应是一种能够充分调动各主体充分参与的合作共享治理模式或格局。法治社会的建设同样离不开公众的参与，需要共建共享。无论是社区合作共治还是法治社会建设，都强调共治共建共享，都是一项多维度、多层次的结构性工程。例如，周恒、庞正总结了法治社会构成的四维表征，认为"法治社会范畴涵摄价值、秩序、制度和观念四个维度的面向，其中价值之维代表着法治社会所欲图实现的价值理想，表达社会主体追求幸福生活的基本主张；秩序之维体现法治社会的有序状态，特别强调社会本身的自我秩序化能力；制度之维为社会主体的交往提供多元化的行为规范和纠纷解决机制，使国家法律体系获得有效的制度补充；观念之维是社会主体的法治意识以及社会整体法治文化的反映，在社会行为与法律制度之间提供必要的观念场域"。① 这一归纳指出了法治社会建设所应顾及的四个不同维度的内容，也包含了对法治社会及其建设的结构化认知。对于社区合作共治，我们同样要在把握其整体特点与结构基础上，深入分析构成这一结构的几个核心要素，以及核心要素之间的内在关联，从而总结社区合作共治的内在规律。

需要指出的是，虽然社区合作共治在形式上主要用以描述治理主体之间的关系，但它并不等同于仅指主体间关系的社区治理结构。袁博认为："结构的概念在社会学中具备三种用法：第一种用法是阐述社会结构，是指一个社会中不同层次的分布状况及相互关系；第二种用法是结构功能主义，认为社会系统具备一定结构并以有序的方式关联，进而影响社会整体，也称为塔尔科特·帕森斯、罗伯特·默顿的结构功能主义；第三种用

---

① 周恒、庞正：《法治社会的四维表征》，《河北法学》2018 年第 1 期。

法是社区权力结构，主要是指社区的决策权力在不同主体间的分配状况。……社区治理结构就是在社区范围内不同治理主体依靠资源互动进行相互作用的权力模式。"① 这里所指的社区合作共治是治理主体在特定意识观念指导下，依据一套科学合理的多元规范体系，开展社区治理实践所形成的治理格局与治理状态。主体结构只是社区合作共治这一整体结构中的一个部分结构。

就结构内容而言，主体、规范与意识构成了社区合作共治的基本框架，是社区合作共治格局最为基本或核心的三个要素，同时也是三个基本的结构。其中，主体要素是社区合作共治格局构建和运行的能动性因素，涉及谁来治理、为谁治理这两个基本问题，治理主体也是规范的实施者和意识的拥有者。规范要素是社区合作共治格局的制度性因素，既是主体开展治理的依据，也会对治理主体的行为及相互关系产生调整和约束作用。不同规范之间的关系或规范结构同主体结构具有对应性，能够共同反映或者决定社区治理的具体模式。意识因素则是治理主体所具有的对于社区治理及相关制度或规范的价值定位或意义认知，从根本上影响或制约社区合作共治格局的构建及其运行效力。正如对社区善治的追求本身也是治理主体对善治目标的心理认同，主体的规范心理同样属于意识因素的范畴。社区合作共治格局的复杂性在于其结构的复合性，每个要素本身都具有结构性，都是由多种类型主体、规范或意识组合在一起。作为一种理想的社区治理多元格局，社区合作共治是社区治理走向善治所需要建立的一种治理格局。这种治理格局的建立在实践层面需要一个长期的探索过程，在这一过程中，治理主体需要在合作共治理念指导下，不断完善相关的制度和机制。

（二）社区合作共治格局中的主体结构

主体因素作为社区合作共治格局的能动性因素，是评定社区合作共治格局形成与否或者其优劣情况最为直接的指标。社区合作共治的首要含义便是指多元治理主体之间的合作共治。"社区是个地区性社会，是外部大社会的缩影。在这里，政府、居民、社团、专业性组织等各种主体存在着

---

① 袁博：《社区治理的多元转向与结构优化》，《理论探讨》2018 年第 3 期。

面对面的接触，因而社区共同体的整合方式无疑表明了社会整合方式的发展趋势。"① 该如何设置这些不同的治理主体之间的关系或结构呢？这是社区共治格局在构建过程中首先要解决的问题。根据主体的属性不同，可以将社区治理中的主体分为政府、社会组织、市场主体和个体四种基本类型。执政党作为社会主义事业领导者，当然在社区治理中也处于领导者地位。不过，在公共管理学中，政府一般在广义上使用，也即包含了执政党在内的所有国家机关，而不限于行政机关，故这里所谓的政府是指所有行使国家公权力的机关或主体。王琳认为，"党和政府是社区建设的主导力量，居民自治是社区建设的主体，业主委员会是社区自治的重要组织形式，各类中介组织和非营利机构是社区建设的重要力量，合力构建社区治理的多元主体结构。"② 这一论述尽管指出了各类主体的基本定位与多元主体结构的构建问题，但如何在社区合作共治格局中准确定位各自的角色及相互关系，并非一个可以简单作答的问题。在这四类基本主体中，政府在主体结构中处于主导地位，也即包括执政党在内的政府作为主导主体，对于社区合作共治格局的形成会产生支配性或决定性的影响。在某种意义上讲，社区合作共治格局的构建就是政府与其他治理主体之间关系重新调整的过程。因此，重构社区治理主体结构以实现合作共治的核心便是重新定位或构筑政府与其他主体之间的关系。

其中，政府与社会组织的关系能够直观地反映合作共治格局的特点。在党的十九大报告中，提高社会治理的社会化水平已经作为"加强和创新社会治理"的一个重要目标被提出，并且报告对于社区治理中如何处理政府与社会组织及其他主体关系也提出了明确的思路，即"加强社区治理体系建设，推动社会治理重心向基层下移，发挥社会组织作用，实现政府治理和社会调节、居民自治良性互动。"③ 就政府与市场主体的关系

---

① 马西恒：《社区治理创新》，学林出版社 2011 年版，第 35 页。

② 王琳：《构建社区治理的多元主体结构》，《社会主义研究》2006 年第 4 期。

③ 习近平：《决胜全面建成小康社会　夺取新时代中国特色社会主义伟大胜利——在中国共产党第十九次全国代表大会上的报告》，《人民日报》2017 年 10 月 28 日第 4 版。

而言，党的十八大以来逐渐确立了"让市场在资源配置中发挥决定性作用"的共识，十八大报告中提出要"着力激发各类市场主体发展新活力"，十八届三中全会做出的《中共中央关于全面深化改革若干重大问题的决定》中进一步要求"建立公平开放透明的市场规则。实行统一的市场准入制度，在制定负面清单基础上，各类市场主体可依法平等进入清单之外领域。"这些都为重构政府与市场主体的关系提供了政策依据与实践契机。在政府与个体关系方面，基层群众自治组织制度是宪法所确立的一个基本体制框架，在这个框架内个体也即社区居民享有相应的自治空间。此外，个体在宪法和法律规定的权利空间范围内也具有相应的自主性。

在社区合作共治格局中，主体结构具有决定性作用，它能够影响或者决定合作共治格局中的规范结构，同时与意识结构也存在复杂的关系。社区治理中起决定性作用的规范是国家制定法，这也能够反映国家公权力机关在主体结构中的主导地位，而执政党和行使国家公权力的主体的规范意识也直接决定着合作共治格局中主体整体规范意识的水准。当然，社会组织、市场主体和个体之间的关系，也会反过来影响政府的规范选择和意识调整，而且这三类主体之间的关系也需要根据合作共治的需要进行调整和重构。

（三）社区合作共治格局中的规范结构

规范结构是从制度层面或规则层面来反映社区合作共治格局的特征。社区治理中的国家制定法、公共政策、软法和民间法等各有其独特的规范功能及存在价值。问题在于，这些规范之间应该形成一种怎样的结构关系，才能与社区合作共治格局建立及有效运行相适应。这个问题又可引申出三个相关联的问题：一是社区治理多元规范应该遵循何种原则组合在一起，以及如何确定各种规范的效力关系；二是不同属性的规范之间的分工问题，具体又包括国家制定法、公共政策这两类由国家公权力机关创制和保障实施的规范，与执政党的党内法规之间的规范分工，以及与软法、民间法等规范之间该如何分工的问题；三是如何识别和确定社区治理中各种规范中的有效原则与规则。

尽管每种类型的规范都有其作用领域和作用机制，但不同规范之间总会不可避免地产生交叉甚至冲突。当社区治理中同一事务或交往关系存在两种以上调整规范时，该如何选择适用呢？进言之，社区治理中多元规范是应当以某种方式有机地组合在一起，还是随机地结合呢？对于追求社区合作共治的目标而言，多元规范显然应当按照某种原则有机地组合。接下来的问题便是，该如何确定组合的原则呢？这又涉及多元规范的效力关系。根据法治原则，宪法应该在整个法治体系中居于最高地位，因此宪法至上原则应该是多元规范组合的首要原则。在多元规范的效力关系上，国家制定法的效力最高也应该作为一项基本的组合原则。当然，这两项原则的确立并未真正回答或解决多元规范效力关系和组合原则问题，仍有待我们根据社区治理实践的发展来细化多元规范的组合原则与确定多元规范的效力关系。

在多元规范中，国家制定法和公共政策由国家公权力机关创制和保障实施，这两类规范在多元规范中占据主导地位。执政党的党内法规作为一类具有组织外部效力的规范，该如何协调好其与国家制定法和公共政策的关系，是一个非常重要且具基础性的理论问题。软法虽然是社区治理基础性规范，但软法同民间法和民事协议等规范一样，都要在国家制定法和公共政策所设定的制度框架内发挥作用。那么，该如何在社区合作共治格局中重新配置不同规范的调整事务或空间呢？除了遵循宪法至上和国家制定法效力最高这两个原则外，或许还应该确立"最适合调整"原则，也即某类事务由哪类规范加以调整最为合适，那么就应该由哪类规范来优先调整。这里所谓的"最为适合"可从调整方式、调整成本和主体习惯等多个方面来测定。此外，由于每类规范都是由若干原则和规则所构成，并非每类规范中的所有原则或规范都是适应社区合作共治需要的，不同规范之间的冲突实际上也是具体的原则或规则之间的冲突，因此如何确定或识别各种规范中的原则与规则，也是社区合作共治过程中需要谨慎处理的。符合宪法理念和法律价值、不违反公序良俗和基本道德价值观，或许应当作为确定和识别各种规范中有效原则或规则的基本标准或准则。

如果说社区合作共治是实现善治的最优治理结构，那么这种价值最重要的承载者、促进者和保障者就是结构化的多元规范。在多元规范结构化过程中，最核心的问题又是怎样处理好国家制定法和公共政策与党内法规及其他规范之间的效力关系和功能分工。有学者提出，"在全社会的行为方式改进中，必须促进国家正式规则和社会自治规则的合理结合，而不能由国家大包大揽。国家必须充分吸收乡土规则、行业自治、社会组织章程等，实现非正式规则与国家政治规则的合理结合，充分尊重公民自治和社会规则调控社会的合理性。"① 这应是一个值得追求的做法，也是符合社区合作共治内在理念的趋势。当然，正如主体结构的调整与优化不仅仅是一个理论问题，规范结构的调整也需要在具体的社区治理实践中进行不断地调试，并遵循基本的原则、价值与准则，才能真正寻找到最优的规范组合，从而确定相应的组合原则、效力关系、功能分工乃至每类规范中最适宜的原则与规则内容。

（四）社区合作共治格局中的意识结构

社区治理中无论是组织型的还是个体型的主体，最终都要还原为真实的个体，而任何个体的行为都要受到特定意识的影响或支配。当一种规范在对主体的行为产生作用时，更多情况下要通过主体的认知与转化才能真正发挥其作用。德国学者卢曼就指出，"规范这一概念与一种特定形式的实际期望有关，这种期望形式必须或是心理的或是作为意指和可以理解的交往含义可以被观察到的"。② 这句话揭示了规范的心理作用机制。意识因素可以视为决定社区合作共治格局构筑进程及其具体样态的深层次因素。在社区治理实践中，意识同样具有复合性与结构性。意识的结构性主要表现在三个方面：一是意识内容的结构性，意识的内容包括主体对于社区共治格局的认知，具体又包括对于不同主体之间关系和不同规范的功能的认知，以及对于社区合作共治的内在价值或理念的认同度等；二是同一主体自身的意识具有结构性，也即主体对于社区合作共治在特定的时期会有不同的认知，而且这种认知的内容及其态度本身也是多样的；三是社区治理中不同主体的意识所共同形成的整体具有结构性，尽管这个层面上的意识结构受到各主体自身意识结构的影响，但众多主体意识的组合本身也具有独立意义，能够反映社区合作共治过程中意识层面的特征。

---

① 史丕功、任建华：《法治社会建设的价值选择及主要路径》，《山东社会科学》2014 年第 9 期。

② ［德］卢曼：《社会的法律》，郑伊倩译，人民出版社 2009 年版，第 13 页。

通过对意识结构的分析，我们可以将主体结构与规范结构有机地联结到一起，系统地把握在追求社区合作共治过程中的特定时期所存在的问题以及应该采取的应对措施。如果治理主体在意识层面出现了同社区合作共治理念要求不一致的情形，即使向社区治理实践中输出再多的制度或规范，也很难真正有效推进合作共治格局的形成。正如美国学者苏珊·西尔比认为的那样，"当人们认为自己不能保持法律与他们的日常生活的距离，同时又不能参与法律游戏时，他们就显示出陷入法律困境的感觉"。①所以，社区治理主体结构和规范结构属于外在体制层面的结构，这两种结构能否符合合作共治的需要，最根本的是能否在意识层面建立起与之相适应的认知或态度。在意识结构中，处于主导地位的政府对于社区合作共治以及法治社会建设的认知情况，决定着社区治理能够在多大程度上迈向社区合作共治，而作为个体的社区居民的普遍意识，则决定着社区治理能够在多快进程上实现社区合作共治。社会组织和市场主体的发育程度，则是政府意识和个体意识的催化剂或促动因素。

社区合作共治中的意识结构也是法治社会建设所需要的意识结构。法治社会的建设要从根本上改变政府和社会民众传统的规范意识和价值意识。法治社会建设的过程也是我国社会转型或社会变迁的过程，这一过程不仅仅是体制机制的变革，不仅仅是法律制度的变革，更是观念和意识的变革。在意识层面，道德与价值观既是一种意识形态，也是一类潜在的规范，对于法治社会建设中其他规范的效力发挥能够产生根本的促进或制约。治理主体有关法治社会建设和社区合作共治内在价值和理念的认同程度，决定了其参与程度及努力程度。这也为今后在社区合作共治和法治社会建设中发挥主导作用的主体，该采取怎样的措施去推动体制、机制和规范等更好地被接受、被实施，提供了一个重要的关注维度和着力方向。

---

① ［美］苏珊·西尔比：《美国的法治社会与民众心理认知》，《江苏社会科学》2003 年第 1 期。

三　社区合作共治构建实践中存在的问题及原因：规范结构的视角

（一）社区合作共治存在的问题及影响

社区合作共治作为一种理想的社区治理模式，仍在实践探索之中，尚未真正实现。合作与共治既是两种理念，也是两种手段，最终目的是实现治理主体对于社区善治的共享。在社区治理迈向合作共治以实现善治过程中，主体、规范和意识等要素在结构方面都存在很多问题，影响了合作共治格局的形成和法治社会建设的进程。下面从规范结构的视角，对社区合作共治格局构建过程中存在的突出问题及其影响进行分析。

问题一：社区治理多元规范失衡现象较为突出，规范供给过多和有效供给不足问题同时存在，这制约了社区治理中多元规范有机结合和协同作用。多元规范失衡的一个主要表现是国家公权力机关输出的规范数量不断增多，并且仍然作为社区治理事务最主要的调整规范，而社会组织、市场主体和公民自治性规范数量较少且作用空间相对有限。例如，社区治理中出现了"政策围城"现象，大量的公共政策被用于推动和保障社区治理。尽管公共政策在社区治理规范化与法治化过程中不可缺少，但过多的公共政策压缩了其他规范（包括国家制定法和自治性规范等）的作用空间。如果说公共政策在数量和功能上有些过犹不及，那么国家制定法的有效供给不足问题也是导致多元规范失衡的一个重要原因。当前，能够直接用于调整社区治理的国家制定法的数量并不多，仅有《城市居民委员会组织法》《村民委员会组织法》《民法典》和《物业管理条例》等几部法律法规。其中，《城市居民委员会组织法》制定于1989年，迄今已有30年（尽管在2018年底有过修改，但仅涉及居民委员会的任期问题），这部调整社区治理尤其是基层群众自治事务的基本法律条款数量整体偏少、内容更新不足，难以有效满足基层群众自治乃至社区治理的需要。

除国家制定法和公共政策外，软法作为社区治理基础性规范，本应在社区治理实践中发挥主要的规范调整功能，也是社区合作共治最主要的规范形式，但当前社区治理中软法在创制主体、程序和规则实效等方面都存在一系列问题，尤其是受到国家公权力机关的过多干预，软法规范政策化现象突出。这些都影响了软法在社区治理多元规范中获得应有的地位和作为公共治理规范的功能发挥。此外，民间法、民事协议、道德和价值观等规范在社区治理实践中也都面临着规范空间有限和效力不足等问题。近年来，虽然执政党在其报告中鼓励社会治理的社会化以及社区治理权下沉，并推动社会管理创新以及加快法治社会建设进程，但长期以来形成的体制惯性依然影响深刻。正如张文龙指出的那样，"一核多元"治理模式被视为基层社会治理创新的重大成果，但实质上这种新治理模式只是传统全能型治理的延伸和升级，以此为基础的社区治理法治化，只会产生一种"翻新"的威权主义治理。在社会系统论视角下，社区多元民主治理的动力来自现代社会的功能分化，这种分化的不足或者负外部性都会产生严重的社会公共性问题。① 社区治理多元规范失衡现象，也可以视为全能型治理体制惯性影响下"功能分化不足"的表现，其消极影响便是反过来强化了传统的政府全能型治理模式，从而更加阻碍了"功能分化"的进程以及自治性规范的作用。

问题二：社区治理中不同规范之间或者同一规范的不同规则之间的冲突多有发生。针对具体的社区治理事务或交往关系，不同的规范可能基于不同的价值取向或调整目的而施以不同的规则要求，当主体需要选择其中之一加以适用时就会产生规范冲突。规范冲突在形式上包括规范的显性冲突和规范的隐性冲突两种类型。其中，显性的冲突指的是社区治理实践中已经发生的，或正在发生的，或者很明显将要发生的不同规范之间或者同一规范的不同规则之间的冲突。就社区治理中规范的显性冲突而言，其中非常有名的一个事例便是各城市有关烟花爆竹的禁放与限放问题。冲突的规范双方分别是国家制定法和民间法。有学者认为，"近30年间，中国大中城市在春节期间对于烟花爆竹的'禁放'与'限放'及其反复，突

---

① 张文龙：《城市社区治理模式选择：谁的治理，何种法治化？——基于深圳南山社区治理创新的考察》，《河北法学》2018年第9期。

出反映了当下中国社会中法律和民俗相互'博弈'的基本格局"。① 此外，社区纠纷调解中，如何协调好道德与国家制定法的冲突，也是调解者需要具备的一项基本技能。这种情形都反映了国家制定法在嵌入社区治理过程中，与具有文化内生性的民间法之间所存在的冲突。

隐性的冲突则是指不同规范之间潜在的规则或价值冲突，或者说在理论上可以相互兼容的规范但由于实践的复杂性可能会导致规范冲突现象的出现。例如，对于国家制定法与党内法规的关系，学者们都认同"国法高于党规、党规严于国法"这样的原则，但这种理论上的协调并不能完全排除实践中可能的冲突。韩强指出："我国强调的是党纪必须严于国法，要把党纪挺在国法的前面，党员干部有违纪违法行为，首先要从党纪的角度进行查处，特别严重以至违反国家有关法律法令的则提起公诉，由法院依照国家法律进行审判，但这种做法往往招致以党纪代替国法、包庇违法干部的质疑，从而影响国家法律的严肃性。……因此，在理念、法律规定和程序设计上如何处理好党内法规与国家法律的关系，并使其符合我国实际，这是我国法治建设面临的一个重要问题。"② 党内法规和国家制定法同时存在于社区治理实践中，其潜在的或隐性的冲突也会在一些情形中出现，如果处理不好便影响到治理规范的选择与多元治理规范结构的建构。

问题三：社区治理多元规范之间的有效衔接与协同作用的意识与机制欠缺，未能发挥多元规范的整体规范效力。理想的社区治理格局中，多元规范同样应该处于一种有机衔接、动态平衡的样态。这同样也是法治社会建设中多元规范应该形成的一种组合模式。"法治秩序是一种有效平衡自由与秩序之间张力关系的内生秩序。这种内生性秩序是人们在日常生活的有机互动过程中，在一个基本的制度框架激励和约束之下，通过社会自身的力量和公民个体的自律与自治而形成的一种秩序形态。其核心构成要素是植根于基层社会并以信念、道德、传统、习俗和经验等形式所表现出来

---

① 周星、周超：《民俗与法律：烟花爆竹作为一个"中国问题"》，《湖北民族学院学报》（哲学社会科学版）2018 年第 4 期。

② 韩强：《党内法规与国家法律的协同问题研究》，《理论学刊》2015 年第 12 期。

的行为规范和道德共识，不仅表现为一整套正式成型的制度体系，而且体现为一种体系化的治理原则和治理理念。"① 然而，虽然治理主体之间对于多元规范的结构优化形成一定的共识，尤其是行使国家公权力的主体已经意识到充分利用国家制定法和公共政策之外的软法、民间法和民事协议等规范的重要性，但是这种认知更多只是将国家公权力机关创制和保障的规范之外的规范作为一种补充，而缺少一种更为系统化的或结构化的定位思维，也即并未将软法、民间法和民事协议等置于社区合作共治框架内来重构多元规范之间的关系。

除了在意识层面缺乏对多元规范的结构化认识，在实践层面也缺乏相应的规范衔接与协同作用机制。不同类型的规范主要通过各自的实施机制，对社区治理的相关事务或交往关系产生调整或约束作用。这种"各自为战"的做法，不仅是多元规范失衡和有效规范供给不足的重要原因，也很容易导致不同规范之间的冲突。规范之间欠缺衔接与协同，也就无法发挥多元规范的整体规范效力，当然也不符合社区合作共治对于多元规范结构的要求。多元规范之间的这种结构现状，能够很好地反映我国社区治理多元格局的现状，也是构建社区合作共治理想格局的实践起点。

（二）导致社区合作共治问题产生的原因

社区合作共治格局并非短期可以建构而成，因为导致问题产生的原因也包括多个方面，只有将导致问题产生的原因分析清楚，才有助于社区治理主体在今后构建社区合作共治实践中，采取有效的针对措施逐渐加以改进。对于具体原因，我们可从治理体制、治理惯性和治理历史等方面加以把握和分析。

原因一：政府主导的社区行政治理模式使得主体结构内部失衡，从而影响社区治理中规范的选择及其平衡。一般认为，行政主导型和合作共治型是两种相对应的社区治理模式。有学者比较了这两种治理模式，认为"在行政主导型的社区治理模式中，居民、社会组织和政府在社区治理中享有的权利不平等，政府主导社区事务的决策并决定政策的实施，社区治

---

① 唐皇凤：《法治建设：转型中国社会治理现代化的战略路径》，《江汉论坛》2014 年第 9 期。

理过程中地位的不平等会大大降低公民的参与热情。……合作共治模式中，社区事务主要由社区居民和社会组织来承担，政府对社区事务并不直接干预，政府在社区事务的主要职能是政策规划和经费支持"。① 在我国，无论是法治社会建设还是社区治理，都从属于改革开放的大进程，也从属于我国法治建设和公共治理进程。政府推动或行政主导模式则是我国改革开放这一大进程中法治建设和公共治理的基本模式，这也是社区治理现代化或合作共治格局构建所要面临的最大体制因素。

行政主导型治理模式固然有其优势，但弊端同样明显。"在城市社区治理的组织结构安排中，行政力量作为治理资源的主要输出方，具有牵制其他治理主体的先天条件，使得社区治理中的其他组织形式不断地向行政组织靠拢，目的是尽可能多地获得行政机构的资源支持。在政府主导的城市社区治理的组织结构安排中，多方治理主体在互动过程中容易形成对政府的依赖。社区公共事务治理不是出于自身的公共追求，完全将自身定义为城市社区公共事务治理的配合者，让渡了自身作为城市社区公共事务治理的主体身份。居于附属地位的其他城市社区治理主体缺乏独立自主意识，导致富有创造性的卓越社区治理很难达成。"② 主体结构中存在的这种依附性弊端，更加强化了国家公权力机关在社区治理中的主导地位，而其他主体的相对弱势也使得这些主体所创制的规范的作用空间，会受到国家公权力机关所创制的规范的压缩。或者那些更适合用来调整其他治理主体交往关系的规范，难以获得足够的作用空间。如此一来，多元规范的有效衔接与良好协同也就缺乏对等的前提。

原因二：社区治理中国家制定法体系的不完备以及政策推动的治理惯性，淡化了国家制定法在社区治理中应有的规范力或保障力，也即国家制定法并未在合适的位置上发挥其最适当的作用。俞可平曾指出，"相比较而言，在政治系统、经济系统和社会系统这三大系统中，社会系统的法制

---

① 朱仁显、邬文英：《从网格管理到合作共治——转型期我国社区治理模式路径演进分析》，《厦门大学学报》（哲学社会科学版）2014 年第 1 期。

② 吴子靖、顾爱华：《共同体视域下中国城市社区治理的功能整合》，《行政论坛》2018 年第 4 期。

建设最不完备。社会组织或民间组织管理、社区管理、行业管理等领域还缺少国家的基本法律"。① 这种欠缺对于社区治理领域的消极影响显而易见。尽管存在《城市居民委员会组织法》等基本法律,但这部法律调整的仅是基层群众自治问题,而且自身的完备性和时代适应性等都存在相应的问题。《物业管理条例》是调整社区物业服务关系的一部基本法规,但其行政法规的效力位阶制约了其影响力和规范力。与此同时,长期以来形成的政策调整的惯性,也在一定程度上冲淡了国家制定法的存在感。在进行社区调研时,无论是街道办事处和社区工作站的工作人员,还是居民委员会的委员或居民,他们中的很多人对于国家制定法和公共政策的区分度并不高。"国家政策"或"上级政策"是很多人口中或观念中对国家制定法、公共政策乃至部分软法的统称。

正是客观上国家制定法未对社区治理做到应有的调整,主观上治理主体所具有的较强的政策性思维或意识,大大影响了社区治理实践中国家制定法、公共政策和软法等主要规范在相互区分基础上的衔接与协作。王振标认为:"基层社会组织如村自治共同体和社区居民自治共同体固然有协助基层政府履行其职责之义务,但这种义务基于法律规定而非行政命令。在基层自治组织管理基层自治组织内部事务时,国家机关不得任意干涉。基层自治权行使的直接依据是自治章程,而不是宪法与相应的组织法,后者只是规定了其外部范围和边界。"② 显然,当前社区治理实践中大部分治理主体尤其是政府并未真正形成这样的认知,其后果便是包括国家制定法在内的各种规范并未被置于恰当的位置,而规范功能的不充分甚或不当发挥,直接影响到社区治理多元规范结构的科学性与合理性。

原因三:社区治理实践在我国启动的时间较晚,发展与探索的历程较短,当前构建社区合作共治格局中所存在的很多问题,都可以视为社区治理发展与探索进程中的问题。无论是法治社会的建设还是社区合作共治格局的构建,都不仅仅是一个空间上的静态问题,也是一个时间上的动态问

---

① 俞可平:《论国家治理现代化》,社会科学文献出版社 2014 年版,第 123 页。

② 王振标:《论作为社会公权力的基层自治权之本源》,《北方法学》2018 年第 6 期。

题。正如有学者指出的那样："社会规范系统不仅在空间上存在着多要素、多层次和不均匀的簇集分布的结构，在时间上它还存在着非线性的演进机制。这里所说的机制是指系统的内在工作方式，是系统在发展变化过程中表现出来的内部各要素的相互关系及其规律。社会规范系统的要素和结构是该系统的内在根据，是一种'共时性'的横截面状态，它必须通过'历时性'的工作状态，亦即通过系统的机制将其内在根据充分展现出来。"① 我国的改革开放至今不过才 40 年的时光，依法治国从 1997 年第一次被正式提出至今也不过才 20 多年的时间，而法治社会建设目标的提出和公共治理理念培育及实践推行的时间更短，建立在社区治理法治化基础上的合作共治及多元规范结构优化问题，只是刚刚作为一种逻辑性的目标被提了出来，尚未经过社区治理实践的充分检验和反馈修正。在这一过程中，"社区治理主体间的冲突，既是国家与社会的力量在社区治理结构中动态互构的结果——边界的模糊性和变动不居制造了冲突的中间地带，也反映了相互依赖共生的各个主体在变迁过程中因为发展的速度不一致而造成的主体间不平衡、差距和错位；既是实践理念的多元化在现实中的对立，也反映出制度与实践之间的所显现出的张力"② 显然，这种制度建设或体制变革与实践发展之间的张力，仍将在很长时间内存在，并作用于社区治理新模式的形成和多元规范结构化的进程。

除上述三个方面的原因之外，学者们对于社区合作共治与法治社会建设中的很多理论问题都未进行深入的研究，或者虽有研究但未达成确定的共识，或者虽有一定的共识但其结论或方案尚有待实践的检验。然而，社区治理实践的发展不会停止，作为通往社区善治重要依托的合作共治格局，将会根据治理实践进展和需要，不断进行调整与改进。

---

① 庄平：《社会规范系统的结构与机制》，《社会学研究》1988 年第 4 期。

② 李浩昇：《城市社区治理结构中的主体间冲突及其协调》，《东岳论丛》2011年第 12 期。

四 合作主义理念下社区合作共治格局的具体构建——多元规范的视角

(一) 合作主义理念下的多元治理

协同与合作已经成为经济社会发展和公共事务治理的基本理念。党的十八届四中全会以来提出的依法治国、依法执政和依法行政共同推进，以及法治国家、法治政府和法治社会一体建设，这其中就包含着协同与合作理念和要求。基于此，解决社区合作共治格局构建中的问题，以及在加快法治社会建设过程中，都要秉持协同与合作的理念。当然，协同与合作首先指向的是多元治理主体，多元治理规范的协同与合作也要以主体的合作为前提。这与西方公共管理学中所倡导的多中心治理有相通之处。"治理理论充分挖掘政府以外的各种管理和统治工具的潜力，重视网络社会各种组织之间的平等对话的系统合作关系，发挥社会力量参与治理的作用。这一理论的实质是在市场原则、公共利益和认同之上建立合作，在政府、市场和自组织网络等多元主体之间进行协调；……通过衡量政府、市场、自组织网络、公民等不同的协调形式的优缺点以及不同形式的网络化协调，来达到公共事务处理的最佳状态。"[1] 西方国家所追求或建立的"多中心治理"建立在自由主义理念基础之上，政府、社会、市场与个体各自有其独立的活动空间，所谓的"多中心治理"是建立在不同主体各自独立基础上的合作治理。显然这不符合我国的文化传统、政治体制和治理实践。我们所追求的多元治理虽然也强调治理主体的独立性，但这种独立只是相对独立而非绝对独立，各治理主体之间存在密切的联结与交叉关系，并且都要认可政府在主体结构中的主导地位以及执政党的政治领导地位。因此，准确地讲，我们所追求的多元治理以及社区合作共治格局，是建立在合作主义而非自由主义基础之上的。

---

① 周耀虹：《合作共治：创新社会管理体制》，《中国浦东干部学院学报》2011年第6期。

合作主义也被称为法团主义，它最基本的理论含义是用来描述国家与社会（主要以各种社团为代表）的关系。法团主义是一种非常复杂的理论，其理论内容以及对中国的适用性等问题学者们并未达成充分的共识。目前关于法团主义，学者们大都认同德国学者施密特所作的"国家法团主义"和"社会法团主义"的分类。在国家法团主义模式中，国家通过种种行政化或者明文规定的方式，赋予某些非竞争性社团以特殊的地位和制度框架，允许其承担一定的公共治理功能。顾昕和王旭认为，"在中国，所有类型的社团，包括专业性社团，均在一整套治理民间组织的行政法规体系中展开活动。这套监管体系是在特定的历史背景中产生的，强大的国家主义遗产在这一体系中留下了深刻的烙印，而这一体系的重大特征可以用'国家法团主义'来概括"。[①] 但也有学者认为，"法团主义作为一种模式并不适合用来对中国的国家与社会关系进行理论概括或预测，尽管二者在观念及制度上具有高度相似性，但后者缺乏前者所必需的社会组织基础。"[②] 我们无意在此对法团主义的理论内涵及究竟是否真正适合用来概括或指导中国这样的问题进行讨论，而只是想借用法团主义理论所包含的国家与社会之间所存在的特殊的合作理念，作为我们推进社区合作共治乃至法治社会建设的理论基础。因此，我们在此使用的是"合作主义"这一更具形象性的概念，而非"法团主义"这一颇具费解性的术语。

将合作主义理论中的合作理念引入社区合作共治和法治社会建设实践，实现具有中国内涵的多元治理，是笔者所作的理论尝试。尽管这一理论设定仍为国家公权力机关保留了主导性的地位，但也希望社会组织和市场主体这两类主体能在政府通过法治的手段所进行的有效监管下，发挥各自最大的治理效能。不仅如此，合作主义理念下的多元治理还包含着一种系统性、协同性和包容性内涵或思维。这种包容性思维恰恰也是我们法治社会建设和公共治理所迫切需要的。对此，有学者提出，为了有效应对因

---

① 顾昕、王旭：《从国家主义到法团主义——中国市场转型过程中国家与专业团体关系的演变》，《社会学研究》2005 年第 2 期。

② 吴建平：《理解法团主义——兼论其在中国国家与社会关系研究中的适用性》，《社会学研究》2012 年第 1 期。

经济新常态而带来的社会转型的掣肘，系统性、协同性法治思维和法治化方式可以引发我们对机制、秩序、治理能力等问题的深入思考，以型构一个更具包容性的法治体系，建设高质量的"法治社会"。包容性内涵"自治、宽容、开放"特质并立基于"人的团结、人的平等、人的参与"，通过"社会共享""社会融合"和"社会参与"等要素，可以激发社会治理的内在动力并构建包容性法治社会的发展体系，即能力层面的自治诉求、机制层面的兼容性发展以及秩序层面的开放性结构。① 显然，协同、合作与包容理念应该被逐渐融入社区合作共治构建实践之中，用以优化其主体结构、规范结构和意识结构。接下来，我们就依此理论仍然主要从多元规范结构优化的视角，就如何具体构建社区合作共治格局提出相应的建议。

（二）重新定位国家公权力主体及其规范的主导地位

国家公权力主体在这里主要指行使国家公权力的国家机关及其工作人员，对应的规范形式主要是国家制定法和公共政策。鉴于国家公权力主体在社区治理的主导性地位，构建合作共治格局的关键是定位好这类主体的角色，在此基础上确定国家制定法和公共政策的规范功能。无论从历史传统还是从现实的发展路径看，国家公权力机关的主导地位很难从根本上改变，或许也没有必要做根本的改变，即社区合作共治格局构建过程中仍然要遵循政府主导模式，由国家公权力机关来主导合作共治的进程。然而，社区合作共治格局的构建过程，也是重新定位国家公权力机关及其规范的过程。这意味着社区治理的主导者，要对自己的主导地位进行调整和重新定位。显然，这增加了调整的难度。不过，在政府的相关政策性文件中，对于合作主义基础上的多元治理理念已经给予了认同，并积极推动这一模式的构建。例如，《中共中央国务院关于加强和完善城乡社区治理的意见》中提出要"有效发挥基层政府主导作用"，具体而言，"各省（自治区、直辖市）按照条块结合、以块为主的原则，制定区县职能部门、街道办事处（乡镇政府）在社区治理方面的权责清单；依法厘清街道办事处（乡镇政府）和基层群众性自治组织权责边界，明确基层群众性自治

---

① 张清、武艳：《包容性法治社会建设论要》，《比较法研究》2018 年第 4 期。

组织承担的社区工作事项清单以及协助政府的社区工作事项清单；上述社区工作事项之外的其他事项，街道办事处（乡镇政府）可通过向基层群众性自治组织等购买服务方式提供。"这体现了政府作为主导主体已经意识到与其他社会组织或市场主体进行分工合作的必要性，可以视为向社区合作共治格局的构建迈出的重要一步。

　　相应地，在国家制定法和公共政策与其他规范之间的关系方面，除了社区治理中一些基本原则和规则需要国家制定法加以规定，一些体制机制创新要借助公共政策加以确立之外，国家制定法和公共政策一方面要根据需要积极吸收其他规范中的相关规则，这既能赋予其更强的规范效力，又反映了多元规范之间的衔接与转化。"实际情况是，立法者往往把已流行的习俗、惯例、道德规范、技术规范等其他类型的规范，加以改造，提升为法律规范。像民法中关于债权的规定，在很大程度上就来自民间债务往来的习惯。"① 另一方面，国家制定法和公共政策也应该尊重其他规范的独立价值和规范意义，保障其他规范的作用空间。就国家制定法与公共政策的相互关系以及各自定位而言，这两种规范同样要做好衔接与协调，国家制定法的基本定位应该是社区合作共治的架构者与保障者，而公共政策的基本定位应该是拓路者。国家制定法追求稳定性并具有一定的保守性，在社区治理层面国家制定法不宜设定过多细致性的规则，应该主要以架构基本制度或规则框架为主，也即多一些组织性规则而少一些行为性规则。国家制定法要对一些较为成熟稳定的社区治理事务或交往关系加以调整，而对于那些尚未呈现稳定状态或者有待尝试创新的事务，主要由公共政策介入调整。因为相比较于国家制定法，公共政策具有更强的探索性与拓展性，对于社区合作共治中的一些体制机制创新可主要通过公共政策先行规定与探索，既为新体制机制的实施提供规范依据与保障，还可以积累制度实施的经验，为之后国家制定法或其他规范的介入调整提供参考。

　　（三）"固内"以"强外"：更好地发挥党内法规的规范作用

　　作为社区治理中一类特殊的规范形式，党内法规对于合作共治格局的影响也不可忽视。法治社会的建设同样要由执政党来领导，而执政党领导

────────────

① 　徐梦秋等：《规范通论》，商务印书馆 2011 年版，第 492 页。

能力的提升同样离不开规范化与法治化。"法治执政党建设是法治社会建设（同时也是法治国家、法治政府建设）的前提和保障，法治社会建设是推进法治执政党建设的促动力。"① 对于社区合作共治格局构建中的党内法规，有两点需要明确：一是党内法规直接调整与作用的对象只能是执政党的各级党组织和党员个体，而不能及于其他组织或个体。党内法规具有外部规范性主要是基于执政党在社区治理中的领导地位所决定，并且其外部性也是以执政党领导和参与社区治理行为来体现的。二是由于社区治理主体的复合性使得党内法规在社区合作共治格局构建中不可避免地会与其他形式的规范产生联系，也存在如何衔接、合作与协调的问题。因此，更好地发挥党内法规在社区合作共治格局中规范作用的基本思路或做法是通过"固内"以实现"强外"，也即巩固与提高党内法规对于执政党行为的规范效力，以增强执政党在社区合作共治格局建设中的领导地位和具体的领导成效。

社区党组织和党员作为社区治理中的领导主体，同样也对社区合作共治格局的构建有着举足轻重的影响。基于此，《中共中央国务院关于加强和完善城乡社区治理的意见》中将"充分发挥基层党组织领导核心作用"作为健全完善城乡社区治理体系的首要举措，要求"把加强基层党的建设、巩固党的执政基础作为贯穿社会治理和基层建设的主线，以改革创新精神探索加强基层党的建设引领社会治理的路径。……健全社区党组织领导基层群众性自治组织开展工作的相关制度，依法组织居民开展自治，及时帮助解决基层群众自治中存在的困难和问题。"在社区治理实践中，"虽然随着权力分散、多元治理理念在基层社区治理中的兴起，党组织的职能更多地向制度建设、统筹规划、政治领导和利益协调等方面集中，较少涉及具体事务的决策，但居委会党支部和众多的党员小组这样的实体性组织在每个社区仍广泛存在，它们构成了中国共产党实现对基层社会的领

---

① 姜明安：《法治中国建设中的法治社会建设》，《北京大学学报》（哲学社会科学版）2015 年第 6 期。

导和进行社会动员的网络依托"。① 因此，如何有效发挥社区党组织和党员在社区治理中的领导作用，破解国家公权力主体主导合作共治格局的两难困境，是一个重要的理论问题。不仅如此，党内法规与国家制定法、公共政策和民间法等规范之间的衔接、合作与协调，既是多元规范格局优化的一部分，也是多元治理主体结构优化的一部分。执政党的领导地位决定了党内法规在社区合作共治格局构建中调整领导者行为的规范，但该如何理解党内法规的这种"由内及外"的规范属性，尤其是怎样在规范适用中处理好党内法规与国家制定法的效力关系，同样是值得认真研究的理论问题。

（四）为自治性规范提供更大的作用空间

在 2019 年中央政法工作会议上，习近平总书记指出，"要完善基层群众自治机制，调动城乡群众、企事业单位、社会组织自主自治的积极性，打造人人有责、人人尽责的社会治理共同体"。② 这段话深刻地指出了社区合作共治格局所包含的共治共享的属性，并且基层群众自治或社区自治应该是这种合作共治格局的基石。尽管我们强调的是政府对于法治社会建设和社区治理领导基础上的合作主义，但也主张这种政府与社会的合作应该尊重或保障社会的相对自治。毕竟在治理实践中，社区治理多元主体之间都存在一定的空间距离。"这个空间是法律与制度规范活动的空间，在法规与协议的调节与平衡下，各类组织或群体相互制约、相互促进，并同时与社会这个大群体相互制约、相互促进。在群体互制之下，包括政府在内的所有社会群体、社会组织，没有一个能垄断权力和独断专行"。③ 这种自治空间的有序有效地维系显然离不开自治性规范，而自治性规范应该是社区合作共治格局构建的基础性规范。社区治理中的自治性规范主要包括软法和民事协议。无论是作为领导者的执政党还是作为主导者的国家公

---

① 吴莹：《社区何以可能：芳雅家园的邻里生活》，中国社会科学出版社 2015 年版，第 85 页。

② 习近平：《全面深入做好新时代政法各项工作促进社会公平正义保障人民安居乐业》，《中国纪检监察报》2019 年 1 月 17 日第 1 版。

③ 马西恒：《社区治理创新》，学林出版社 2011 年版，第 35 页。

权力主体，应当尊重社区治理中的自治行为或自治空间，为自治性规范提供更大的作用空间。

当然，我们也应看到现实中的社区自治仍然面临很多困境，自治性规范自身也存在很多问题。其中，自治困境的一个主要表现是社区居民或公众对社区治理参与的主动性或积极性不够，而本应作为自治性规范的软法创制的合意性不足和实施裁量过大等缺陷也制约了其规范功能的更好发挥。就公众的参与而言，"社区公众认同是社区公众参与所应达到的目标和效果。社区公众认同以情感、价值为基础。公众认同是实现社区善治的核心，没有达到公众认同效果的公众参与都是无效的参与，公众参与和公众认同的递进关系也体现在此"。① 如果公众对于社区治理的参与度不高，也就意味着他们对于社区合作共治的价值或意义缺乏足够的认同或认知，这就相当于从根本上失去了社区合作共治格局构建的必要性与正当性。在制度实践层面，公众参与社区治理的热情不高，在一定程度上也反映了居民自组织能力不强，而自组织能力又是反映自治能力的重要指标。因此，当执政党和国家公权力主体为社区治理留出自治空间时，社会组织、市场主体和居民能够在多大程度上支撑起社区自治，并在社区自治中自如地创制和运用自治规范，至今仍然是亟待改变或改善的问题。尽管如此，合作共治的理念及其格局要求执政党和国家公权力主体在社区治理中留出并保障相对自治空间，在当前情势下，执政党和国家公权力主体应该拿出切实的举措，真正吸引更多的居民积极参与社区治理实践，提升其自组织能力，同时有效保障社会组织和市场主体的相对独立性，为自治性规范发挥更大作用创造适宜的主体结构条件与更宽松的作用空间。

就软法和民事协议这两类自治性规范自身的改进而言，应当增强软法创制过程的协商性与合意性，使其真正成为社区治理中一类基本的规范形式，同时有效规制其实施裁量空间过大可能带来的弊端。拓展民事协议在社区治理中的作用，鼓励和保障治理主体更多地采用协议或契约的方式处理社区公共事务，即使这种协议在属性上具有复合性，只要能够作为社区公共管理或服务目的的实现，便可以作为治理的规范依据。同时，应当建

---

① 孟川瑾、吴晓林：《社区善治及其基础》，《城市问题》2013 年第 5 期。

立健全协议纠纷解决机制，切实保障各类协议的效力。执政党和国家公权力主体应当让治理主体意识到自治性规范所具有的平等自治属性，意识到不必事事都要等待或依靠政府而是可以通过自行协商合意的方式解决，这样不仅有助于增强治理主体的契约意识，还有助于提高其参与合作共治格局构建的积极性。

（五）谨慎对待民间法、道德与价值观

自改革开放以来，我国便处于新的时代大变革进程中。在这一进程中，国家制定法和公共政策可能会由于发展的需要而失去应有的稳定性和权威性，软法和民事协议等自治性规范作为制度现象尚未被广泛接受。社会的发展和公共治理仍然需要规范。民间法、道德与价值观等这些根植于文化传统中的规范，一方面可以作为创制性规范和约定性规范缺失情况下的替代性或补充性规范，另一方面也要面临着时代变迁所带来的挑战与重塑。即使这样，民间法、道德与价值观中所包含的公平正义、诚信友善等要素，仍然会有着坚韧的生命力并发挥着不可或缺的调整与规范作用。江必新、王红霞指出："在一切权威均面临质疑的情形下，公平正义是公约数最大的共识性价值，以之为基本内容和运行目标的法治有助于在这一层面重新凝聚共识，由是法治成为促成转型中国'社会团结'的重要机制，成为弥合社会碎片化与重铸信任的核心抓手，能够担当迈向和谐社会的路径保障之责。"① 因此，社区合作共治格局构建过程中，治理主体尤其是执政党和国家公权力主体应当谨慎对待民间法、道德与价值观，并给予充分的尊重和作用空间。

不可否认，民间法、道德与价值观中也有一些与法治社会建设和社区合作共治格局构建不符的内容，其实质也是与治理现代化要求不符的陈规陋习、陈旧观念或落后价值。这些需要治理主体尤其执政党和国家公权力主体认真加以甄别。这也是之所以要对民间法、道德与价值观加以"谨慎对待"的另一层含义。其实，这涉及我们在法治社会建设和社区合作共治格局构建中，该如何正确对待我们的传统文化问题。继承并弘扬优秀的中华传统文化，关键不在于让人们意识到继承与弘扬的必要性，而是如

---

① 江必新、王红霞：《法治社会建设论纲》，《中国社会科学》2014 年第 1 期。

何去鉴别或区分中华传统文化中哪些内容是优秀的，应当予以继承并弘扬的，哪些内容是糟粕或者虽表面光鲜实则背离现代文明的内容，这些显然是要予以摒弃的，否则会成为法治社会建设和国家治理现代化最根本的障碍。

谨慎对待民间法、道德与价值观，要求在社区治理中重塑那些维系人与人之间关系的基本理念或价值。通过对一些基本价值达成广泛的共识，来润滑或弥补社会运行和公共治理中那些"硬规范"的不足。例如，信任是维系社会有序有效运转的基本价值要素和社会资本。重构并提升社会互信，不仅为社区合作共治格局构建所需要，也是法治社会建设乃至整个法治建设必不可少的社会资本。社会资本理论所强调的普遍的信任、社会关系网络和共同的规范有助于从多重维度消解社区治理的"德性困境"，对促进社区活力和走向社区善治有着重要的启示性意义。从社会资本理论的视角出发，通过提升社区社会资本存量，可以有效地培育社区诚信友爱、互惠互助、平等合作、积极参与、邻里和睦等社区公共精神，为当前我国社区发展的和谐善治转向奠定坚实的德性根基。① 法治社会的建设与社区合作共治格局的构建，绝不能仅仅依靠一套较为冰冷生硬的外部规范来强制推进与保障，而是应该在各种创制性和约定性规范之中融入各种积极的价值，同时倡导并重构一套能够真正深入人们精神层面并为大家认可接受的价值体系，使得人们意识到社区合作共治格局的构建和法治社会的建设并非在维护冷酷的统治秩序，而是让每个社区乃至整个社会充满相互尊重与爱的温馨。

总之，法治社会的建设要在社会治理实践中加以推进，而社区治理所追求的合作共治格局同法治社会建设的最终目标具有一致性，即都是要推动整个社会迈向善治并进而造福社会中每一个人。就其推进或实现策略而言，"在社会治理改革进程中，一方面我们要学习参照西方发达国家的社会治理经验，加强政府政策上的引导，制度上的协调作用，另一方面应从中国社会实际出发，建立多元协调机制，发挥多元主体各自的功能。总

---

① 王永益：《社区公共精神培育与社区和谐善治：基于社会资本的视角》，《学海》2013 年第 4 期。

之，各类治理主体充分互动合作是社会治理创新的基础，而其中各方的进退取舍还要依据治理内容而定。"① 换言之，无论是法治社会的建设还是社区合作共治格局的构建，都不是一蹴而就的事情。社区合作共治格局构建的过程，在某种意义上也是社区治理中的主体结构、规范结构与意识结构三者优化的过程，而这三者之间复杂的交互影响关系要求我们应该秉持系统化或结构化思维，在真实的社区治理实践中积极而又不失耐心地来推进主体结构、规范结构和意识结构的不断优化，进而真正实现治理法治化基础上的社区善治。

---

① 崔月琴、沙艳：《社会组织的发育路径及其治理结构转型》，《福建论坛》（人文社会科学版）2015 年第 10 期。

参考文献

一 著作类

（一）中文译著

［奥］欧根·埃利希：《法社会学原理》，舒国滢译，中国大百科全书出版社 2009 年版。

［德］恩斯特·卡西尔：《人论》，甘阳译，上海译文出版社 2003 年版。

［德］斐迪南·滕尼斯：《共同体与社会——纯粹社会学的基本概念》，林荣远译，北京大学出版社 2010 年版。

［德］斐迪南·滕尼斯：《新时代的精神》，林荣远译，北京大学出版社 2006 年版。

［德］何梦笔主编：《德国秩序政策理论与实践文集》，庞健、冯兴元译，上海人民出版社 2000 年版。

［德］卢曼：《社会的法律》，郑伊倩译，人民出版社 2009 年版。

［德］马克斯·韦伯：《论经济与社会中的法律》，张乃根译，中国大百科全书出版社 1998 年版。

［德］齐美尔：《社会是如何可能的——齐美尔社会学文选》，林荣远编译，广西师范大学出版社 2002 年版。

［法］狄骥：《法律与国家》，冷静译，中国法制出版社 2010 年版。

［法］古斯塔夫·勒庞：《乌合之众——大众心理研究》，冯克利译，中央编译出版社 2005 年版。

［法］卢梭：《社会契约论》，何兆武译，商务印书馆 1997 年版。

［法］让-皮埃尔·戈丹：《何谓治理》，钟震宇译，社会科学文献出版社
2010 年版。

［加］查尔斯·泰勒：《本真性的伦理》，程炼译，上海三联书店 2012
年版。

［加］威尔·金里卡：《自由主义、社群与文化》，应奇、葛水林译，上海
世纪出版集团 2005 年版。

［美］A. 班杜拉：《思想和行动的社会基础——社会认知论》（上册），林
颖等译，华东师范大学出版社 2001 年版。

［美］B. 盖伊·彼得斯：《政府未来的治理模式》（中文修订版），吴爱
明、夏宏图译，中国人民大学出版社 2013 年版。

［美］E. 阿伦森：《社会性动物》（第九版），邢占军译，华东师范大学出
版社 2007 年版。

［美］P. 诺内特、P. 塞尔兹尼克：《转变中的法律与社会：迈向回应型
法》，张志铭译，中国政法大学出版社 2004 年版。

［美］R. M. 昂格尔：《现代社会中的法律》，吴玉章、周汉华译，译林出
版社 2008 年版。

［美］伯尔曼：《法律与宗教》，梁治平译，中国政法大学出版社 2003
年版。

［美］大卫·梅林科夫：《法律的语言》，廖美珍译，法律出版社 2014
年版。

［美］理查德·C. 博克斯：《公民治理——引领 21 世纪的美国社区》，孙
柏瑛等译，中国人民大学出版社 2013 年版。

［美］马克·图什内特：《宪法为何重要》，田飞龙译，中国政法大学出版
社 2012 年版。

［美］欧文·戈夫曼：《日常生活中的自我呈现》，冯钢译，北京大学出版
社 2008 年版。

［美］庞德：《法律与道德》，陈林林译，中国政法大学出版社 2003 年版。

［美］乔治·H. 米德：《心灵、自我与社会》，赵月瑟译，上海世纪出版
集团 2005 年版。

［美］乔治·S. 布莱尔：《社区权力与公民参与》，伊佩庄、张雅竹编译，

中国社会出版社 2003 年版。

[美] 托马斯·R. 戴伊：《理解公共政策》，彭勃等译，华夏出版社 2006
　　年版。

[日] 川岛武宜：《现代化与法》，申政武等译，中国政法大学出版社
　　2004 年版。

[日] 穗积陈重：《法律进化论（法源论)》，黄尊兰、萨孟武等译，中国
　　政法大学出版社 2003 年版。

[意] 蒂托·卢克蕾齐奥·里佐：《法律的缘由》，李斌全译，浙江大学出
　　版社 2009 年版。

[英] 弗里德利希·冯·哈耶克：《法律、立法和自由》（第 1 卷），邓正
　　来译，中国大百科全书出版社 2000 年版。

[英] 霍布斯：《利维坦》，黎思复、黎廷弼译，商务印书馆 1985 年版。

[英] 汤姆·宾汉姆：《法治》，毛国权译，中国政法大学出版社 2012
　　年版。

[英] 西蒙·罗伯茨：《秩序与争议：法律人类学导论》，沈伟、张净译，
　　上海交通大学出版社 2012 年版。

[英] 约瑟夫·拉兹：《实践理性与规范》，朱学平译，中国法制出版社
　　2011 年版。

Stephen Worchel. Social Pychology, Wadsworth, 2000。

　　（二）中文著作

陈柏峰：《乡村司法》，陕西人民出版社 2012 年版。

德鲁克基金会主编：《未来的社区》，中国人民大学出版社 2006 年版。

丁元竹：《社区的基本理论与方法》，北京师范大学出版社 2009 年版。

冯国权等：《引领民族复兴的战略布局——"四个全面"学习读本》，北
　　京联合出版公司 2015 年版。

付池斌：《卢埃林：书本法不同于现实法》，黑龙江大学出版社 2010
　　年版。

高其才等：《当代中国法律对习惯的认可研究》，法律出版社 2013 年版。

韩强：《党的建设制度改革研究》，知识产权出版社 2015 年版。

江必新：《法治社会的制度逻辑与理性构建》，中国法制出版社 2014

年版。

李咏梅：《新型城镇化与社区文化研究》，中国农业科学技术出版社 2015
年版。

梁治平：《法辩——法律文化论集》，广西师范大学出版社 2015 年版。

梁治平：《法治在中国：制度、话语与实践》，中国政法大学出版社 2002
年版。

梁治平：《清代习惯法：社会与国家》，中国政法大学出版社 1996 年版。

刘晓春：《仪式与象征的秩序》，商务印书馆 2003 年版。

鲁苓：《多元视域中的模糊语言学》，社会科学文献出版社 2010 年版。

鲁哲：《论现代市民社会的城市治理》，中国社会科学出版社 2008 年版。

吕方：《制度选择与国家的衰落》，中国政法大学出版社 2007 年版。

罗豪才、宋功德：《软法亦法——公共治理呼唤软法之治》，法律出版社
2009 年版。

罗豪才主编：《软法的理论与实践》，北京大学出版社 2010 年版。

马长山：《公共领域兴起与法治变革》，人民出版社 2016 年版。

马西恒：《社区治理创新》，学林出版社 2011 年版。

宋功德：《党规之治》，法律出版社 2015 年版。

苏力：《道路通向城市——转型中国的法治》，法律出版社 2004 年版。

苏力：《制度是如何形成的》（修订版），北京大学出版社 2007 年版。

谭安奎编：《公共理性》，浙江大学出版社 2011 年版。

田成有：《乡土社会中的民间法》，法律出版社 2005 年版。

王建民、胡琪：《中国流动人口》，上海财经大学出版社 1996 年版。

王铭铭、王斯福主编：《乡土社会的秩序、公正与权威》，中国政法大学
出版社 1997 年版。

王启梁：《迈向深嵌在社会与文化中的法律》，中国法制出版社 2010
年版。

王巍：《社区治理结构变迁中的国家与社会》，中国社会科学出版社 2009
年版。

王新生：《习惯性规范研究》，中国政法大学出版社 2010 年版。

魏治勋：《民间法思维》，中国政法大学出版社 2010 年版。

吴莹:《社区何以可能:芳雅家园的邻里生活》,中国社会科学出版社 2015 年版。

夏建中:《中国城市社区治理结构研究》,中国人民大学出版社 2012 年版。

谢晖:《法治讲演录》,广西师范大学出版社 2005 年版。

谢晖:《民间法的视野》,法律出版社 2016 年版。

徐梦秋等:《规范通论》,商务印书馆 2011 年版。

许纪霖主编:《共和、社群与公民》,江苏人民出版社 2004 年版。

严存生:《法的"一体"和"多元"》,商务印书馆 2008 年版。

阎云翔:《礼物的流动——一个村庄中的互惠原则和社会网络》,李放春、刘瑜译,上海人民出版社 2000 年版。

杨淑琴:《社区冲突:理论研究与案例分析》,上海三联书店 2014 年版。

易军:《关系、规范与纠纷解决——以中国社会中的非正式制度为对象》,宁夏大学出版社 2009 年版。

于海:《西方社会思想史》,复旦大学出版社 2005 年版。

於兴中:《法治东西》,法律出版社 2015 年版。

俞可平:《论国家治理现代化》,社会科学文献出版社 2014 年版。

俞可平:《社群主义》,中国社会科学出版社 2005 年版。

俞可平:《走向善治——国家治理现代化的中国方案》,中国文史出版社 2016 年版。

张洪涛:《法律的嵌入性》,东南大学出版社 2016 年版。

张康之:《合作的社会及其治理》,上海人民出版社 2014 年版。

张维迎:《博弈与社会》,北京大学出版社 2013 年版。

张正乾主编:《律师与立法》,法律出版社 2007 年版。

周旺生:《立法学》(第二版),法律出版社 2009 年版。

二　期刊类

[美] 苏珊·西尔比:《美国的法治社会与民众心理认知》,《江苏社会科学》2003 年第 1 期。

艾丽娟、蔡艳红:《论中国流动人口管理体制创新》,《大连海事大学学报》（社会科学版）2007 年第 3 期。

毕铁居：《政府回应视域中的社会管理创新》，《党政论坛》2011 年第 9 期。

操申斌：《"党内法规"概念证成与辨析》，《当代世界与社会主义》2008 年第 3 期。

陈兵：《论埃利希"活法"理论及当代启示——以〈法律社会学基本原理〉为中心》，《理论观察》2017 年第 9 期。

陈海燕：《基层党务公开运行机制的实践探索——以南京东路社区（街道）基层党组织建设为例》，《上海党史与党建》2014 年第 12 期。

陈金钊：《法律解释（学）的基本问题》，《政法论丛》2004 年第 3 期。

陈柳裕：《党内法规：内涵、外延及与法律之关系——学习贯彻党的十八届六中全会精神的思考》，《浙江学刊》2017 年第 1 期。

陈鹏：《从"产权"走向"公民权"——当前中国城市业主维权研究》，《开放时代》2009 年第 4 期。

陈庭忠：《论政策和法律的协调与衔接》，《理论探讨》2001 年第 1 期。

陈伟东、李雪萍：《社区治理与公民社会的发育》，《华中师范大学学报》（人文社会科学版）2003 年第 1 期。

陈怡：《基层党组织在社区多元治理中的功能转型及实现路径》，《求实》2010 年第 11 期。

崔昆：《论核心价值现象的内在结构与机理及其实践启示》，《太原理工大学学报》（社会科学版）2018 年第 6 期。

崔月琴、沙艳：《社会组织的发育路径及其治理结构转型》，《福建论坛》（人文社会科学版）2015 年第 10 期。

戴圣鹏：《论文化的社会规范功能》，《华中师范大学学报（人文社会科学版)》2016 年第 4 期。

杜彬伟：《党务公开的本体性认识与制度建设》，《中共福建省委党校学报》2010 年第 8 期。

杜恂诚：《近代中国经济发展中的成文法与习惯法》，《贵州社会科学》2017 年第 5 期。

冯广林、刘振宇：《"活法"视域下国家法与民间法的关系》，《内蒙古大学学报》2012 年第 2 期。

冯浩：《中国共产党党内法规的功能与作用》，《河北法学》2017 年第 5 期。

公维友、刘云：《当代中国政府主导下的社会治理共同体建构理路探析》，《山东大学学报》（哲学社会科学版）2014 年第 3 期。

龚维斌：《改革开放 40 年中国社区治理的回顾与反思》，《社会治理》2018 年第 8 期。

顾昕、王旭：《从国家主义到法团主义——中国市场转型过程中国家与专业团体关系的演变》，《社会学研究》2005 年第 2 期。

顾永忠：《论律师维护社会公平和正义的社会责任》，《河南社会科学》2008 年第 1 期。

郭道晖：《法治新思维：法治中国与法治社会》，《社会科学战线》2014 年第 6 期。

郭广银：《德治：政治文明的伦理维度》，《苏州大学学报（哲学社会科学版)》2009 年第 6 期。

郭婧滢：《民间法与国家法的良性互动——以社区纠纷解决机制为视角》，《哈尔滨师范大学社会科学学报》2014 年第 5 期。

郭星华、王平：《国家法律与民间规范的冲突和互动——关于社会转型过程中的一项法社会学实证研究》，《江海学刊》2003 年第 1 期。

韩东屏：《论社会性道德评价及其现代效用》，《中州学刊》2018 年第 6 期。

韩强：《党内法规与国家法律的协同问题研究》，《理论学刊》2015 年第 12 期。

韩志明：《政策执行的模糊性及其治理效应》，《湘潭大学学报》（哲学社会科学版）2018 年第 4 期。

何平立：《冲突、困境、反思：社区治理基本主体与公民社会构建》，《上海大学学报》（社会科学版）2009 年第 4 期。

何群、储怀植：《论中国法治的实现路径：契约意识的养成》，《学习与实践》2015 年第 12 期。

贺来：《伦理信任与价值规范基础的转换》，《中国社会科学》2018 年第

3 期。

胡凯、杨竞雄：《党内法治建设须规避制度供给过剩陷阱》，《领导科学》
2015 年第 1 期（中）。

胡颖廉：《精细、协同、法治：城市社区治理的深透社个案》，《理论探
讨》2017 年第 2 期。

黄彩丽：《村委会法律主体资格辨析》，《云南大学学报》（法学版）2004
年第 4 期。

黄毅：《对我国地方政府社会管理创新的理论考察》，《武汉科技大学学
报》（社会科学版）2012 年第 6 期。

江必新：《论软法效力——兼论法律效力之本源》，《中外法学》2011 年
第 6 期。

江必新、王宏霞：《法治社会建设论纲》，《中国社会科学》2014 年第
1 期。

姜明安：《法治中国建设中的法治社会建设》，《北京大学学报》（哲学社
会科学版）2015 年第 6 期。

姜明安：《论党内法规在依法治国中的作用》，《中共中央党校学报》2017
年第 2 期

姜明安：《论法治中国的全方位建设》，《行政法学研究》2013 年第 4 期。

姜明安：《论中国共产党党内法规的性质与作用》，《北京大学学报》（哲
学社会科学版）2012 年第 3 期。

姜明安：《软法的兴起与软法之治》，《中国法学》2006 年第 2 期。

蒋大兴：《团结情感、私人裁决与法院行动——公司内解决纠纷之规范结
构》，《法制与社会发展》（双月刊）2010 年第 3 期。

蒋凯：《国际软法的缘起及影响》，《当代世界》2010 年第 8 期。

金家厚、吴新叶：《社区治理：对"社区失灵"的理论与实践的思考》，
《安徽农业大学学报》（社会科学版）2002 年第 3 期。

金捷：《加强社区党建的新要求》，《学习月刊》2009 年第 11 期（下）。

靳安广：《党务公开法规化建设要与时俱进》，《人民论坛》2017 年第 11
期（上）。

鞠成伟：《论埃利希"活法"概念的理论逻辑》，《云南大学学报》（法学

版）2010 年第 4 期。

鞠成伟：《论中国共产党治理的法治化》，《当代世界与社会主义》2017
　　年第 1 期。

瞿琨：《调解法律方法与社区纠纷解决——以情理调解方法为例》，《社会
　　科学辑刊》2013 年第 3 期。

李步云：《政策与法律关系的几个问题》，《法学季刊》1984 年第 3 期。

李浩昇：《城市社区治理结构中的主体间冲突及其协调》，载《东岳论丛》
　　2011 年第 12 期。

李杰：《论民间法在社会治理中的作用及介入途径》，《甘肃政法学院学
　　报》2015 年第 1 期。

李龙、李慧敏：《政策与法律的互补谐变关系探析》，《理论与改革》2017
　　年第 1 期。

李培志：《走向治理的业主委员会：基于 18 个业主委员会的观察》，《山
　　东社会科学》2014 年第 8 期。

李晓壮：《城市社区治理体制改革创新研究——基于北京市中关村街道东
　　升园社区的调查》，《城市发展研究》2015 年第 1 期。

廉睿、卫跃宁：《党内法规的法学逻辑及其与国家法的契合路径》，《学习
　　论坛》2017 年第 4 期。

梁剑兵：《论软法与民间法的耦合与界分》，《法治论丛》2009 年第 6 期。

梁迎修：《我国城市社区治理法治化探析》，《郑州大学学报（哲学社会科
　　学版）2014 年第 2 期。

梁莹：《公民治理意识、公民精神与草根社区自治组织的成长》，《社会科
　　学研究》2012 年第 2 期。

辽宁省司法厅：《用爱心撑起一片安宁的蓝天——记辽宁省大洼县司法局
　　新兴司法所所长肖春梅》，《人民调解》2012 年第 11 期。

刘昌雄：《公共政策：涵义、特征和功能》，《探索》2003 年第 4 期；

刘继同：《从身份社区到生活社区：中国社区福利模式的战略转变》，《浙
　　江社会科学》2003 年第 6 期。

刘加良：《论人民调解制度的实效化》，《法商研究》2013 年第 4 期。

刘雪斌、蔡建芳：《论党内法规和国家法律的衔接和协调——以反腐败领

域的法律法规为例》，《长白学刊》2015 年第 3 期。

刘玉东、风笑天：《法律的规则效应与居委会的组织建设》，《国家行政学院学报》2013 年第 6 期。

刘作翔：《具体的"民间法"——一个法社会学的考察》，《浙江社会科学》2003 年第 4 期。

卢秋帆：《法律语言的模糊性分析》，《法学评论》2010 年第 2 期。

罗豪才、宋功德：《认真对待软法——公域软法的一般理论及其中国实践》，《中国法学》2006 年第 2 期。

罗荷香、范大平：《论社区法律纠纷的特点及防范》，《社会科学论坛》2007 年第 1 期。

马长山：《全面从严治党的法治之维》，《当代世界与社会主义》2017 年第 1 期。

马姝：《社区治理中的相关法律问题研究》，《河南社会科学》2005 年第 4 期。

马涛：《基层社区治理需注入法治化动能》，《人民法治》2018 年第 5 期（上）。

马涛：《基层社区治理需注入法治化动能》，《人民论坛》2018 年第 5 期（上）。

孟川瑾、吴晓林：《社区善治及其基础》，《城市问题》2013 年第 5 期。

苗绘、徐文、邓昊：《居家养老服务合同探析》，《理论观察》2014 年第 10 期。

苗连营：《公民法律意识的培养与法治社会的生成》，《河南社会科学》2005 年第 5 期。

明世法：《"硬法"软化及"软法"硬化现象的法社会学解析——基于中国义务教育法治中的案例》，《华中科技大学学报》（社会科学版）2008 年第 5 期。

莫于川：《法治国家、法治政府、法治社会一体建设的标准问题研究》，《法学杂志》2013 年第 6 期。

牛玉兵：《法律符号化现象研究》，《法制与社会发展》2013 年第 6 期。

欧阳志刚：《论行政执法自由裁量权的正当性》，《求索》2012 年第 3 期。

秦前红：《论党内法规与国家法律的协调衔接》，《人民论坛·学术前沿》
　　2016 年第 10 期。

权麟春：《道德规范的精神价值考量》，《江汉大学学报（社会科学版）》
　　2016 年第 1 期。

申剑敏、陈周旺：《"法外治理"：社区调解与中国基层社会的非正式控
　　制》，《上海行政学院学报》2011 年第 5 期。

石东坡，魏悠然：《论城市社区治理中居民委员会角色的立法重塑——以
　　〈居民委员会组织法〉的修改为指向》，《浙江工业大学学报》（社会
　　科学版）2015 年第 4 期。

史丕功、任建华：《法治社会建设的价值选择及主要路径》，《山东社会科
　　学》2014 年第 9 期。

宋龙飞：《社区戒毒协议的法律性质探析》，《云南警官学院学报》2013
　　年第 6 期。

汤玉枢：《自治与服务：社区组织权责的扩张与异化》，《福建论坛》（人
　　文社会科学版）2015 年第 4 期。

唐皇凤：《法治建设：转型中国社会治理现代化的战略路径》，《江汉论
　　坛》2014 年第 9 期。

唐晓灵：《社区输液协议中存在的法律问题探讨》，《当代医学》2011 年
　　第 20 期。

屠凯：《党内法规的二重属性：法律与政策》，《中共浙江省委党校学报》
　　2015 年第 5 期。

汪全胜、黄兰松：《党内法规的可作性评估研究》，《中共浙江省委党校学
　　报》2017 年第 3 期。

汪习根、廖奕：《论法治社会的法律统一》，《法制与社会发展》2004 年
　　第 5 期。

王东：《论社区管理中居民自治和政府机构的互动——深圳社区工作站模
　　式的启示》，《四川行政学院学报》2006 年第 6 期。

王琳：《构建社区治理的多元主体结构》，《社会主义研究》2006 年第
　　4 期。

王茂华：《城市社区管理的目标定位》，《江海纵横》2007 年第 5 期。

王木森、唐鸣：《社区治理现代化：时代取向、实践脉向与未来走向——十八大以来社区治理"政策—实践"图景分析》，《江淮论坛》2018年第5期。

王瑞华：《社区自组织能力建设面临的难题及其成因》，《城市问题》2007年第4期。

王永益：《社区公共精神培育与社区和谐善治：基于社会资本的视角》，《学海》2013年第4期。

王振标：《论作为社会公权力的基层自治权之本源》，《北方法学》2018年第6期。

韦学韬：《乡土社会中之国家法与民间法辨析》，《社会科学家》2004年第6期。

文东升、张成文：《传统道德中的诚信规范及其价值》，《人民论坛》2016年第11期（上）。

吴春兴、刘昌兵：《从社区权益冲突谈和谐社区构建》，《中国物业管理》2005年第2期。

吴大华、郑志、王飞：《试析民间法的存在合理与国家法的立法完善——以法律多元的文化背景为视角》，《西南民族大学学报》（人文社会科学版）2010年第2期。

吴光芸、杨龙：《社会资本视角下的社区治理》，《城市发展研究》2006年第4期。

吴建平：《理解法团主义——兼论其在中国国家与社会关系研究中的适用性》，《社会学研究》2012年第1期。

吴子靖、顾爱华：《共同体视域下中国城市社区治理的功能整合》，《行政论坛》2018年第4期。

肖北庚：《法治社会：法治演进的逻辑必然》，《法制与社会发展》2013年第5期。

肖金明：《论政府自由裁量及其立法控制》，《中国行政管理》2003年第12期。

肖金明：《为全面法治重构政策与法律关系》，《中国行政管理》2013年第5期。

谢晖：《法律作为符号》，《学术界》2002 年第 1 期。

谢晖：《论民间法研究的两种学术视野及其区别》，《哈尔滨工业大学学报》（社会科学版）2012 年第 3 期。

谢生华、安福强：《社区警务契约治理的基础要素与实现机制》，《西部法学评论》2016 年第 4 期。

徐以民、朱伟：《业主自治及其实践困境的消解——基于多中心治理的阐释》，《北京理工大学学报》（社会科学版）2013 年第 5 期。

严乃祥：《物业管理与社区管理关系之我见》，《中国物业管理》2005 年第 2 期。

杨福忠：《诚信价值观法律化视野下社会信用立法研究》，《首都师范大学学报》（社会科学版）2018 年第 5 期。

杨贵华：《社区自组织能力建设的体制、政策法律路径》，《城市发展研究》2009 年第 3 期。

杨敏：《作为国家治理单元的社区——对城市社区建设运动过程中居民社区参与和社区认知的个案研究》，《社会学研究》2007 年第 4 期。

杨先保、郭平：《契约治理与协商治理：城市社区治理互嵌模式研究》，《理论观察》2018 年第 4 期。

于立生：《公共政策评估理论研究及其困境分析》，《发展研究》2011 年第 5 期。

于瑶、李红权：《社会转型期利益分化对政府治理的挑战及应对》，《东北师大学报》（哲学社会科学版）2018 年第 6 期。

于语和、刘顺峰：《民间法与国家法的关系探究——一种基于法律渊源视角的考察》，载《北京理工大学学报》（社会科学版）2013 年第 5 期。

袁博：《社区治理的多元转向与结构优化》，《理论探讨》2018 年第 3 期。

袁博：《社区治理的多元转向与结构优化》，《理论探讨》2018 年第 3 期。

袁忠：《论政务公开的困境及其突破战略》，《岭南学刊》2016 年第 6 期。

曾令发：《承认的政治——广东省社会管理体制创新研究》，《华南师范大学学报》（社会科学版）2011 年第 3 期。

曾令健：《社区调解中的合作主义——基于西南某市调研的分析》，《法制与社会发展》2012 年第 2 期。

翟小波：《"软法"及其概念之证成——以公共治理为背景》，《法律科学》2007 年第 2 期。

张洪武：《社区治理的多中心秩序与制度安排》，《广东社会科学》2007 年第 1 期。

张骐：《法律实施的概念、评价标准及影响因素分析》，《法律科学》1999 年第 1 期。

张清、武艳：《包容性法治社会建设论要》，《比较法研究》2018 年第 4 期。

张文龙：《城市社区治理模式选择：谁的治理，何种法治化？——基于深圳南山社区治理创新的考察》，《河北法学》2018 年第 9 期。

张文显：《新时代全面依法治国的思想、方略和实践》，《中国法学》2017 年第 6 期。

张晓歌、张虹：《党内民主建设的重大举措——关于党务公开问题的若干思考》，《湖北社会科学》2009 年第 6 期。

张中秋：《传统中国的法秩序及其构成原理与意义》，《中国法学》2012 年第 3 期。

赵孟营、王思斌：《走向善治与重建社会资本——中国城市社区建设目标模式的理论分析》，《江苏社会科学》2001 年第 4 期。

赵宇峰：《重构基础社会：日常生活、共同体与社区建设》，《社会科学》2017 年第 4 期。

郑杭生、黄家亮：《论我国社区治理的双重困境与创新之维——基于北京市社区管理体制改革实践的分析》，《东岳论丛》2012 年第 1 期。

郑敬高、田野：《论"泛政策化"陷阱》，《青海社会科学》2013 年第 2 期。

支振锋：《党内法规的政治逻辑》，《中国法律评论》2016 年第 3 期。

周恒、庞正：《法治社会的四维表征》，《河北法学》2018 年第 1 期。

周少青：《论城市社区治理法律框架的法域定位》，《法学家》2008 年第 5 期。

周少青：《社区建设的法律框架分析》，《社区》2008 年第 2 期。

周星、周超：《民俗与法律：烟花爆竹作为一个"中国问题"》，《湖北民族学院学报（哲学社会科学版）》2018 年第 4 期。

周耀虹：《合作共治：创新社会管理体制》，《中国浦东干部学院学报》2011 年第 6 期。

朱仁显、邬文英：《从网格管理到合作共治——转型期我国社区治理模式路径演进分析》，《厦门大学学报》（哲学社会科学版）2014 年第 1 期。

庄平：《社会规范系统的结构与机制》，《社会学研究》1988 年第 4 期。

三　报纸类

蔡斐：《作为法律符号和仪式性场所的法院大楼》，《深圳特区报》2018 年 3 月 20 日第 C03 版。

傅淞岩：《浑南区扫黑除恶理论宣讲进社区村屯》，《沈阳日报》2018 年 9 月 12 日第 A02 版。

惠珍珍、游春亮、马灼兵：《深圳市司法局着力打造一社区一法律顾问升级版》，《法制日报》2016 年 4 月 14 日第 012 版。

江琳：《专家解读〈中国共产党党务公开条例（试行）〉——党务公开步入制度化规范化轨道》，《人民日报》2017 年 12 月 26 日第 002 版。

李腊生：《社区公共道德建设的思考》，《湖北日报》2011 年 12 月 29 日第 013 版。

李锐忠等：《"一村一法律顾问"广东推行一周年》，《民主与法制时报》2015 年 8 月 9 日第 016 版。

刘建军：《联动式治理：社区治理和社会治理的中国模式》，《北京日报》2018 年 10 月 15 日第 18 版。

佟亮：《为卖房扩建卫生间 法院判恢复原状——楼下邻居通过社区法律顾问维权成功》，《半岛晨报》2018 年 2 月 28 日第 A05 版。

王士龙：《推进党务公开必须转变理念》，《中国纪检监察报》2018 年 1 月 18 日第 008 版。

习近平：《全面深入做好新时代政法各项工作 促进社会公平正义保障人民安居乐业》，《中国纪检监察报》2019 年 1 月 17 日第 1 版。

张锡明：《绿景社区召开宣传动员会》，《半岛晨报》2018 年 9 月 1 日第 A05 版。

后　记

　　法治社会建设是法治国家建设的基础性工作。2020 年 12 月中共中央印发的《法治社会建设实施纲要（2020—2025 年）》对于法治社会建设的重要性或定位，有着这样的表述："法治社会是构筑法治国家的基础，法治社会建设是实现国家治理体系和治理能力现代化的重要组成部分。"社区是社会的基本单元，社区治理是社会治理在实践层面的一个具体展开，也是推进法治社会建设的基本场域。可以说，社区治理规范化的情况在某种意义上能够反映法治社会建设的情况。基于此，我近年来一直选择从多元规范的视角切入，通过对社区治理多元规范的静态结构和动态实践两个方面进行分析，总结多元治理规范之间的关系及其作用情况，以加深我们对于法治社会建设特点与规律的认识。

　　早在 2012 年，我就曾以"社区治理中的软法问题——以辽宁省为例"为题成功申请了当年的辽宁省社科基金项目。该课题虽然以社区治理中的软法规范为直接研究对象，但在实践调研和理论分析过程中，引发了我对社区治理多元规范的思考。在此基础上，我于 2015 年申请并成功获批了当年的国家社科基金青年项目"法治社会背景下社区治理多元规范结构的优化研究"（批准号：15CFX015），在课题申报书中我提出了"规范连带的理论假设"和"规范合作的理念预设"，而接下来的研究基本上是遵循上述理论假设和理念预设展开的。虽然这项课题的研究是在五年多的时间里完成的，但对社区治理多元规范相关问题的思考其实从 2012 年就开始了。今天呈现给读者的这部作品，既是我主持完成的 2015

年度国家社科基金项目的最终成果，也是我对社区治理多元规范问题长期思考和研究的阶段性总结。

在课题研究和本书写作过程中，我得到了很多师长与朋友的帮助。无论是研究中的交流，还是工作上的支持，抑或调研时的相助，这些都为本研究的顺利开展和最终完成提供了有力保障。自工作以来，大连理工大学人文与社会科学学部的各位领导和同事给予了我很多关怀与支持。期间，学部党委书记郑保章教授无论在工作上，还是在教学科研方面，都给了我很多指导与关怀。学部现任部长李伦教授和党委书记李鹏教授在工作中给我很多鼓励与帮助。学部的武文颖、韩振江、杨中楷、陈家晶、龙鹏举和法律系各位老师，同样在工作与科研方面提供了许多支持，很是感激。课题研究过程中，我还与课题组成员一起，多次到大连、营口、盘锦和沈阳等地的社区进行调研。每次都得到了有关街道或社区工作人员的热情接待，他们为课题研究提供了很多生动的案例或有价值的资料。总之，自2015年课题申请并获得立项，到2020年初的课题完成并顺利结项，这五年多的时间对自己而言是一段颇值得怀念的时光，感谢这期间所有曾给予我指导和帮助的师长与朋友。

值得一提的是，2018年我有幸获得国家留学基金委的资助，自2018年12月至2019年11月在加拿大萨斯喀彻温大学文理学院社会学系做了一年的访问学者。合作导师宗力教授从我申请访学到在加期间，无论在学术研究还是日常生活方面，都给予了我非常多的关心、指导与帮助。宗力教授是加拿大知名的社会学者，尤其在社会学研究方法方面颇有造诣，在听他的讲课和与他的交流中，我学到了很多社会学研究方法的知识，这为我研究本课题提供了很多方法上的帮助。访学期间，与社会学系的 Terry Wotherspoon 和 Harley Dickinson 等教授的交流，也给了我很多启发。此外，我还通过参加社区活动等方式，从规范的视角观察和了解了加拿大在社区治理方面的特点，这为本课题的研究提供了有益的参考。

本书完稿之后，我指导的法学专业研究生李嘉美、张栋凯、张诗琪和本科生车晓轩、陈屹青和胡可菲等同学协助做了很多文字校对工作。中国社会科学出版社的许琳女士不仅为我提供了出版机会，而且在编辑过程中提出了很多宝贵的修改意见，同样要致以谢意。本书的出版得到了大连理工大学人文与社会科学学部优秀学术著作出版经费的资助。书中的很多章节都曾以学术论文的方式发表在一些期刊上，期刊编辑们都提出了很好的修改建议。当然，限于个人理论水平和研究方法的欠缺，书中的很多观点以及相关论述难免存在不足甚至错误之处，还请各位读者不吝批评指正。

　　家人一如既往的支持，也保障了本课题研究的顺利完成。2015 年以来，随着承担了部分行政工作，我常处于一种奔波忙碌的状态之中，幸好有家人的照顾，分担了很多本属于我应尽的家庭义务，心中常有愧疚之情。除了对家人表达感激外，我还想将本书作为礼物送给我的母亲大人。2020 年是我的母亲李明英去世 20 周年，而 2021 年本应是她的 60 周岁，真得很想念她！

陈光　于大连

2021 年 5 月 7 日